文化自信视域下传统文化的传承发展研究

王淑卿◎著

吉林出版集团股份有限公司

图书在版编目（CIP）数据

文化自信视域下传统文化的传承发展研究 / 王淑卿
著 . — 长春 : 吉林出版集团股份有限公司 , 2020.5（2025.1
重印）
ISBN 978-7-5581-8452-9

Ⅰ . ①文… Ⅱ . ①王… Ⅲ . ①中华文化－教学研究－
高等学校 Ⅳ . ① K203

中国版本图书馆 CIP 数据核字 (2020) 第 060048 号

文化自信视域下传统文化的传承发展研究

著　　者	王淑卿	
责任编辑	王　平　李晓华	
封面设计	李宁宁	
开　　本	787mm×1092mm　　1/16	
字　　数	220 千	
印　　张	12	
版　　次	2021 年 3 月第 1 版	
印　　次	2025 年 1 月第 2 次印刷	
出　　版	吉林出版集团股份有限公司	
电　　话	010-63109269	
印　　刷	炫彩（天津）印刷有限责任公司	

ISBN 978-7-5581-8452-9　　　　　　　　定价：58.00 元

前　言

　　我们中华民族是世界上最伟大的民族之一。从很早的古代起，中华民族的祖先就劳动、生息、繁殖在这块广阔的土地上。数千年的上下求索，数千年的历史发展，数千年的文明演进，中华各民族人民共同创造了与山河共存、日月同辉的优秀传统文化，留下了无与伦比、丰富多彩的历史文化遗产。

　　中国优秀传统文化蕴含的基本精神，颂扬的民族气节，推崇的优良道德，是我们民族精神的重要组成部分。中国优秀传统文化展示的哲学成就、史学辉煌、美学魅力、伦理境界、文学硕果、艺术宝藏、科技成就及文物古迹，是我们民族昨日的辉煌，也是我们今天继续奋进的基础。中国优秀传统文化孕育出的杰出政治家、伟大思想家、优秀文艺家、著名科学家、非凡的军事家、不朽的民族英雄，是我们民族引为骄傲的优秀代表。中国优秀传统文化对亚洲、欧洲乃至世界文明发展进程的影响和推动，是我们民族对世界、对人类的伟大贡献。

　　文化自信是一个政党、一个国家、一个民族对自身理想、学说、价值观等发自内心的敬畏和尊崇，以及由此产生的积极向上的心理状态。文化自信是最广泛、最基础、最深厚的自信。提升文化自信，是实现中华民族伟大复兴的前提和保障。提升文化自信可以凭借多种资源，中国优秀传统文化是其中重要的方面。培育和提升文化自信，必须立足于中国优秀传统文化。中国优秀传统文化是文化自信的基石。无论从内容特质、时代价值，还是国际影响方面，中国优秀传统文化都彰显了独特的魅力，是我们提升文化自信的重要资源。

　　由于中国优秀传统文化与文化自信研究内容广泛，具有较强的综合性和应用性，加之编者水平有限，时间仓促，书中缺点错误和不妥之处在所难免，敬请读者批评指正，以便今后进一步修改，使之日臻完善。

编　者

2020 年 3 月

目　录

第一章 中国特色社会主义文化自信

第一节 文化自信提出的时代背景

一、"文化自信"的含义

文化是一个国家、一个民族的灵魂。文化兴国运兴，文化强民族强。没有高度的文化自信，没有文化的繁荣兴盛，就没有中华民族伟大复兴。文化对于一个国家和一个民族的繁荣强盛具有重要意义，它是灵魂、是核心的地位不可动摇。而文化的重要意义如何体现，则主要表现为国家和民族的高度文化自信。"文化自信"是一个民族、一个国家以及一个政党对自身文化价值的充分肯定和积极践行，并对其文化的生命力持有的坚定信心；是一个国家、一个民族发展中更基本、更深沉、更持久的力量。民族、国家、政党作为主体，与自身文化这一客体相互作用、相互影响，但是自身文化是什么文化，这种文化又具有什么价值能够让各主体对它有坚定的信心呢？它的价值在哪里呢？

无论是中华民族优秀的传统文化，还是外延更广的新时代中国特色社会主义文化，从它们的发展历程、理论基础，以及社会实践检验等方面来看，都为文化自信的必然性和可行性提供现实基础。可以说，我们民族、国家以及政党的自身文化是建立在新时代中国特色社会主义文化这一理论指导下的文化。从横向上看包括我国优秀的传统文化、先进的大众文化、批判吸收的外来文化等；从纵向上看，经济、政治、社会、生态等不同的发展类态中，文化作为指导思想和理论基础，起到了重要的能动作用。这些不但体现了我们民族、国家和政党自身文化的价值，更告诉广大的人民群众，我们的国家不是一个没有文化的国家，我们不但有文化，而且我们拥有优秀的文化，有足够的力量让我们的民族和国家，甚至是每一位国民都自信起来。

二、"文化自信"在新时代中国特色社会主义思想中提出的社会背景

（一）中华历史铸"文化自信"根基

古代中国有着深厚的历史文化底蕴，汉字是中国的符号，儒学传承德行，还有那"丝绸之路"传播中华文明，那时候的中国人有着高度的文化自信。国人的"文化自信"问题是在近代以来才凸现出来的。鸦片战争爆发后，中国封建社会逐渐走向没落。当时的国家积贫积弱，人民生活在水深火热之中。伴随着一次又一次抗争的失败和自救的无果，很多中国人丧失了国家崛起的信心。在中国人逐步失去自信力的过程中，文化自信的丧失成为最后一步，也是最深刻沉痛的一步。因此，不得不承认的是，中华历史虽然在一定程度上成为国人丧失文化自信的罪魁祸首，但其丰富的历史底蕴和文化内涵，都作为的的确确的客观存在，像是旗帜中最鲜明的底色，为新时代我们的民族、国家以及政党的文化自信提供坚实的理论来源。

（二）经济发展助"文化自信"腾飞

我国经济保持中高速增长，在世界主要国家中名列前茅，国内生产总值逐年增加，对世界经济增长贡献率超过百分之三十。在新兴产业发展、基础设施建设、科技创新等方面都取得了一个不错的成绩。这些成就不仅促进了我国经济的可持续发展，进一步提升了我国在国际舞台中的地位，更是作为促进我国文化自信的中坚力量而存在，帮助我们民族、我们国家"文化自信"的腾飞。

但是，在经济发展中，文化产业的发展一直处于一个非常不显眼的状态。中国特色社会主义已经进入新时代，我国社会主要矛盾已经转化为人民日益增长的物质生活需要和不平衡不充分的发展之间的矛盾，文化产业的发展在新时代中国社会中的不足可以说是不平衡不充分的重要体现。因此，在十九大报告中也提出健全现代文化产业体系和市场体系，创新生产经营机制，完善文化经济政策，培育新型文化业态。

（三）意识形态指"文化自信"方向

从中华人民共和国刚成立到改革开放，再到如今的新时代，无论走过了几度的季节变换，经历了巨龙腾飞般的发展，我们都不得不承认，马克思主义在中国社会意识形态领域中的指导地位，犹如磐石般不可动摇。但是，新时代有一个严重的问题让我们不能忽视，那就是随着信息技术的不断发展，

信息传播迅速、广泛，在信息传播的过程中，有先进的社会主义文化，当然也包括文化糟粕。历史虚无主义作为一种西方的社会思潮，具有隐蔽、渗透的特点，在网络媒体平台中宣传不真实的中国在人民群众中传播，游戏中的英雄几乎都被命名为中国古代一些著名历史人物的名字，比如诸葛亮、廉颇、王昭君、虞姬、李白等，这些人物的命名看似是游戏行业的一种创新，但从一定程度上来说是历史虚无主义的表现，这就让还没有形成正确三观的少年儿童形成了对历史的错误的认识，甚至让他们认为历史是可以被篡改的，在形成了这种错误的认识后，就很容易对中国革命历史进行怀疑，进而中国共产党的领导地位受到挑战。

马克思主义既然是作为指导思想的意识形态，虽然受到当今社会各种思潮的冲击，但更应该以积极的态度迎接挑战。这是作为指明我们民族、国家"文化自信"的方向而存在的理论基础，是发挥指导作用的关键一环。

（四）国际环境推"文化自信"崛起

西方发达国家对中国的文化霸权主义的入侵从未停止，像国外电影中包含的西方本着"自由""平等""独立"等思想，以文化传播的名义，入侵中国人的思想地界，尤其是新时代大学生的思想领域，使其自觉或不自觉地让自己的思想观念被资本主义意识形态下的"民主""自由"等西方文化思想侵占，表现主要体现在对党和国家做出的正确决策的诋毁，对国家正在实行的政策的不支持甚至反对，以及对我国出现的一些坏的社会现象或社会风气作出评价，成功的将社会中自发形成的问题或现象归结于党的领导和社会主义建设的责任。

可见，国际大环境下的外来思想文化入侵，为我们国家、我们民族的文化自信提供了一个反思方向，那就是我国与其他国家之间的文化输出与文化输入之间是否对等？在基于这种角度的考虑下，弥补我国文化输出与文化输入的不对等关系。坚持发展本国先进文化，推助我国优秀文化走出国门，中华文化在世界中得到广泛传播，使得我国文化输出在文化传播中占有较高地位，才能更好地抵御外来文化对我国优秀文化的冲击，推动我国"文化自信"的崛起。与此同时，关闭国门不接受外来文化是一种落后腐朽的表现，不利于我国综合国力的提高，但"取之有度，用之有节"，即"取其精华，去其糟粕"是我们每一个国人对外来文化都应该有的态度。因此，利用好外来文化、发展好本国文化，在目前这种文化交流无国界的大国际背景下显得尤为重要，更突出地表现在推动我国"文化自信"的崛起。

第二节 中国特色社会主义文化自信的基本内涵

只有厘清文化自信、文化自觉、文化自强三者间存在的辩证关系，归纳概括出文化自信与道路自信、理论自信、制度自信之间存在的内在联系才能对文化自信的内涵有较为全面和深刻的理解。

一、文化自信内涵理解

文化自信是一种心理状态，表现为在充分肯定本国家和本民族文化的基础上，产生出的文化荣誉感和坚定信念。文化自信从来不是孤立的，它存在于人民群众工作、生活、娱乐等方方面面，它能够使人们在日常生活中自觉感知到蕴藏的文化感召力。也有学者对自信和文化自信进行了深刻解读，具有一定的代表性。关于文化自信的内在意蕴和科学内涵、精神实质，主要从文化自信与文化自卑以及文化自信与文化自觉、文化自强三者的辩证关系上，进而全面解读文化自信之内在意蕴。

文化自信是一种理智看待国家、民族文化上的成熟表现和气度。从这个意义上讲，无论是文化自负还是文化自卑等，这些都不是真正的文化自信的表现。对于我们中国而言，自 1840 年的鸦片战争以来，由于被西方的船坚炮利打垮之后，我们国民一度出现了文化层面上的自卑感，这种文化的自卑心理和感受是我国国民文化心理的主要特征。即便是到了改革开放以来，随着国际共产主义运动转入低潮，但是西方资本主义在每一次经历经济危机之后又能够快速地复苏和发展，使得人们对社会主义的未来发展前景越发担忧。尽管当前我国的改革开放和现代化建设取得了举世瞩目的成就，但是我国的现代化建设还面临着"中等收入陷阱"等问题。中西之间的差距和各种力量对比，一部分人再次出现文化自卑的心态，这些都不同程度地和自觉不自觉地表现在国民的心态上。要坚定文化自信就要求克服文化自卑的心态，进而建立起对本国和本民族文化自信所要求的正确心态和态度。当然，也要清醒地认识到我国文化自信发展过程中所面临的国内问题和国际挑战，进而为夯实文化自信奠定坚实的现实基础和思想保证。

一个国家或者一个民族的思想文化特质和文化传统理念，基本上都蕴含在这个国家或者民族的思想文化基因之中。因此，任何一个国家和民族都必须注重对本国家和民族传统文化的继承和弘扬。但是，囫囵吞枣式地对待传统文化，做文化上的"啃老族"，只能是一个民族的悲哀。中国古代传统文化具有鲜明的矛盾性和两重性，传统文化既有积极的一面，也有消极的一面，是优秀和糟粕并存的结合体。因此，对待中华民族古代传统文化，必须坚持运用批判的眼光来看待。在这些方面，我们必须以创新性态度和创造性方法来应对，保持一个清醒的头脑，克服文化自卑，传承和发展传统文化中的优秀基因。只有这样，才能积极地应对和警惕西方的文化霸权主义遗迹——西方个别超级大国为了自身的卑劣利益所盲目地向我国进行的文化扩张，为建立中国特色社会主义的文化自信提供强有力的外在保障和国际环境支撑。

那么，从文化自信、文化自觉、文化自强三者之间的辩证关系来看，文化自信是指用什么样的态度来对待文化，表现为对本国家、本民族文化的价值和生命力的认同。而文化自觉是指用什么样的视角来认识文化。文化自强是指用什么样的思路来发展文化。文化自信，就是坚守全面辩证、协调、科学的文化发展观念，在文化产品生产方面，自觉承担起激励和培育一个民族、国家的文化凝聚力、文化同化力、文化引导力的重要使命。也就是说，文化自信体现在文化创造者能够自觉将民族认同、国家认同、历史认同、价值观认同融入文化产品中，贴近实际、贴近生活、贴近群众，真实反映人民生活，真心反映人民疾苦，真诚反映人民诉求，用社会主义先进文化引领人们从当下出发走向美好的未来，使文化产品成为一个民族、国家的精神故乡，民众从中可以发现自己所属的文化根脉，激发出强烈的民族自豪感，从而使中华民族更有向心力，核心价值观更有吸引力。文化自信着力于文化同化力的提升与增强。

坚定文化自信，有助于一个国家在经济发展的同时更有人文方向感。只有坚持文化自信，才能真正通向文化自强。中国特色社会主义文化之树不是在特制封闭容器里的无土栽培技术的产物，它深植于中国特色社会主义伟大实践，对传统文化有所继承，对域外文化有所借鉴。中国在当前的文化建设中，倘若对优秀传统文化不自信，就会因失去民族的文化之根，陷入历史虚无主义。缺乏文化自信，文化的主体性就无法确立，中华民族所拥有的中国特色、中国气派、中国风格的优秀美学传统就会遭到肆意破坏甚至颠覆，中华民族独特的人文精神就会遭到细化思潮追捧者的无端怀疑和舍弃。一味迎合和刺激大众文化趣味中消极庸俗的东西，就会产生越来越多的劣质文化产品，这种周而复始的不良循环反而会加剧人民群众对于文化的不自信。文化自信，是一个历久弥新的话题。当下提出和强调要增强中国特色社会主义文化自信，在实现中华民族伟大复兴大业的进程中具有举足轻重的作用，意味着有关文化意识的思想在中国共产党的新思想体系中已经完全确定。不断向前发展。文化自信对于国民文化素养的提升、民族凝聚力的增强和国家的繁荣强盛等具有重要的助推作用。

二、中国特色社会主义文化自信内涵理解

当前中国特色社会主义文化自信受到了学界的广泛关注，在当前实现"中国梦"的伟大进程中，中国特色社会主义文化自信应主要包括四层含义：一是马克思主义文化理论的自信；二是中国优秀传统文化的自信；三是对外来优秀文化接纳并吸收的自信；四是中国特色社会主义文化"走出去"的自信。马克思主义文化理论引导中国当前文化的向前发展，体现了社会主义文化的本质属性，是推动文化自信发展进步的前提。中国优秀传统文化是文化发展进步的根基，代表着鲜明的民族特征，体现了中华文化的强大生命力，滋养着文化自信的蓬勃发展。勇于接纳和吸收外来文化，弥补自身不足，体现出了对现有的马克思主义文化和中华文化的理论本身的认可，与屹立在世界文化之林中能够始终保持包容并蓄的博大胸怀的自信。对中国特色社会主义文化"走出去"的自信，体现了对本国和本民族文化发展程度的认可和相信，达到了被广泛传播和接受的水平。文化自信的四个层面层层递进，体现了中国特色社会主义文化从无到有、从弱到强的历史飞跃，逐步发展成了一种全新的文化自信形态——中国特色社会主义文化自信。

三、中国特色社会主义文化自信与其他自信之关联

在2016年7月1日中国共产党建党95周年的纪念大会上，习近平总书记第一次将"文化自信"扩充进了"四个自信"理论体系，形成了具有鲜明中国特征的"四个自信"理论体系。其中文化自信是其他"四个自信"的基础，具有更加深厚、持久的底蕴。

一是文化自信作为中国特色社会主义自信体系中更为基础的自信。任何一国家失去了文化建设方面的支撑是搞不成共产主义的。任何一个国家的制度、道路和其他相关理论成果都根植于特定的文化土壤之上的，离开了文化自信的支撑和动力源泉，那么，必然会造成价值的崩溃或认识的断裂，社会就不会有光明的发展前景。在当下的中国，是否坚定文化自信关系到中国特色社会主义的思想凝聚力和价值理念的认同，关乎中华民族的前途命运。

二是文化自信作为中国特色社会主义自信体系中更为广泛的自信。思想文化具有极其强烈的渗透性和穿透力，潜移默化地影响着人们的价值观念、思想认知、行为规范，从而深刻地作用于经济社会的发展。现代化建设与改

革开放事业是亿万人民群众都积极参与和共同从事的大业，只有通过一定的思想文化形式，中国特色社会主义道路、理论和制度融入人们的日常生活当中，才能更好地被广大人民群众所认同和理解，内化为价值行为规范。只有坚定文化自信，中国特色社会主义道路、制度和理论自信才会有更加深厚的群众基础和社会力量基础。

三是文化自信是更加深厚的自信。坚定对中国特色社会主义的文化自信必须要认清历史、现实和未来发展前景，进而更好地回答什么是中国特色社会主义以及认识到中国特色社会主义是我们党带领广大人民群众在实践的基础上的一种文化选择和文化发展的结果。同时，也只有坚持中国特色社会主义文化自信，才能更好地理解我国现有道路的形成轨迹和制度的演变历程等，进而深化如何建设社会主义这一时代命题的认识。

四是"文化自信"与"道路自信、制度自信和理论自信"的契合。第一，"四个自信"统一于宣传和实践中国梦的政治动员。实现中国梦必须以中国特色社会主义文化自信为文化支撑和思想源泉，中国特色社会主义的文化、道路、理论和制度是实现民族复兴的不同层面和必要的条件，它们之间互相联系、辩证统一。第二，"四个自信"统一于我国人民团结奋斗的历程之中，统一于统筹推进国家建设"五位一体"总体布局之中。经济的繁荣，文化的进步，政治的民主，生态的文明等都需要坚定正确的道路、完善的制度、对自己文化的自信和科学理论的指导。第三，"四个自信"统一于"四个全面"战略布局的协调推进和五大发展理念的实践之中。推进创新、协调、绿色、开放、共享发展以及推进全面建成小康社会、全面深化改革、全面依法治国、全面从严治党等"四个全面战略布局"需要坚定对文化的自觉、自省和自信。文化自信需要以道路自信作为实践支撑，以制度自信作为政治保障，以理论自信作为思想保障。无论是道路自信、制度自信和理论自信，还是文化自信都是实现"四个全面"的系统战略及五大发展理念的成功实施的重要保障和强大基础，失去了对中国特色社会主义的自信，那么，关于"四个全面"战略布局和"五大发展理念"等关于改革的顶层设计都很有可能成为"乌托邦"。

第三节 中国特色社会主义文化自信的主要特征

主体性、时代性、阶级性、包容性、民族性、现实性特征是中国特色社会主义文化自信的基本特征，更加有助于归纳出文化自信的结构、价值和功能。

一、主体性特征

人作为社会实践活动主体，在改造客观世界和主观世界的历程中，逐渐形成了对自身所处文化环境和精神世界的构建。文化从本质上看是人的精神追求和创造的最终产物的外在表现。而人的主体精神以及本质力量的自信基本上是构成了文化自信的重要核心。一方面，精神文化作为人的客观活动的观念表达或者价值呈现，其本质就是"人化"，也就是说人的本质力量的对象化以及非对象化的有机耦合。所以，人们改造客观世界的实践活动的发展从本质上来看就是人的主体性功能得到不断发挥的发展历程。人可以说，既是文化的主体也是文化的目的，他的最高本质也就是实现人自由而全面的发展。中国特色社会主义文化自信是对人在实践中所呈现出的能动性作用和主体性特征的最大化的彰显。另一方面，随着人类实践能力的提升和人类日益增长的物质文化需求的改变，人也会逐渐地通过实践活动获得对文化的一种主体性认可和心理倾向，从而实现主体性和社会性的统一。

二、时代性特征

时代性特征意味着中国特色社会主义文化自信的内容、主客体以及标准都要随着时代的变化而变化。譬如，就内容而言，当前主要是要引导国民坚定对适合当下现代化建设需要的中华传统优秀文化的认可和理解，坚定对中国化马克思主义的信仰，坚定对当前的改革开放和现代化建设当中形成的文化成果的认同和热爱。然而对这些的自信，会因时代的发展和变革不断地变化。每个时代都有不同的文化主旋律，中华人民共和国成立初期以国家建设为主旋律，改革开放时期以经济建设为文化的主旋律，现在以实现全面建成小康社会和实现中华民族伟大复兴为文化的主旋律。由此看来，中国特色社会主义文化自信应具有时代性特点。

三、阶级性特征

所谓文化自信具有阶级性，是指在不同的社会，不同的阶级有着自己所认可和创造出的特定的思想文化成果。不同阶级的社会所谈到的文化自信的内核和指向是不同的。在一定的阶级所代表的社会中，主流的思想文化成果和文化自信的对象都是在一定的社会中处于统治地位的这些阶级所决定的。我们将增强中国特色社会主义文化自信，是指中国共产党人所提出的、具有我国民族风格以及适合我国现代化建设实际情况的思想文化成果。所以，阶级性也是中国特色社会主义文化自信的一大特征。

四、包容性特征

文化在人类社会生活中发挥了非常重要的作用。随着人类文化的交流、碰撞和融合的加快，文化对人们的生活起到越来越重要的作用。亨廷顿曾提出了"文明冲突论"的思想，认为不同的思想文化之间存在着差异，这种差异也是不可弥合的。冷战的结束和后冷战时代到来之后，不太文明和思想文化背景下诞生的民族和国家的思想文化之间的差异更是拉大了。而整个人类是一个命运共同体，必须坚持尊重文明多样性和文化的多元性，人类社会才可以持续健康发展。同时，不同的文化也需要文化主体和世界上各个民族的异质文化进行相互的交流、碰撞和交融，才可以能够以理性心态来对待，从而客观地吸收世界上各个国家和各个民族的优秀文化成果，任何一个国家的强盛和民族的兴旺都离不开对其他文明和其他国家优秀思想文化成果的学习、借鉴和吸收，所以，以包容的心理和兼收并蓄的心态对待不同民族的文化，就成为现实之必须。从这个角度来看，中国特色社会主义文化自信也具有包容性特征。

五、民族性特征

文化自信最为主要的来源就是一个民族自己独特的优秀文化传统。中华文化绵延上下五千年，进而形成了具有中国独特标识的、符合现代需要的文化传统。中国传统文化的思想体系，塑造着中华民族独特的、丰富的民族智慧、价值理念和精神传统。这些宝贵资源和财富展现着中华文化的博大精深和身后的底蕴，成为中华文化传统先进性和独特性的重要体现。中华文化的"符号"——汉字、绘画、建筑、饮食等成为在世界文化中别具一格的宝贵财富。这些宝贵的思想文化财富已经深深地融入人们的生活，渗透到人们的日常生活行为之中，也成为我们中华民族奋发前行的重要内生力量，构成了文化自信坚持和发展的深厚文化根基。可以说，中国特色社会主义文化自信具有深刻的民族性特质。

六、现实指向性特征

当前我们谈中国特色社会主义文化自信是有着现实的针对性的。其提出有着自身独特的内在逻辑。近些年对中国特色社会主义文化自信的重要论述蕴含着当代中国改革发展实践和我国文化最深层的民族自信意识和自觉理念，也作为实现中华民族伟大复兴的内在要求。我们讲文化自信其本质上是价值观自信，而价值观自信也是为了给改革开放和现代化建设提供价值引领和思想支撑的，总之，都是为现代化建设服务的。所以，文化自信的提出就是为了破解推进中国特色社会主义现代化建设和中华民族伟大复兴的中国梦的伟大目标的。现代化建设就是文化自信的最为重要的现实指向。从这个角度看，现实指向性是中国特色社会主义文化自信的重要特征。

实现中国梦必须以中国特色社会主义文化自信为文化支撑和思想源泉。中国特色社会主义文化自信具有主体性、时代性、阶级性、包容性、民族性和现实指向性的特征。分析和归纳清楚中国特色社会主义文化自信的内涵和特征，更加有助于明确研究的目标。

第四节 坚定中国特色社会主义文化自信的重要意义

文化自信，在新时代迎来了新的机遇和挑战，如何改进和创新中国特色社会主义文化，推进文化建设，是新时代赋予我们新的使命。树立和坚持中国特色社会主义文化自信，能够引导和增强做中国人的骨气和底气，让 14 亿人的每一分子都成为传播中华美德和中华文化的主体，能更好地发挥文化软实力优势，为实现"两个一百年"奋斗目标提供强有力的思想保障和精神动能。

一、新时代文化自信的历史机遇

改革开放 40 年以来，在党的正确领导下，各族人民团结努力创事业，奋发图强谋发展，我国已经成为世界第二大经济体，政治、文化、生态、军事、国防、外交等领域也不断取得进展，成为世界多极中的重要一极，在国际上的地位日益显著，对世界的影响也越来越大。与此同时，因为社会制度的差别、意识形态的对立、利益诉求的不同，一些西方资本主义国家一直敌视我国，新时代背景下，经济上开展"贸易战"、政治上指责威权、军事上渲染威胁、各种分歧和摩擦愈加突出。在"和平与发展"的时代主流下，国家综合国力的竞争演变为文化的竞争，西方国家和敌对势力就把文化作为一种隐形武器，利用网络等媒介以"普世价值"为幌子向我国进行文化侵略，文化软实力的强弱成为至关重要的一环。新时代，我国改革进入攻坚期、发展进入关键期、社会矛盾进入多发期，意识形态领域任务空前繁重，解决人们思想上的困惑、治愈精神上的迷茫、化解信仰上的危机，要依靠思想政治工作的加强，要致力核心价值观的培育，要实现对中国特色社会主义文化的自信——中国特色社会主义文化自信是以中国优秀传统文化为沃土积淀、以红色文化为精神基因、以社会主义先进文化为创造活力的高度自信。新时代，在实现中华民族伟大历史复兴的重要时刻，在经济全球化、意识形态多元化、民族文化现代化的过程中，在坚定道路自信、理论自信、制度自信的前提下，在文化建设上既要做到大胆融入世界，又要坚持中国特色，文化自信就显得尤为突出和重要。

二、文化自信是时代赋予的使命

文化自信是指一个国家、一个民族、一个政党充分肯定自身文化的价值，对自身文化生命力具有坚定的信念。党的十八大报告提出要树立高度的文化自觉和文化自信。践行文化自信，增强文化自信和价值观自信在文化创新发展方面意义重大，加快文化改革发展方面，一方面要坚定文化自信，另一方面要增强文化自觉。增强文化自觉和文化自信，是坚定道路自信、理论自信、制度自信的题中应有之义。我们要坚定中国特色社会主义道路自信、理论自信、制度自信，说到底是要坚定文化自信。文化自信是更基本、更深沉、更持久的力量。在党员干部的学习教育上，全体党员要"不忘初心"，坚持中国特色社会主义道路自信、理论自信、制度自信、文化自信。要解决好世界观、人生观、价值观这个"总开关"问题，必须坚定对中国特色社会主义的道路自信、理论自信、制度自信、文化自信。文化自信，是更基础、更广泛、更深厚的自信。党的十九大报告语境庄严，观点鲜明，态度坚决地指出"要坚定文化自信，推动社会主义文化繁荣兴盛，没有高度的文化自信，就没有文化的繁荣兴盛，就没有中华民族的伟大复兴"，传递出文化自信既是文化理念又是指导思想。党的十九大后，"文化自信"更成为新时代中国特色社会主义思想的重要内容，是新时代文化创新发展的准则。

三、文化自信的新时代价值意义

新时代，在实践层面，理性地对待文化自信，科学地发展文化自信，坚定地树立文化自信，文化自信在思想价值上就可以为我国文化软实力的增强提供精神动力，在现实价值上就可以对中国文化安全发展提供保障，在社会价值上就可以促进社会和谐稳定发展。文化自信已经成为新时代文化发展建设新的风向标，在夺取中国特色社会主义现代化建设伟大胜利、实现中华民族伟大复兴的中国梦的征程上，文化自信发挥的价值作用无与伦比。

（一）思想价值意义：增强我国综合国力的精神动能

综合国力是一个国家的经济、政治、军事、文化、技术实力的综合性指标。北京外国语大学张西平教授在《世纪大讲堂》系列节目《东西对望》中谈到，文化是不能脱离它的硬实力，它的经济发展，单独的一马当先是不太可能的。它是文化的发展，是随着经济的发展，慢慢地影响的过程。当下，我国综合国力的不断增强，但文化的发展仍然相对滞后，尤其是树立高度的文化自信，是关乎提升国家文化软实力的关键问题。中华文化博大精深，是世界最优秀的文化，具有很强的吸引力，如果我们让自己的优秀传统文化受到冷落，对我们先辈抛头颅洒热血积攒的革命文化持怀疑态度，对社会主义先进文化没有充分的自信，那么就无法正确地面对对待外来文化，无法解决主流价值观和文化意识受到冲击的现实境遇，提升文化软实力就会成为空谈。

恩格斯说，文化上的每一进步，都是迈向自由的一步。只有文化、精神的强大，才是民族国家强大的根本。文化作为一种生产力在当代已经成为综合国力的构成要素之一。我们要牢固树立起高度的文化自信，始终坚持正确的方向，以硬实力快速发展为契机，加快推进中国特色社会主义文化建设，不断提升中国文化软实力，使软实力与硬实力并驾齐驱，协调发展，才能使我们的综合国力和国际竞争力显著提高。

（二）现实价值意义：巩固与维护我国意识形态和国家安全的需要

十九大报告明确提出，要牢牢掌握意识形态工作领导权。新时代新形势下，国际国内环境日益复杂化，利益主体更加多元化、人们观念呈现多变化，科技进步日新月异、大众传媒高度发达，意识形态领域阵地的情况比以往任何时候都更需要我们关注。

中国特色社会主义文化自信是应对世界多元文化冲突与碰撞的理性支撑，在以西方文化为代表的外来文化和代表东方文化的中国文化在华夏大地相互冲击的浪潮下，我们需要自信的力量；在面对强势文化的渗透和侵蚀的关键时刻，我们需要自信的声音；在应对文化安全面临挑战和风险的紧要关头，我们需要自信的坚持。有自信才能有底气，才会有话语权。加强中国特色社会主义文化自信对提升我们在处理意识形态问题上的话语权，对巩固马克思主义在意识形态领域的指导地位，具有十分重大的战略意义。

（三）社会价值意义：有利于实现文化"理政治国"的功能

当前人们思想中，会混入和掺杂一些与主流价值相背的内容，西方思想的介入与马克思主义发生着激烈的碰撞，面对思想文化领域的诸多问题，人们会存在不适应、看不清、想不通的现象、矛盾和问题，思想上产生了许多迷茫、困惑和不适，进而影响到人们日常行为的方方面面。中国特色社会主义文化自信是一种坚韧的精神纽带，是中国人民的精神标识，可以汇集力量、凝聚人心、增强民族团结，提升各族人民对中国的自豪感和自信心。文化自信还能够不断消除一些习惯文化势力对文化发展的羁绊，促进和润滑文化体制领域的改革，使中国社会主义文化能够沿着有益健康的方向发展，实现文化对人和社会的引领功能和导向作用。

中国特色社会主义文化就是新时代的先进文化，是值得自信的文化，这个逻辑思路是十分清晰的。从社会意识与上层建筑的关系看，中国特色社会主义文化自信对我国的经济、政治等方面起着能动的反作用。中国特色社会主义文化自信能够通过中国特色社会主义文化实现对社会经济和政治领域的影响，促进社会的和谐、稳定和发展，能够为构建和谐社会提供有利的价值尺度和是非标准，能够对人们的生活方式、思维模式、行为标准、道德情操、审美情趣、处世态度以及风俗习惯等起到促进作用，能够推进发展先进文化并约束抑制落后文化，能够保障向社会舆论的良好方向发展。

（四）历史价值意义：有利于实现文化繁荣兴盛和中华民族伟大复兴的中国梦

白寿彝主编的《中国通史》中说道"任何一个民族、一个地区、一个国家的发展史，都是一部文化史。"改革开放四十年来，我国人民的物质生活得到极大改善，我国社会的主要矛盾也悄然发生变化，人民群众对美好精神生活方面的追求越来越高。中国是文化资源大国，但还不是文化产业强国。新时代背景下，如何发展中国特色社会主义文化产业，对内实现满足人民多样化精神文化需求，对外使中国文化走出国门，走向世界，是当下我们工作的重点。坚定中国特色社会主义文化自信，有利于文化发展目标的准确确立，有利于文化发展新举措的正确提出，有利于文化发展战略的合理谋划，有利于中国文化产品的市场化和国际化，有利于文化产业的发展壮大。坚定中国特色社会主义文化自信，有利于中国人民始终与真理，与时代同行同步，不断推动中国特色社会主义文化走向繁荣与昌盛。

中国上下五千年，经过时间流转的积淀，孕育了中华民族宝贵的文化品格，深厚的文化传统，特色的文化思想体系。从博大精深的优秀传统文化，到坚韧不屈的红色革命文化，继而到丰富多彩的社会主义先进文化，中国文化不断继承和发展，不断融会和创新，有着强大的生命力。我们要站在党和国家事业发展全局和实现人民生活幸福美好的高度，只有坚定对中国特色社会主义文化强大的自信，才能实现党和国家提出来的新时代"三步走"的战略目标，进而实现中华民族伟大复兴的中国梦。

第五节 坚定中国特色社会主义文化自信的三个维度

全党一定要坚定道路自信、理论自信、制度自信、文化自信。文化自信，是更基础、更广泛、更深厚的自信。为什么说文化自信是更基础、更广泛、更深厚的自信呢？我们认为，其意有三：一是文化自信是理解和坚持"中国特色"的前提和基础。无论是在道路、理论还是在制度上，中国共产党一直都强调要有"中国特色"，这个"中国特色"的本质内涵就是指价值观特色。也就是说，我们不能按照西方价值观来办中国的事情。而要理解价值观层面的问题，没有对文化的深刻认同是不行的。正是从这个意义上来说，在"四个自信"中，文化自信更是基础。二是文化自信的本质在于确立价值观"最大公约数"。我国是一个有着 14 亿人口、56 个民族的大国，需要确立一种反映全国各族人民共同认同的价值观"最大公约数"，这关乎国家的前途命运和人民的幸福安康。党和国家"倡导富强、民主、文明、和谐，倡导自由、平等、公正、法治，倡导爱国、敬业、诚信、友善，积极培育和践行社会主义核心价值观"，正是应然之举，亦充分体现出了文化自信的"更广泛"特质。三是文化自信不仅来源于党带领人民进行的新民主主义革命实践和社会主义革命与建设实践，而且来源于中华民族绵延五千年的文明发展史，而道路自信、理论自信和制度自信更多来源于党带领人民进行的社会主义改革开放实践。相比较而言，文化自信显得更深厚。

我们是最有理由能够文化自信的民族，但这并非意味着，我们是天然自信的。事实上，在中华民族发展的历史长河中，在有一些时候，我们对自己的文化并非那么自信，尤其在近现代发展史上，当中国发展出现危机或遭遇困境的时候，文化不自信的声音便开始"大出风头"，其中有两次大的挑战：一次是 20 世纪 20—40 年代的中西文化优劣之论争，另一次则是 20 世纪 90 年代至 21 世纪初的历史虚无主义沉渣泛起。这两次挑战的相同之处在于都着力探讨了中西文化的关系及孰优孰劣的问题，不同之处在于，前一次主要发生在国民党执政时期，结果是"全盘西化"的论调一度占据上风；后一次则发生于中国共产党执政时期，结果是马克思主义始终居于主导地位，历史虚无主义得到遏制。当前，文化全球化的浪潮此起彼伏，西方发达国家对我国的文化渗透力度愈来愈强，包含着欧美发达国家文化气韵的文化商品充斥着我国的文化市场,历史虚无主义、新自由主义、民主社会主义等非马克思主义思潮在我国时有"抬头",这给我们的文化自信工程建设带来了严峻挑战。面对这一境遇,坚定中国的文化自信,应当在以下几个方面进一步努力。

一、深植底蕴:弘扬中国优秀传统文化

我们的文化自信需要有"底气",那么这个"底气"到底来自哪里呢?它就来自深厚的民族文化底蕴。中国优秀的传统思想文化是我们民族的精神命脉,也是中华文化之所以能在世界文化激荡中站稳脚跟的坚实基础。建构文化自信,首先就要打好"底子",进一步弘扬中国优秀传统文化。

(一)推动优秀传统文化"活起来"

我们要系统梳理传统文化资源,让收藏在禁宫里的文物、陈列在广阔大地上的遗产、书写在古籍里的文字都活起来。为此,一是要做好中国优秀传统文化资源的整理和挖掘工作。以孔子和儒家思想的整理和挖掘为重点统筹推进包括传统思想文化的研究与阐发;系统梳理和总结古代中华儿女在科技发展和医药事业上的成果,充分宣传和展示中国古代文明对世界文明发展的重要贡献及其当代价值;在丰富和完善国家古籍、书画整理出版规划重点项目的基础上,努力抓好散失海外的古籍、书画回归出版工程,并启动一批新的古籍、书画整理重大项目;扶持建设一批地方优秀传统文化传承研究基地,加强对地方非物质文化遗产的保护,实施乡村、社区传统文化教育推进计划,注重发挥传统文化的教化功能,着力把"乡村祠堂+社区文化走廊"建成弘扬优秀传统文化的重要阵地。二是搞好非物质文化遗产的保护与开发。修订和完善《中华人民共和国非物质文化遗产法》《国家级非物质文化遗产保护名录》等关于非物质文化遗产的法规政策,开展贯彻落实相关法规政策的执法检查;建立健全国家级非遗代表性项目的评估制度和监测体系;加强非物质文化遗产法保护与展演的数字化技术的研发,支持有条件的地方建立非物质文化遗产数字化保护与展演示范基地;鼓励非物质文化遗产衍生品开发,提高非物质文化遗产保护单位或机构的经济自给能力和就业吸纳能力;加强非物质文化遗产传承人的谱系档案建设,构建非物质文化遗产传承人培养的长效机制。三是大力发展文物文博创意产业。健全国家文物登录制度,建立国家文物资源总目录和数据资源库;重视城市改造和新农村建设中的文物保护,加强历史文化名城、村镇、街区和传统村落整体格局和历史风貌保护;推进拥有诸多民族民俗文化文物馆藏资源的地方图书馆、博物馆等公共文化设施的改建、扩建工程和数字化工程;整合政府及社会各方面的力量,探索建立

"中国文博知识产权保护利用战略联盟",统筹协调文博知识产权的保护、利用、管理等相关事宜,研究制定文博版权交易与品牌授权的有效机制,构建中国文博知识产权交易平台;广泛吸引和撬动社会资本参与地方民族民俗文化文物馆藏资源的创意产品开发,激活那些长期处于"沉睡"状态的文化资源。

（二）推动优秀传统文化"融进去"

所谓"融进去",就是强调要让中国优秀传统文化融进每个中华儿女的血液里,让中国优秀传统文化成为中华儿女生存发展基因的重要组成部分。而要做到这一点,一是要融进学校。学校教育在人的成长中发挥着决定性作用,推动中国优秀传统文化资源融进学校,是让传统优良素养在现代中国人身上得到"沿袭"的应然之举。这也就要求:在小学、中学和大学教材内容体系中应该体现中国优秀传统文化的相当分量,将更多的优秀文化名篇名作、科技成果和一些科技发明故事选进教材,让广大青少年学习它们、熟悉它们、理解它们;在学校开展形式多样的优秀传统文化学习竞赛活动,增加对优秀传统文化学习考核的学分权重;在校园宣传栏、校园网、校园标志性建筑等场域布置优秀传统话语,陶冶学生情操,激励学生奋发上进;在教学科研中要加强优秀传统文化的学术研究,开展优秀传统文化教学比赛等活动。二是要融进家庭。家庭教育是促进国家发展、民族进步、社会和谐的重要基点。推动中国优秀传统文化进驻家庭乃是"筑基"之举,这也就要求,一方面,要在亲子教育模式创新上下功夫,引导父母把优秀传统文化教育摆在突出位置,组织开展"送经典到家里"的公共文化服务活动,政府和图书教育机构要对于以弘扬优秀传统文化为主题的少儿读物出版发行和购买给予免税、贴息等优惠政策,带动家长与孩子共同学习经典、践行经典,达到知行合一;另一方面,要在家风建设上下功夫,发挥社会基层组织在家风建设方面的积极作用,积极开展以弘扬"尊老爱幼""勤俭持家""邻里团结"等传统家庭美德为主要内容的家庭教育;在基层组织开展"五好家庭""文明家庭""家风家训征集"评选活动,使发扬和传承传统家庭美德成为自觉的行动。三是要融进机关、企事业单位文化建设之中。工作环境尤其是工作的人文氛围对人的发展有重要的"熏染"作用,将优秀传统文化融进机关、企事业单位文化建设有助于促进人的成长和进步。这也就要求,除了在机关、企事业单位文化建设中广泛开展优秀传统文化的宣传普及活动,更重要的是,要积极汲取优秀传统文化的价值理念对之进行创造性转化,形成独特的机关、企事业单位工作核心价值观,善于用传统文化经典话语来表达和阐释机关、企事业单位文化的内核。

（三）推动优秀传统文化"走出去"

所谓"走出去"，就是要让中国优秀传统文化资源在海外出彩，被越来越多的他国人民所喜爱、肯定和认同。这种认同不仅仅是内容上的认同，更是价值观上的认同。而要做到这一点，一是要坚定"走出去"的立场。价值观是文化的内核和灵魂，文化"走出去"的本质是价值观走出去，如果中国优秀传统文化所传递的价值观不能得到他国人民的认同，那么这样的"走出去"必然是"肤浅的"，也必然会是"昙花一现"。长期以来，我国在对外传播优秀传统文化上过分重视"量"的增长，而对于海外受众是否真的懂了或者真的信了等问题相对忽视，这也是造成我国优秀传统文化传播常常停留在语言交流学习工具层面而未能真正走进他国精英文化圈层的重要原因之一。我们在推动优秀传统文化资源"走出去"的过程中，应该紧扣价值观传播这一主线，在输出那些能充分体现社会主义核心价值观的传统文化资源上下功夫，但我们的价值观输出又不能像西方大国那样搞文化霸权，而必须是在"尊重"前提下的互惠输出。二是要拓展"走出去"的方式和渠道。长期以来，我们的传统文化走出去，主要依靠孔子学院、中国文化中心等官方渠道进行海外传播，在中西"对立"的政治语境下，这种传播实效并不是很理想。在传播媒介上，我们习惯于利用自己在海外运营和发行的媒介来传播传统文化，然而海外民众主要是通过当地传媒来获取有关中国的信息。这就说明，推动中国优秀传统文化"走出去"必须进一步开辟新的方式和渠道，这包括：通过健全对外文化交流政策和设立鼓励民间力量对外文化活动的专项资助资金，培育企业、民众在弘扬优秀传统文化中的主体地位，开拓优秀传统文化"走出去"的民间渠道；努力改变文化"送出去"的尴尬局面，发展互惠互利的文化贸易，利用"一带一路"国家战略机遇，大力拓展文化贸易渠道；积极树立"双主体"的传播理念，积极培育海外受众和海外传媒在中国优秀传统文化传播中的主体地位，充分利用当地传媒尤其是移动新媒体来传播中国优秀传统文化。三是要完善"走出去"的扶持政策。近年来国家陆续出台了一些鼓励文化产品出口的政策措施，但还未建立起相对完善的对外文化贸易的政策扶持体制，需要在社会资金准入、财政支持、税收减免等方面加大支持力度。此外，还需要加强管理部门规章与相关国家政策的衔接配套，制定和完善地方性的扶持政策，制定和完善有关文化产业监管的分类标准和文化资产评估办法。

二、筑牢支柱：传承中国革命文化

中国革命文化具有特定的含义，它主要是指五四运动以来，中国人民在中国共产党的领导下同西方列强及国内各种反动势力斗争过程中所创造的，以马克思主义为指导，以争取民族独立和人民解放为主题，极具中国革命特色的先进文化，其中蕴含着丰富的革命精神和优良的革命传统。中国共产党从成立开始就把为共产主义、社会主义而奋斗确定为自己的纲领，我们党之所以能够经受一次次挫折而又一次次奋起，归根到底是因为我们党有远大理想和崇高追求。正是在体现了共产主义理想信念的革命文化"熏染"下，中国人民重塑了民族精神，找回了民族自信，并赢得了革命的胜利。中国革命文化的形成和发展，是马克思主义文化理论中国化实践的重要胜利，它用中国人独有的革命情怀和独特的革命语言向世人表达了世界无产阶级的革命理想——建成共产主义社会，其中井冈山精神、遵义会议精神、抗战精神、延安精神、沂蒙精神、西柏坡精神等革命精神和优良革命传统不仅是激励中国人民革命前行的不竭动力，而且也是激励当代中国人为实现中国梦而不懈奋斗的强大支撑。坚定文化自信，必须传承中国革命文化，让它在新时期继续发扬光大，激励着我们奋勇前行。

（一）促进革命文化"学术化"

所谓"学术化"，就是要加强对中国革命文化的学术性研究和理论宣传教育。相对于传统文化研究，学界对于革命文化的研究还相当薄弱，这突出地反映在三个方面：一是对于中国革命文化资源缺乏系统深入的梳理和总结，对自己的"家当"尚不是很清楚；二是对于中国革命文化的整体性理论建构还很不够，对于中国革命文化的研究对象、范畴和内容框架未能形成比较清晰的判断和架构；三是在中国革命文化研究上缺乏全球视野，国际性的合作研究还较少。这些学术研究上的不足严重制约了中国革命文化的传承和发扬工作，亟待作出改善。而学术研究在某种意义上来讲，本身就是一种传承。推进革命文化的"学术化"，可以从以下几个方面发力：一是努力实现革命文化理论研究由"政府一家唱戏"向"社会共同参与"的局面转变，努力打造由高校、科研院所、企业联合参与的革命文化传承与创新理论研究高地。二是努力推进革命文化资源的挖掘和梳理工作。目前在革命历史文化资源的发掘中，明显存在偏重抗日战争时期，忽视土地革命战争时期，偏重领袖人物、革命圣地、重大事件的研究，而对其他各个根据地及其创建者的研究重视不足的问题，这也就使得已有的一些革命文化资源整理工作显得"单薄"而不"丰满""片面"而不"全面"，甚至造成了资源的流失。改善这一状况，需要国家实施革命文化资源名录工程建设、革命档案保护和抢救计划等举措，并充分发挥地方和民间力量的积极作用。三是要努力推动中国革命文化研究国际化。应重视搭建和利用文化国际合作及交流平台，积极开展中国革命文化研究的海外传播工作；加强与国外相关实体性研究机构的合作，引进新的研究方法，开辟新的研究视角。

（二）促进革命文化"现代化"

所谓"现代化"，就是要赋予革命文化的现时存在意义。在"量"的层面来说，就是要丰富革命文化的现代表现形式；在"质"的层面来说，则是要寻找到革命文化与现代价值观的契合点和共通点。实现革命文化之"量"的现代化，要求我们将革命文化的特有元素提炼出来加以符号化、数字化，充分运用电影、电视、互联网等现代科技手段将之呈现出来，积极拓展革命文化内容的现代文化载体，从而使革命文化内容更好地符合现代人的接受心理和习惯。实现革命文化之"质"的现代化，关键要解决好三个方面的价值衔接问题：一是如何看待个人利益与集体利益之间的关系。在中国革命文化里洋溢着浓郁的个人牺牲精神，突出了集体利益至上的原则，主张为了集体利益而不惜牺牲个人利益。在这一价值导向下，不少革命者做出了一些令现代人难以想象的举动，尽管悲壮，却令"某些现代人"一时难以接受。因为受到现代资本文化的"洗礼"，在"某些现代人"眼里，个人利益应当被首先重视。因此，在传承和发扬革命文化过程中，有必要加强集体主义教育。二是如何看待物欲追求与精神追求之间的关系。中国革命文化强调意志和精神在革命进程中的重要性，宣扬艰苦奋斗的拼搏精神。这与现代人的那种必要物质基础上的幸福观有所出入，从而也使得"某些现代人"觉得其只能遥望而不可效仿。因此，在传承和发扬革命文化过程中，有必要加强马克思主义财富观的教育。三是如何看待"两个必然"的问题。马克思、恩格斯在《共产党宣言》中提出了"资产阶级的灭亡和无产阶级的胜利是同样不可避免的"这一体现人类社会发展规律的科学观点。中国革命文化蕴含着中国共产党对马克思主义科学真理、人类历史规律的深刻理解，蕴含着革命先烈为共产主义、社会主义崇高理想信念而奋斗的理想之光、信念之光，中国人民正是在崇高理想信念的鼓舞和指引下才取得了革命的最终胜利。然而，在当代，资本主义发展和社会主义发展都出现了一些新的变化，资本主义社会在做出一些主动的社会改良后又呈现出了一定的"生命力"，相反社会主义发展却经历了严重的挫折。这就使得"某些现代人"对"两个必然"的真理性产生了怀疑，从而也"看轻"了革命文化的当代效用。因此，要凸显革命文化的当代价值，就必须结合当代世界发展新形势对"两个必然"理论做出新的正确阐释。

（三）促进革命文化"品牌化"

革命文化作为一种独特的文化资源，不仅具有历史、文化、教育的功能，而且具有一定的经济功能。传承和发扬革命文化，需要发挥革命文化所具有的各项功能。从发挥革命文化的经济功能来看，就是要大力推进革命文化"品牌化"。近年来，我国各地在推进革命文化产业化发展上都有所作为，取得了一定的成绩。以红色旅游业为例，2018 年年初发布的《2018 年全国旅游工作报告》显示，近三年来，全国红色旅游接待游客累计达 34.78 亿人次，综合收入达 9295 亿元。从 2019 年前几个月的数据来看，旅游人数仍保持高速增长。值得注意的是，与以往偏中老年游客为主要消费群体的红色旅游，现在受到越来越多年轻人的青睐，红色旅游正成为旅游产业的一个重要板块。然而，我国在推进革命文化产业化发展中仍存在诸多问题和不足，这包括：革命文化资源过度消费，保护不力，破坏严重；产业科技含量低，创新能力较弱，同质化竞争严重，可持续发展能力不足；出现了去意识形态化的产业发展取向等。改变这些情况，一是要锻造革命文化品牌，走差异化产业发展道路。各地的革命文化资源有各自的独特禀赋，要善于将这些独特的元素凸显出来，打造属于本地区独有的革命文化品牌。通过赋予品牌鲜明的革命文化背景和丰富的当地革命文化元素，建立起清晰的品牌定位，并通过创意营销促进广大消费者对品牌的认同甚至信仰。二是要推动革命文化与科技、金融、旅游融合发展。在革命文化与科技融合方面，重点要抓好革命文化的保护与展演科技创新攻关、文化航母企业和产业集群培养、革命文化传承科技服务创新体系构建等重点工作；在革命文化与旅游融合方面，则要在打造特色文化旅游产品、节庆文化品牌、园区项目建设等方面发力；在革命文化与金融融合方面，要在财政投入方式创新、文化基金效能发挥、信用担保机制建设等方面下功夫。三是要完善基础配套设施，夯实革命文化产业化发展的支撑力。这包括对一些革命文化资源藏馆和遗址的修缮，消费者参观游览交通条件的改善，消费者吃住购服务设施的升级换代等。

三、点亮未来：发展社会主义先进文化

社会主义先进文化是中华人民共和国建国以来尤其是改革开放以来，中国共产党带领全国人民在社会主义现代化建设过程中所创造的，以马克思主义为指导，以培养"四有新人"为目标，以"实现中国特色社会主义共同理

想"为主题，以"面向现代化、面向世界、面向未来"为方针的、民族的、科学的、大众的社会主义文化。社会主义先进文化反映了当代中国先进生产力的本质要求，是推动中国经济社会走向繁荣进步的强大精神动力。《中华人民共和国国民经济和社会发展第十三个五年规划纲要》（以下简称《十三五规划纲要》）强调指出，必须坚持社会主义先进文化前进方向，加快文化改革发展，建设社会主义文化强国。

（一）推进马克思主义中国化、时代化、大众化

推进马克思主义中国化、时代化、大众化是巩固马克思主义指导地位的必然要求，也是事关我国现代化建设的方向和根本路线的问题。进入"十三五"以来，国际国内形势有了新的变化：区域经济一体化和世界经济多极化继续向前发展，世界经济既有复苏迹象，也面临速度不均等问题；美国主导的国际地缘政治重心向亚太转移趋势进一步加强，各主要力量均加大对亚太的战略投入，日本政要继续右倾化，有意以长期执政为契机，解禁集体自卫权，妄图摆脱"战后体制"；国内经济发展步入新常态，在向好发展的大背景下依然存在诸多不确定因素；等等。这些新变化给马克思主义中国化、时代化、大众化提出了新的任务，也带来了新的挑战。为了更好地推进马克思主义中国化、时代化、大众化，一是要着眼于我们正在做的事情，推进马克思主义理论创新。马克思主义的生命力在于其基本原理的真理性和具体内容的与时俱进。理论创新是马克思主义的理论品格，也是增强其生命力的必然诉求。这就要求我们，依托高校、科研院所等研究机构，进一步整合理论研究力量和研究资源，促进形成协同创新研究的良好格局；完善国家和各省市的哲学社会科学研究规划，突出马克思主义理论创新研究的重要性，鼓励形成有影响力的研究成果；采取切实有效的措施，强化马克思主义理论应用性研究，引导各方面的理论研究力量集合于对改革开放、现代化建设中出现的新情况新问题的探讨上来；畅通理论研究与决策咨询的联系渠道，形成理论研究与决策需求的良性互动。二是着力于抓住"关键少数"，推动广大党员干部真学、真懂、真信、真用马克思主义。党员干部是党的事业的"火车头"，要让广大群众真学、真懂、真信、真用马克思主义，首先必须要让党员干部真学、真懂、真信、真用。为此，就要积极探索党内理论武装教育新途径，完善和丰富党的群众路线教育、"三严三实"专题教育和"两学一做"学习教育活动形式和内容；充分发挥马克思主义理论研究和建设工程、中国特色社会主义理论体系研究中心、马克思主义学院、报刊网络理论宣传等思想理论工作平台的作用，深化拓展马克思主义理论研究和宣传教育等。三是着眼于增强马克

思主义的吸引力、辐射力，拓展马克思主义的传播渠道和传播方式。进一步完善马克思主义理论学科体系建设和教材体系建设，推进马克思主义"三进"工作；创新马克思主义理论传播的方式、方法和载体，注重将理论宣传与解决群众实际利益问题结合起来，注重运用互联网、手机、移动电视等新兴媒体来传播理论，构建马克思主义理论宣传的网络话语体系，切实掌握网络的理论话语权和传播主动权。

（二）推进社会主义核心价值观建设

发展社会主义先进文化最根本的就是要推进社会主义核心价值观建设。党的十八大以来，我国在社会主义核心价值观建设方面取得了不俗的成绩，这主要表现在：社会主义核心价值观建设多次被纳入中央政治局会议的重要议题，并对这一"铸魂工程"做出了新的战略部署；马克思主义中国化理论创新成果喜人，进一步增强了我们的价值观自信；社会主义核心价值观弘扬与践行渗透到治国理政各个环节，社会风气发生潜移默化的变化，时代精神风貌开始逐步重塑等。然而，在社会主义核心价值观建设的具体实践中依然存在不少问题，这突出反映在：在建设工作落实上存在功利化趋向，图一时之功，不求长效；在教育引导上强制灌输的色彩依然较浓，结果造成"口服心不服"；在公共社会生活领域存在不少的建设"死角"和"盲区"等。消解这些问题，要求我们：一是进一步提高社会主义核心价值观的针对性。要突出对党员、干部、青少年、社会公众人物等重点群体进行社会主义核心价值观教育，使之在公众中发挥重要的示范效益，并根据不同社会群体的身心发展特点、职业特征、社会责任范畴，将社会群体进行必要的分类，分层次、分阶段、分场域地进行价值引导。二是进一步提高社会主义核心价值观建设的渗透性。社会主义核心价值观要真正成为人们的"行为准则"，就必须让它融入国民教育全过程，渗透于党和政府各项工作中，融入人们的日常工作和生活场域中。这就需要加强社会主义核心价值观教育的顶层规划，优化社会主义核心价值观教育资源配置，搭建社会、学校、家庭一体化教育互动平台，做到国民教育的各个教育环节和教育阶段环环相扣而又各成体系，相互协调、相互促进；需要尊重和发挥基层组织在社会主义核心价值观建设中的主体作用，积极利用其利益表达、整合与协调等功能，构建起社会主义核心价值观建设的"微观"社会组织体系。三是进一步提高社会主义核心价值观建设的共振性。社会主义核心价值观建设是一项系统工程，需要发挥多方的合力作用。这就需要通过严肃纪律和规矩，加强反腐倡廉，为社会主义核心价值观建设营造一个风清气正的政治生态环境；积极探索网络媒体与传统媒体互动、网上宣传与网下传播结合的机制，加强网上正面引导，促进形成良性的社会舆论生态；完善以宪法为核心的现代国家法规体系，稳步推进社会主义法治建设，推进公共行政制度和决策执行体制民主化改革，使政策制定和制度建构符合最大多数人的利益诉求，为社会主义核心价值观建设提供坚实的制度保障。

（三）推进时代精神建构

以改革创新为核心的时代精神始终是鞭策我们在社会主义现代化建设中与时俱进的精神力量。它与以爱国主义为核心的民族精神相互辉映，是凝心聚力的兴国之魂、强国之魄。实现中国梦必须弘扬以改革创新为核心的时代精神，一是要大力推进国家治理体系和治理能力现代化，用改革创新实践孕育和丰富时代精神内涵。以党的十八届三中全会为标志，我国已步入全面深化改革新阶段，全面深化改革的总目标是完善和发展中国特色社会主义制度、推进国家治理体系和治理能力现代化。相比以前的几次改革，全面深化改革难度更大，要啃的"骨头"更"硬"，触及的利益层次更深，这就需要有更加坚决而大胆的改革创新精神方能实现。推进国家治理体系和治理能力现代化，重点是如何处理好五大关系，即政府与市场的关系、党和国家的关系、德治与法治的关系、民主与集中的关系、物质文明与精神文明的关系。这些关系，看起来好像有点"老生常谈"，但在经济步入新常态，同时面临"修背底德陷阱"和"中等收入陷阱"两大发展陷阱的境遇下来处理这些关系，我们必须要"老话新探"，在"新探"的实践中必然会进一步延伸和丰富时代精神的内涵。二是要加强时代精神的提炼总结和宣传教育，大力弘扬时代精神。《十三五规划纲要》明确强调，要以创新、协调、绿色、开放、共享五大发展理念引领"十三五"的社会主义现代化建设，其中创新被列为五大发展理念之首，这也就意味着，在"十三五"时期，新的发展理念指导下的改革创新实践又会生产出许多新的时代精神，我们必须对之加强研究，及时加以总结和提炼，将之上升到经验和理论的高度来为我们的社会主义现代化实践服务。同时，我们还要进一步加强时代精神的宣传教育工作，让它渗透于人们的日常实践中，把弘扬和培育时代精神纳入公民教育、党员教育和精神文明建设的全过程。三是要用时代精神引领社会领域的各项工作，发挥其强大的精神支撑作用。弘扬时代精神，需要立足于我们正在做的各项工作，并在其中予以贯彻落实。这就需要我们在转变思维方式中提升行政理念，强化大局意识、责任意识和法治意识；需要在转变干部作风中凝聚力量，始终保持宗旨意识、廉洁意识和吃苦意识；需要在转变工作方式中强化落实，做到深入一线、克己奉公和统筹兼顾。

　　总之，我们要将中国特色社会主义事业不断引向胜利，除了要确立起道路自信、理论自信、制度自信之外，还必须唤起全民族的文化自信，必须将大力弘扬中国优秀传统文化、推进中国革命文化的传承与努力发展社会主义先进文化紧密衔接起来，使之相互促进、共同发展。全党和全国各族人民对中国特色社会主义道路、理论体系、制度和价值观的深刻认同，是中国共产党不忘初心，中国特色社会主义事业永葆生机活力、不断推向前进的根本保证。

第二章 中国优秀传统文化概述

第一节 文化概述

一、文化的含义

汉语中"文化"这个词，本是对英语"culture"一词的意译。那么，为什么用"文化"二字来翻译这个英语词呢？这就因为中国古籍中本来就有"文""化"二字的关联使用，而其含义又与现在所说的"文化"有一些关系。

例如《易经·贲卦·绿传》中说："观乎人文，以化成天下。"孔颖达《正义》解释道："观乎人文以化成天下者，言圣人观察人文，则诗书礼乐之谓，当法此教而化成天下也。"

又如刘向《说苑·指武》篇更把"文""化"二字连在一起："凡武之为兴，为不服也。文化不改，然后加诛。"

以上《易传》把"文""化"二字关联使用，是指以"人文"来"教化"天下；刘向将"文化"连在一起，则是指"文治"连同"教化"，意思都差不多。

那么，为什么说这种意思与现在所说的"文化"有一些关系呢？

因为从内容上看，《易传》所说的"人文"，如孔颖达所注，是指"诗书礼乐"，这些的确是中国古代文化的重要内容。再从功用上看，《易传》讲"人文"是为了"化成天下"；刘向讲"文化"更是把"文治"与"教化"视为密不可分，都是作用于人心的手段。这种"教化"的功用与现在的文化所具有的教育、诱导、感染、熏陶作用是有一致之处的，是相应相通的。

因此，用古籍中互相关联的"文""化"二字来指称现在所说的文化，可以说是有道理的，说得通的；也可以说是一种相当优化的选择。

但是，现在所说的文化毕竟不是用"人文"来进行"教化"的意思，更不是"文治"与"教化"的总称。它究竟是指什么？这就是一个需要研究的问题。近代以来，外国的研究者给它下了种种定义，中国的研究者也给它下了不少定义，却始终没有一个定义得到人们的公认。

此种现象，不足为怪。原来，文化这个东西虽然人人都感觉到它的存在，但它的内容实在太庞大而复杂了，有许多方位，许多层面，许多局部，许多表现；它既在人类历史上不断变化发展，又与自然界和社会上许多事物发生联系。同时，研究它的人又有不同的目的，不同的视角，不同的素养，不同的专业。这种种因素交织在一起，就使得问题变得非常复杂。

文化的研究者，不管他们自以为如何，实际上都是根据其主观条件来说他们所感知与理解的"文化"；而一切理解都受制于"前理解"，因此就出现了各式各样的定义。这些定义实际是反映了不完全相同的研究角度与不完全相同的研究对象。这是人类对文化的认识过程中的一个阶段所必然要出现的情况。根据文化的实际情况来看，对它采取分析的态度，以形成狭义与广义的双重理解，看来是绝对必要的。而对于狭义的文化，的确应该下一个明确的定义，这样才便于做分析与扩展相结合的论述。狭义文化的定义应该是：

文化是对具有一定社会共同性的思想意识、价值观念和行为方式起引导或制约作用的、由各种集体意识所形成的社会精神力量。

对这个定义需要做较为详细的解释。

首先，要解释"文化是一种精神力量"。

根据唯物主义反映论的原理和社会存在决定社会意识的法则，应当肯定狭义的文化是第二性的东西，属于意识和精神的范畴。

研究文化必须首先抓住狭义的文化，了解其确切的含义。因为研究任何东西都必须有明确的、特定的对象。假如把与特定对象有关系的各种东西都拉进来，就必然使对象模糊化；这既无助于对对象本身的认识，也无助于弄清楚对象与其他事物究竟有什么样的联系；而且还可能使各种研究讨论成为各说各的，难以取得共识。

为了说明狭义文化的确切含义，下一个定义就成了完全必要的事情。而在以上所下的定义中，首先可以肯定的一点是：狭义的文化是一种"精神力量"，是"观念形态"的东西。

当然，在文化的研究中，对广义的文化也不能忽略。这不仅因为狭义的文化不能脱离其载体而存在，而且因为文化学上已经取得的许多成果是与对广义文化的研究分不开的。所以，从研究狭义的文化出发，是必然要扩展到广义文化的。

其次，要解释文化作为一种精神力量具有社会性，即定义中所说的"社会精神力量"。

所谓"社会性"有两重含义：

第一，讲社会性是相对于人类本能的精神力量而言的。人类有本能的精神力量，如求食以取得自身的生存，求偶以取得自身的延续，这些要求都既是生理的，也是心理的（如情绪上的反应与表现）；后者即是精神的表现，但这种表现却出于本能，是与生俱来的。而作为文化的社会精神力量则与此相对，它不是人类先天就有的，而是在后天的社会生活中习得的。所以文化的传承是一种社会传承，而并非自然传承。社会传承要依靠人类所特有的教育与学习，因此教育与学习在人类文化的传承与发展中具有前提意义，起着巨大的作用。

第二，讲社会性是指文化的总体作为精神力量既有一定的社会幅度，又有综合性；它不是指个体的某种精神力量。当然，具有社会幅度和综合性的精神力量也表现在个体身上，个体的精神力量也可以为社会文化的丰富与发展做出贡献。但这些都必须汇总于具有社会综合性的精神力量的巨流，才具有文化意义。

再其次，要解释集体意识，文化作为社会精神力量是由各种集体意识综合形成的。

所谓"集体意识"也有两重含义：

第一，是指它具有集体性，即不仅文化的总体具有一定的社会幅度和综合性，而且组成文化总体的各个局部也都是集体意识而非个人意识。

例如某一地方的人对故乡有感情，便是这一地方人的集体意识。塞北人爱塞北，江南人爱江南，爱的对象与内容是不同的，因而实际上是两种不同的集体意识，但却都有文化意义，均可作为对故乡的热爱之情而成为中国文化的组成。反之，要是有一个人特别憎恶故乡，这种事例不一定绝对没有，也不一定只有一两个人是如此，但这仍然属于个人意识而非集体意识。因为不论有多少个人憎恶自己的故乡，都必出于反常的特殊原因，而并非出于构成集体意识的共同原因；更无法在对故乡的态度方面对他人起诱导作用，所以是没有文化意义的，是不能成为一个国家或民族的文化组成的。

第二，是指它具有意识性，这是相对于无意识性而言的。荣格提出了"集体无意识"，那是指一切不是在后天习得而是得之于先天遗传的"普遍性精神机能"；实际上已属于本能，但这种本能的形成是受到人类远祖所积累的经验的影响的。"集体无意识"因属本能，所以具有无意识性；相反，"集体意识"则是在后天习得或养成的，具有明显的意识性。塞北人恋念的是塞北，江南人恋念的是江南，这就充分说明人对家乡的爱不是与生俱来的，而是塞北人或江南人在后天的不同生活中养成的。

最后，要解释定义中的"对具有一定社会共同性的思想意识、价值观念和行为方式起引导或制约作用"这句话。

文化作为社会精神力量，有巨大而深刻的社会影响。它无论表现为一种有约束力的氛围，一种约定俗成的习惯，或表现为一种成文或不成文的规定，都有力地作用于人们的思想和行为：或使人受到潜移默化的熏陶，或使人自然遵循某种视为当然的惯性，或使人必须遵守种种规范，总之是对人的思想观念和行为方式起到引导和制约的作用。这就是文化之"化"的意义之所在，"化"的结果则是使社会群体在思想观念和行为方式上出现某种文化的统一性。

文化本身是由种种集体意识所形成的，它在总体上又被社会群体所认同和接受，所以它才能成为一种起引导或制约作用的社会精神力量。在文化和其作用对象之间，实际上是一种互存互动的关系，即文化作为社会精神力量作用于社会的群体，社会群体又坚持或支持了这种社会精神力量，二者是难解难分的。

当然，文化的引导与制约也落实到个人，所谓社会群体即是由个体组成的。所以在同一个社会中，各人的思想和行为虽有千差万别的具体表现，但在这些表现中却存在着某种共同性，那就是由文化的引导与制约所决定的。

以上是对"观念形态的文化"，即狭义的文化所下的定义和所做的解释。下面要说明的是，狭义的文化是不可能孤立存在的，它必然寓于多种多样的载体之中，成为广义的文化，这才是看得见、听得到、摸得着的文化现实。

在文化现实中，可以说每一种观念形态都有其相应的载体。这些载体虽然千姿百态，不胜枚举，但就其表现形式来看，大致可以概括为四类：（1）实物制作表现；（2）规章制度表现；（3）礼仪习俗表现；（4）语言符号表现。

类别虽是如此，但实际表现又往往跨类交叉。

例如作为观念形态文化的科学技术，其表现形式或载体，就既可以是语言和其他符号，也可以是实物制作。一部由语言表述及符号、公式组成的物理学著作固然体现了观念形态的物理学研究成果，而一台实物形态的机器也同样体现了观念形态的物理学原理。

又如政治的观念也是这样。它可以表现为语言的论说；也可用文字著为定典；还可以成为要求人们在行为中遵守的制度；甚至还与实物制作有关系，如故宫这样的建筑物，就在很多地方体现了封建统治者的政治观念。

再如艺术与审美的观念也是如此。它可以通过语言文字来表述论证，也可以体现在物化的绘画、雕塑、建筑、园林、影视、时装等作品之中，也可以在礼仪习俗中有这样那样的表现。

总之，观念形态文化的四类载体及其错综复杂的交叉表现，构成了丰富多彩的社会文化现实，它使生活在社会中的人耳濡目染，起着感化、熏陶、约束、养成的作用，使人的观念和行为都带上特定民族在特定时期中的文化的烙印。

二、文化结构

（一）中国文化的结构

1. 理性文化

什么是理性，根据恩格斯的说法，它只是资产阶级的理想化的王国，包括永恒的正义、法律面前的平等、主要的人权以及理性的国家。以理性精神为代表的启蒙运动再次把人类从黑暗带入光明之中。卢梭在其著作《社会契约论》中说："人生而自由的，但却无往不在枷锁之中。"……自以为是其他一切主人的人，反而比其他一切更是奴隶。人类给他人套上枷锁，但同时也把自己禁锢在枷锁之中。卢梭说：要寻找出一种结合的形式，使它能以全部共同的力量来保护和保障每个结合者的人身和财富，并且由于这一结合而使每一个与全体相联合的个人只不过是在服从自己本人，并且仍然像以往一样地自由。正义、公平、民主、人权，这是一种理性的文化。人类的理性不仅表现为个人追求最大化的自身利益，还表现为与他人的合作和互赢，理性的文化表现为人们找到一种制度和方式，运用这样的制度和方式，社会的每个成员都能长期地获得最大的利益。

2. 意识文化与无意识文化

弗洛伊德认为人的意识有意识和无意识之分，我们内心想法的主体位于无意识之中，我们无法知晓，但无意识却对我们的行为和心理有着深刻的影响。就像个人一样，文化也有意识与无意识之分，人类种种思想的火花，真知灼见，对世界对真理的苦苦探求，那是文化的意识部分。而我们的生活方式、风俗、习惯往往属于文化的无意识部分。韦伯则这样说：我们将赋予习俗这样的定义，它意指一种独特的一致性行动，这种行动被不断重复的原因仅仅在于，人们由于不加思索地模仿而习惯了它。它是一种集体方式的行动，任何人在任何意义上都没有要求个人对它永远遵奉。

3. 理想文化与现实文化

理想文化是一个社会所宣扬、所推崇的价值观和行为规范，而现实文化是一个社会所实际表现出来的行为模式、生活方式等。理想文化和现实文化之间可能是相吻合的，社会的价值观被社会成员所真正接受和内化，而且是通过一种理性的方式，而不是狂热地盲从，我们说这样的文化整合度较高。

理想文化和现实文化之间也可能是相背离的，就像水和油不能融合，理想文化浮在表面，并没有渗透到社会生活中去，或者说以一种变形和变质的方式渗透到社会生活中去，社会成员并没有真正地内化这样的理想文化，或者说这样的理想文化本身是不可行的。

4. 价值文化

价值文化是一种理念和信仰等抽象价值主导的文化，它往往能超越时代与世俗的限制，体现为一种人类的元精神，如对真善美的追求。

（二）中华文化的结构特征

1. "多元一体"是中国文化结构的基本特征

20世纪80年代，费孝通提出了中华民族"多元一体格局"理论，该理论客观概括了从古至今中国多民族国家的民族构成及各民族间关系的基本面貌。"多元一体格局"理论也为我们认识中国文化的历史与现实提供了一把钥匙。

《唐律疏议·名例律》云："中华者，中国也，亲被王教，自属中国，华冠威仪，习俗孝悌，居身礼仪，故谓之中华。""中华"喻示着一套以礼仪与教化传统，特别是重视孝悌等亲情伦理的文明传统，故一般又称中国文化为中华文化。中国自古是多民族国家，多民族客观上造就了国内有多种民族文化形态、多元文化创造主体。从中国文化创造主体的民族属性看，中国文化就是国内各民族人民创造的文化的总称。很显然，这是一个历时性的概念，中国包括古代中国和现代中国，中国文化自然包括古代中国文化（可以称之为传统中国文化）和现代中国文化。同时，这也是一个动态的概念，自古至今，中国社会的不同历史时期，国内民族构成的基本情况是处在一个动态的变化过程中的。比如，中华人民共和国成立后，经国家认定的民族有56个，当代中国文化就是这56个民族创造的文化的总称。

考察中国文化发展的历史，有一个基本事实就是：由古至今，在中国这片地理单元内繁衍生息过众多的民族，这些民族在特定自然、人文、社会历史条件下创造和发展出具有自身民族特色的文化，同时这些民族在政治、经济、文化等各方面却不是完全封闭隔绝的，在漫长的历史过程中，由于自然地理条件、人文因素等各种因素的共同作用，各民族之间发生了深刻而广泛的相互交往、交流、交融。单就文化方面而言，历史上各民族文化之间相互影响、相互渗透，不同民族文化实际上发展形成一个既千差万别又相互紧密联系的中华文化共同体。纵观中国传统社会和现代社会，多种民族文化形态、不同民族文化之间相互依存、相互交融呈自在状态，因此说，中国文化是一个由不同民族文化相互交融形成的有机整体，"多元一体"是自古至今中国文化格局的基本特征。

中华文化的"多元一体"在内涵上包含两个向度："多元"和"一体"：

（1）"中华文化"的多元性

从中国文化创造主体的民族属性的视角看，中国文化包含多种民族文化形态、是由不同民族文化构成的。具体说，中国文化有多样的创造主体，有汉族，有其他少数民族；中国文化有多样的民族形态，有汉族文化、藏族文化、蒙古族文化等。中国文化是多元的创造主体和多样的民族文化构成的，即多样性、多元性是中国文化的基本特征。

从远古到现在，在中国这块地理单元内繁衍生息过众多的民族，这些民族集团的社会生产力水平或高或低，实力有强有弱，文化各不相同，在不同的历史时期，不同的民族集团为开发、建设中国做出了各自的贡献。在这个漫长的历史过程中，有的民族融合到别的民族之中而消亡了，也有新的民族不断出现，直到今天，中华大地上的民族仍有56个。现代中国各民族，大都是中国古代民族的后裔，大都是中国古代民族血缘和文化的传承者。今天统一多民族国家的局面，是经过了一个漫长的历史过程、由在这片土地上繁衍生息的许多民族共同缔造的，国家的辽阔疆域和富饶土地，也是各民族共同开拓和开发的。中国各民族在开发和建设国家的过程中，创造出了绚丽多彩的民族文化，汇聚成中华民族千姿百态的文化大花园。

人类文化的发展是以自然为基础的，自然地理环境是一个民族文化形成某种类型的前提性因素。中国地域广阔，各地区自然地理条件差异巨大，经济文化类型多样，造就了不同民族文化的差异性、多样性，造就了中国文化的多元构成。

我国各民族文化在语言、风俗习惯、民情、生计方式等方面，具有很大的差异性。在中国古代北方，阴山以北、大兴安岭以西的广大地区（俗称漠北），阴山以南，燕山、祁连山以北地区（俗称漠南），气候寒冷，不适宜农作物生长，繁衍生息于这些地方的古代民族，形成了游牧生活方式及草原游牧文化。与漠北、漠南草原游牧民族文化截然不同的是黄河流域、长江流域等地，有灌溉之利，便于农耕业的发展，在这些地区生活的古代民族则创早出了灿烂的农业文明。进入文明社会以后，在黄河中游地区的生活的"华夏"，得灌溉之利，形成了农业经济和生产方式，后来以华夏为核心建立起早起的国家，春秋时期铁器和牛耕得到推广使用，原始的粗耕农业逐渐转变为精耕农业，以农业为主的经济体系最终确立，并逐渐形成了黄河流域的农业经济区。秦、汉时期，华夏势力依托国家力量扩展到长江中下游的广大地域后汉族形成，汉族就是以农业为主要经济和生活方式的民族。

中国文化的民族支系众多，有学者从各民族生活的生态环境、政治经济等人文环境特点出发，将中国不同民族文化划分为七个大的系统：北方草原民族文化系统、东北松辽平原文化系统、西域民族文化系统、黄河上游民族文化系统、南方丘陵红土地带民族文化系统、西藏高原民族文化系统、中原汉族文化系统。

中国各民族的发展具有不平衡性。在古代，中原汉族文化处于领先和主导地位。汉族在经济生活方式上以农业为主，与周围狩猎、游牧、渔猎等民族经济形式相比，具有明显的优势和先进性。

（2）"中华文化"的一体性

中国各民族文化是有差异的、各具特色的，但不同民族文化绝不是孤立的、封闭的，各民族文化间、特别是各民族文化与汉文化之间在不同层面（物质文化、制度文化、精神文化）都发生了广泛而深刻的交流、交融，各民族文化相互影响、相互渗透，你中有我、我中有你，这种自在的关联就是中国文化的"一体性"。中国各民族文化之间的一体性表现在以下两个层次上。

①"中华文化"的整体性、关联性

中国文化的整体性、关联性，是指各民族文化之间互相影响、互相渗透，你中有我、我中有你，成为一个相互关联的有机整体。"一体"不是各民族文化的简单相加，而是不同民族文化由于互相渗透、互相借鉴而形成的相互间紧密的联系。正是由于这种整体性、关联性，我们才说民族大花园里的任何一种民族文化都是中国文化，并谓这个文化统一体为"中华文化"。历史上的中华文化也好，当代中华文化也罢，都是一个相互关联的有机整体。

在整个古代社会，中国各民族文化之间的相互渗透、相互影响在汉族文化与各少数民族文化、各少数民族文化之间都普遍地发生了，且是以汉族文化为主导的。以中原农业生产方式和生活方式为核心的汉族文化，对周边少数民族文化的辐射型的影响是普遍而深刻的，它以先进文化的地位建构起了周边少数民族对它的向心力。汉族文化与少数民族文化之间的相互影响渗透，最原始的动因是缘于经济生活方式上的，中原先进的农业技术、生产方式、丰富的农产品、纺织等生活用品是北方游牧民族、南方丘陵地带诸少数民族生存之向往和必需，因此，历史上不乏汉族与周边少数民族的互相征伐，目的就是满足本民族集团生存与发展之物质所需，和平的交往交流也比较普遍，如汉族中原王朝与周边民族的茶马互市等。

②各民族文化中客观存在的同一性

同一性是更高层次的联系，是各民族文化在普遍联系的基础上形成的共同性。在长期的交流、交往、交融中,中国各民族文化中形成了为各民族普遍认同、共同创建、共同享受的文化因素。

中华文化的同一性是在汉族和其他少数民族相互交往、交流、共生、共处的历史环境中产生的,从各民族文化之间的相互联系和影响看,各民族文化都普遍地受到主流文化——汉文化的影响。各民族文化的同一性在许多方面都有所体现。政治方面,各民族社会发展水平虽有很大差异,但大体上都以集权制作为民族集团政治统治的思想基础和政治制度。中国历史上许多割据地方的少数民族政权,有效仿、适用中原汉族王朝的政治、经济、文教制度的传统。《续资治通鉴长编》有关西夏的记载:"得中国土地,役中国人力,称中国号位,仿中国官属,任中国贤才,读中国书籍,用中国车服,行中国法令。"其他少数民族政权如辽、金都有这种情况。经济生活方面,中原汉族农业经济和周边少数民族游牧、渔猎经济互相依赖、互为补充,在自给自足的经济方式基础上都奉行"互市"。在社会生活领域,普遍遵循宗法制度,以宗法伦理组织和治理社会,重视和维护家庭、家族、氏族、部落的血缘关系等。

正是由于中华各民族文化有着极强的同质性,建构起了不同民族之间难以分割的联系,形成了中华民族强大的文化凝聚力。

2. "多元一体"中华文化的历史演进

总体看,从古至今,中华文化"多元一体"的历史演进,经历了三个不同的阶段。

(1)先秦乃至整个封建社会,是中华文化"多元一体"格局的形成和发展时期

中华文化"多元一体"格局的形成,是在中华民族 5000 多年的历史进程中,伴随着统一多民族国家的形成和发展逐步形成的。中国统一多民族国家形成与发展的过程,为中华文化"多元一体"格局的形成创造了条件,中华文化"多元一体"的局面,又为巩固和发展统一多民族国家提供了保障,二者相辅相成、相互促进、互为条件和保障。中国统一多民族国家的形成和发展经历了不同时期,"多元一体"文化局面随着这一过程一步步酝酿、发展、形成。

先秦酝酿。远古时期,黄河中游地区的炎帝、黄帝部落合并,形成华夏,后来以华夏为中心,建立了早期的国家。史料记载,夏、商、周国土上除华夏外,还居住有其他古代民族。殷周两朝是中国大统一的孕育时期,殷周所统辖的诸侯,包括周边少数民族的诸侯。如殷伐纣的诸侯中,就有庸、蜀、羌、髳、微、卢、彭、濮等少数民族诸侯。《诗经·小雅·北山》有:"溥

（普）天之下，莫非王土；率土之滨，莫非王臣。"这是最早有关大统一思想的记载，也说明远在殷周时期追求大统一的思想就已经产生。春秋战国时期，华夏族与其他民族迁徙、交往，民族交错杂居明显。华夏核心区域扩大到长江流域，以黄河、长江中下游为中心，形成了"华夷五方格局"（华夏居中，称为中国），奠定了以黄河、长江流域农业区域为核心、向周边民族区域扩展的民族格局的基本走向。

秦汉奠基。秦结束战国纷乱局面，建立中央集权制国家，创立了中央集权制国家政治制度体系，奠定了我国统一多民族国家的基础。汉代承袭秦制，中央集权政治体系得到进一步巩固，在政治上实现了王朝范围内众多民族的大统一，思想文化层面确立了儒家思想的国家意识形态地位。这一时期，华夏在大一统的历史条件下形成汉族，完成了中国历史上第一次南北农牧民族大统一和南北经济生活方式的渗透融合。

三国、魏晋、南北朝民族大融合。此期国家陷入分裂，民族间的战争造成了中国历史上最大规模的民族大迁徙和民族大融合，少数民族汉化、汉族胡化在这一时期最为突出，各民族文化在这一时期得到充分的渗透和融合。

隋、唐、宋、元、明、清融合发展。隋、唐、宋辽金夏时期南北民族得以进一步融合。隋唐以后中国再度进入分裂和南北对峙，南方是汉族政权，北方是少数民族政权，虽然政治上陷于分裂，但又一次实现了民族间的大融合。一些少数民族政权完成了对中国边疆的局部统一和开发。如辽（契丹）、金（女真）把王朝管辖的州县推广到整个中国东北，在牧区推行部族节度使制度，使中国东北和北方草原的地方行政制度得到发展。其他地区性少数民族政权如渤海、南诏、西夏、大理、西辽等，虽割据一方，但其政治、文化深受汉文化影响。元、明、清三朝六百多年对大统一局面的发展和南北文化的融合又是一个大推动时期。尤其是由少数民族建立的元、清两朝：建立了对西藏、新疆的有效统治，推行中央政府直接管辖下的行省与特别行政区并存的地方行政制度，在统一国家内，根据不同民族文化特点，以不同政策、法令推行了司制度、旗盟制度、伯克制度等。

中国的缔造是由各民族人民共同完成的，汉族在这个过程中起了主导作用，蒙古族、满族起了重要作用，其他少数民族如匈奴、契丹、女真、藏、维吾尔、彝、白等，即使他们曾经建立的政权处于割据状态，其在局部地区的统一也为全国的统一准备了必要条件。在几千年共同缔造统一多民族国家的过程中，政治上的大统一对中国各民族文化的联系起到了巨大的推动作用，借助统一的国家力量的整合，各民族间建立了相互依存、相互促进的经济文化联系。可以说，没有历史悠久的国家大统一，就无法形成各民族文化间不可分割的联系，也就没有绵延至今的"多元一体"的中华文化。

（2）近代以来"多元一体"中华文化的危机时期

鸦片战争后，西方文化借着洋枪洋炮进入中国，受此强势文化的冲击，中国自此开始了"三千年未有之变局"，中华文化面临深刻的危机。

中华文化的危机首先来自外力作用。由于清政府政治上的衰败和军事上的一再失败，国家被瓜分，一再割让领土、放弃主权，以至于部分少数民族脱离了祖国。社会经济和生活方式上，受到西方先进生产方式和商品的冲击，传统的生产组织和经济活动遭受沉重打击。思想意识和价值观层面，西方价值观和基督教伴随着商品进入中国，中国传统生活方式、价值观念、道德体系遭受严峻冲击。辛亥革命后，长达几千年的封建帝制结束了，但国家陷于军阀割据混战的分裂状态，统一多民族国家面临解体的危险。

中华文化面临的危机还来自国人对中国传统文化的自我否定和自我解构。面临西方文化的冲击，国内出现了一些否定传统文化的激进思潮，反传统运动对传统文化的过度批判和否定，伤害到中华文化的根基，客观上形成对中华民族社会价值体系、伦理道德体系及人文精神的自我解构，造成中华文化传统的人为断裂和流失，其危害流存至当代。

（3）改革开放以来"多元一体"中华文化的重建和现代化

社会主义制度下，"多元一体"中华文化在内涵上与古代传统的中华文化有很大不同。中国特色社会主义为当代中华文化注入了新的活力因素，当代中华文化的主导文化的内容发生了变化，共产党领导核心和社会主义原则是"多元一体"中华文化中的主导力量。社会主义主流文化并不排斥传统中华文化，它仍然是当代中华文化的底色，是当代中华文化迈向现代化的起点和基础，各民族文化构成社会主义文化大花园的多样性。

改革开放以来，国家实行民族平等、民族团结、各民族共同繁荣进步、民族区域自治制度等政策，中国特色社会主义道路将中华民族引向复兴之路，从而开启了重新建构"一体多元"中华文化的新时代。为彻底消弭历史上遗留下来的各民族发展的不平衡状态和事实上的不平等，国家实施了扶持少数民族和民族地区发展的经济和社会政策，实施繁荣和发展少数民族文化政策和多元文化战略，各民族经济文化社会各领域得到了长足发展，各民族文化共生共荣，"多元一体"中华文化进入现代化阶段。

"多元一体"，既是中华文化历史的基本面貌，也是当代中华文化格局的基本发展方向，只要中国统一多民族国家的面貌不发生变化，"多元一体"的文化格局也就不能发生丝毫的改变。中华文化"多元一体"结构，在中国各民族间构建了相互依存、互不分离、共命运的关系，形成了强大的民族凝聚力。中华民族五千年绵延不绝，核心的因素就是文化因素，即"多元一体"文化结构，它塑造了不同民族文化主体对中华文化的认同，也升华了各民族对国家的认同，有力保证了统一多民族国家的稳定与统一，必将在中华民族伟大复兴中发挥新的时代价值。

三、文化的功能

（一）引领风尚

文化是民族生存和发展的重要力量。一个时代的风气，系于文化。党的十九大报告指出："文化兴国运兴，文化强民族强。"这里十分强调了文化作为民族的灵魂作用、作为社会风气的引领作用、作为人们精神的支柱作用。文艺是时代前进的号角，最能代表一个时代的风貌，最能引领一个时代的风气。没有先进文化的积极引领，没有人民精神世界的极大丰富，没有民族精神力量的不断增强，一个国家、一个民族不可能屹立于世界民族之林。鲁迅说过，文艺是国民精神所发的火光，同时也是引导国民精神的前途的灯火。举精神之旗、立精神支柱、建精神家园，都离不开文艺。

首先，文化引领精神风尚。文化是铸造灵魂、强基固本的工程。思想和价值观念是文化的灵魂，一切表现形式都是表达一定思想和价值观念的载体。所以，文化引领风尚，首先是引领精神的风尚、思想的风尚、价值观念的风尚。实现中华民族伟大复兴，需要强大的物质力量，也需要强大的精神力量；需要物质文明极大发展，也需要精神文明极大发展；需要建设物质高楼大厦，也需要建设精神高楼大厦。文化引领精神风尚，就是要拥抱理想、坚定信念、向往真理；就是要反映时代精神、塑造时代精神、传播时代精神；就是要发时代之先声、开社会之先风、启智慧之先河；就是要引导人们找到思想的源泉、力量的源泉、快乐的源泉；就是要用理性之光、正义之光、善良之光照亮生活；就是要让人们看到美好、看到希望、看到梦想就在前方；就是要讴歌奋斗人生、赞美时代先锋、刻画最美人物；就是要讲好中国故事、传播中国声音、树立中国形象、唱响中国旋律、展现中国风貌；就是要引导人们树立正确的历史观、民族观、国家观、文化观；就是要增强做中国人的自信、自强、自尊和做中国人的骨气、底气、志气。一句话，文化引领精神风尚，就是要弘扬中国精神、凝聚中国力量。要使中国特色社会主义文化，像蓝天上的阳光、春季里的清风，扫除阴暗污秽、扫除颓废萎靡、扫除垃圾糟粕。

其次，文化引领道德风尚。文化是管"世道""人心"的。管"世道"，就是培育社会道德，提高社会文明程度；管"人心"，就是培育个人私德，促进人的全面发展。国无德不兴，人无德不立。中国优秀传统文化从来都是围绕"德"这个内核来丰富发展的。古人讲立德、立功、立言"三不朽"。讲的是首先要立德，其次才是立功、立言；没有德，文章也做不好；做得好，也传不开。《大学》开宗明义讲："大学之道，在明明德，在亲民，在止于至善。"这里强调的是抓道德是首要、是首位、是首责，至善是目的、是终极、是归宿。"德者，本也。""百行德为首"，文化引领道德，就是引导人们弘扬真善美、鞭挞假恶丑。追求真善美是文艺的永恒价值、永恒主题。文以载道、诗以言志，这个"道"就是精神、就是价值、就是道德，这个"志"就是志气、就是志向、就是志趣。文以载道、诗以言志，是中华文化自古以来的使命、责任、担当、义务。"文人之笔，劝善惩恶。"文化就是要传递向上向善的价值观，引导人们增强道德判断力和道德荣誉感，引导人们向往和追求讲道德、尊道德、守道德的生活，引导人们讲对错、问是非、知美丑、辨香臭，引导人们正确处理荣辱、义利、公私问题，引导人们重廉耻、重品行、重操守、重诚信，引导人们爱祖国、爱人民、爱事业、爱家庭，引导人们自重、自省、自警、自律。一句话，文化引领道德风尚，就是引导人们明大德、守公德、严私德。

再次，文化引领审美。一个社会需要美，需要美化心灵、美化社会、美化环境、美化生活。正如马克思所说，人类是通过劳动创造世界也创造自身的。在这种创造活动中，人还按照美的规律来创造。古人讲，"充实之谓美，充实而有光辉之谓大"。文化的任务，一要创造美，二要发现美。文化要给人们带来欢乐、带来启迪、带来美的享受。蔡元培把审美的目的定位为道德教化，认为"涵养德性，则莫如提倡美育"。生活中并非到处都是莺歌燕舞、花团锦簇，还存在一些丑恶现象。文化的作用，就要歌颂美。对于丑恶，不能回避，但也不是简单地展示丑恶、渲染丑恶、追捧丑恶，而是歌颂美好、战胜丑恶，赞美理性之光、正义之光、善良之光。我们的生活中，不缺少美，而是缺少发现美的眼睛。文化要帮助人们擦亮发现美的眼睛，增强发现美的能力。中华文化有着独特的审美精神。中华文化独一无二的理念、智慧、气度、神韵，增添了中国人民和中华民族内心深处的自信和自豪。中华美学讲求托物言志、寓理于情，讲求言简意赅、凝练节制，讲求形神兼备、意境深远，强调知、情、意、行相统一。一句话，文化引领审美，就要坚守中华文化立场、传承中华文化基因，展现中华审美风范。

（二）教育人民

以文化人，是中华文化的优良传统。自古以来，我国文化承载着教化的功能，以化人为己任，以化人为归宿，以化人为宗旨。孔子说："移风易俗，莫善于乐。"说的是，改造社会的风气、改造人们心灵，最有效的途径是文化。孔子认为，诗、礼、乐是以文化人的三种有效载体，人的修养"兴于诗，立于礼，成于乐"。诗教、礼教、乐教，是孔子时代文化的主要样式，也是当时最能影响大众的传播载体。为什么古人这样重视文化的教化作用？因为，文化最能深入人心。文化的特点是，"入人也深，化人也速"。鲁迅说："文化是骨髓里的东西。"他还说："要改造国人的精神世界，首推文艺。"文艺对社会的影响力最大，对人心的塑造力最强。正是这种特殊的功能和作用，文艺也就自然而然成为教化的载体。中国历史上的优秀作品，无不传播着扬善惩恶、扶正祛邪、公而忘私、国而忘家、崇德尚义、讲信守诚。以文化人，是贯穿中国文化传统的主线、主题。所以，中国历代文学著作，也是伦理的教材、道德的课本、做人的准绳。历史上，社会的风尚跟着文艺走。在过去的社会中，文盲居于绝大多数，但说书的、唱戏的，遍布大街小巷，妇孺皆看、老少都懂、潜移默化、日积月累、水滴石穿、耳濡目染，成为风俗、成为思维习惯、生活习惯、行为习惯，成为社会风气。关羽的忠义双全、岳飞的精忠报国，成为人们的楷模、社会的典范、道德的标杆、学习的样板。文化的教化作用多么大、多么广。

文化的教育功能，有两个鲜明的特点。

一是寓教于乐。文化是教育人、培养人、陶冶人、熏陶人的重要渠道。这个特点是十分鲜明的。《周易》说："观乎天文，以察时变；观乎人文，以化成天下。"这是"文化"一词的来源。从这个来源也可以看出，"文化"一开始就有教化的作用，就有教化的使命。所以，我国历史上，也把文学看成"人学"，就是写人的、就是为人而写的，就是感动人、感染人的，就是教化人、教育人的。不论是厚重的题材，还是轻松的题材；不论大主题，还是小主题；不论是喜剧，还是悲剧；不论是严肃的体裁，还是通俗的体裁，都承载着教育人的功能。鲁迅在谈及通俗文艺时说，通俗文艺"其取材多在近时，或采之他种说部，主在娱心，而杂以惩劝"。鲁迅先生精准定位了通俗文艺。就是"主在娱心"，但不能也不可能失去"惩劝""教化"的功能。当然，文化发挥教化功能，不是简单地喊口号，不是简单地贴标签，不是简单地说教，而是用文艺的形式、用娱乐的方式、用情感的途径，实现这个功能。这就要求思想性和艺术性的统一。缺少思想的艺术和缺少艺术的思想，都不能达到以文化人、以文育人的目的。文艺作品，既要有意义，又要有意思。有意思，人们才能爱看、想看；有意义，人们才能受到教育和启迪。娱乐是文艺的显性功能，教育是文艺的隐性功能。只有把这两种功能完美结合、相得益彰，才能达到寓教于乐的效果。

二要润物无声。文化如水，是说文化的教化功能体现在不知不觉之中，体现在"无"胜于"有"之中，体现在"诗外情、画外意、弦外音"之中。中华美学的一个鲜明特点，就是"托物言志、寓理于情"。"托物言志、寓理于情"，讲的就是润物无声，讲的就是通过以情动人达到以理服人的目的。比如，爱国主义是我国文艺作品的一个永恒主题。我国古代文艺中，爱国主义是融铸于生动的情节、感人的故事、优美的文字、引人的叙事、激昂的诗句、热烈的放歌、翩翩的舞姿之中的。范仲淹的"先天下之忧而忧，后天下之乐而乐"，陆游的"王师北定中原日，家祭无忘告乃翁""位卑未敢忘忧国"，文天祥的"人生自古谁无死，留取丹心照汗青"，林则徐的"苟利国家生死以，岂因祸福避趋之"等朗朗上口的诗句，是启蒙的必读、学习的必修、养心的必备，人们爱之、诵之、记之、传之，在口口相传中、在人人咏诵中，爱国主义自然而然流入人们的心田、刻入人们的脑中，化为一种行为准则、化为一种行事规范、化为一种道德标杆、化为一种民族意识。这就是润物无声。我们要使社会主义核心价值观像空气一样无处不在、无时不有。像空气一样，一方面是说失之难存，一方面是说日用不觉。他还强调，做思想工作，比如盐，人没有盐不行，但盐必须融在饭菜之中。文化要以文化人，要移风易俗，要因风化俗，更要强调润物无声。

（三）服务社会

服务人民、服务社会，是社会主义文化的根本宗旨。党的根本宗旨是全心全意为人民服务，文艺的根本宗旨也是为人民创作。坚持为人民服务、为社会主义服务，是党对文艺战线提出的一项基本要求，也是决定我国文艺事业前途命运的关键。要把为人民服务作为文艺工作者的天职。

文化服务社会，要把握好三个方面。

一要精品式服务。人民群众需要的是文化精品，而不是文化次品，更不是文化垃圾。现在随着我国人民群众物质生活水平的提高，精神文化生活水平也不断提高，精神文化生活需求的层次也在不断提升。我国社会文化消费水平正处在一个换档期，从中低档文化消费转向中高档文化消费。所谓中高档文化消费，就是文化产品有内涵、有韵味、有格调、有品位，就是文化产品创意独到、匠心独具、制作独特，让人百看不厌、回味无穷、意境深远。现在我国文化产品数量并不少，每年40多万种图书，500多部、15000多集电视剧，700多部电影，更不要说海量的网上文化产品。但群众仍然说，文化产品少。文化产品少，不是少在数量上，而是少在质量上、少在好的文化产品上。所以说，文化领域供给侧结构性改革的主攻点，就是提高文化精品的供应数量。什么是文化精品？就是思想精深、艺术精湛、制作精良的文化产品；就是思想性、艺术性、观赏性相统一的文化产品；就是接地气、传得开、留得下的文化产品；就是既要在思想上、艺术上取得成功，又要在市场上受到欢迎的文化产品。我们就是要给人民多提供这样的文化精品。没有优秀作品，文化为人民服务就是一句空话。没有优秀作品，其他事情搞得再热闹、再花哨，那也只是表面文章，是不能真正深入人民精神世界的，是不能触及人的灵魂、引起人民思想共鸣的，也是不能被人民接受、为人民服务的。

二要便利式服务。文化服务人民、服务社会，必须使人民群众很方便、很便捷地享受服务。如果不方便、不便利，群众就会远离文化，对文化敬而远之。什么是便利服务呢？一是要就近，使群众感到文化就在自己的身边。文化设施建在远离群众的地方，人们参加一次文化活动、体验一次文化服务、观看一次文艺演出，要走很长的路、要坐很长时间的车，偶尔为之可以，长期难以坚持；间隔一段时间到剧场看戏可以，天天这样从事文化活动难以为继。经常性文化活动设施一定要建在社区、建在村头、建在楼里楼外、建在家门口。为什么广场舞如此兴盛？就因为广场舞在家门口就能跳、遛个弯散个步就能舞，群众跳个方便、舞个近便。城市群众日常文化活动要做到不出社区，农村群众日常文化活动要做到不出村。二是要低门槛。门槛高就会把群众拒之门外。文化服务价格不能过高，价格过高的文化产品和服务大众享受不起、也不敢享受。高雅艺术不是高价艺术。这就有一个降低文化产品和服务的成本问题。文化产品和服务不能追求大制作、不能追求豪华包装，更不能把文化产品和服务作为赚钱的工具、作为谋利的手段。看一场戏要上千元、几千元，群众看不起，只能少数人享有。所以，我们要鼓励排能下基层的戏、排能让大众看到的戏。我们的文艺要为人民、演人民、还要演给人民看。

三要参与式服务。群众接受文化服务，不是被动式接受服务，而是要参与式、互动式接受服务。文化服务群众、服务社会，要坚持以人民为中心。以人民为中心，就要以人民满意不满意、人民高兴不高兴作为评判文化服务的标准。现在，文化服务存在一个很大的问题，就是政府提供给群众的文化产品和文化服务，群众不一定喜欢、不一定适合群众的口味、不一定符合群众的文化需求。结果形成了这样一个局面，即群众想要的文化产品和服务，政府提供不了，或者说政府想不到给群众提供；而政府给群众提供的文化产品和服务，群众却不想要、不愿意要，造成文化产品和服务的社会浪费。如何破解这个问题？最根本的就是把文化服务转到以人民为中心上来。以人民为主体,让人民参与文化服务、让人民选择文化服务、让人民决定文化服务、让人民评判文化服务。具体来说,要充分利用互联网,将文化产品和服务摆到网上,建立网上文化产品和服务的"大厨房",让群众到厨房中去"选菜",群众选什么,我们政府就提供什么。这样,送下去的文化产品和服务,才能对得上群众的味口、符合群众的需求,让群众满意、让群众高兴。有人说,只有让群众"点菜",群众才会给文化产品和服务"点赞"。文化服务社会,要给群众参与文化活动搭建平台,组织开展群众乐于参与、便于参与的文化活动,让群众在文化建设中自我表现、自我教育、自我服务。

(四)推动发展

文化既是政治,又是经济;既管人心,又促发展。随着经济的现代化,文化对经济的促进作用日益明显。文化既直接贡献于经济增长,又在转变经济发展方式、提升经济发展质量中发挥着重要作用。文化要素已经渗透到经济发展的全过程和方方面面,历史、传统、民俗等文化资源日益成为经济发展的基础资源,创意、设计、构思等文化创新日益成为价值创造的重要支点,品牌、形象、信誉等文化形态的无形资产日益成为市场竞争的关键所在。现在,人们越来越看到文化产业的优势。文化产业具有资源消耗低、环境污染小、科技含量高的特点,是典型的低碳经济、绿色经济、环保经济。文化既是凝聚人心的精神纽带,又直接关系民生幸福。我们讲改善民生,文化应该是一个很重要的组成部分;我们讲公平公正,文化应该是一个不可或缺的重要体现;我们讲幸福指数,文化应该是一个非常重要的衡量尺度;我们讲生活质量,文化应该是一个显著标志。总之,文化越来越成为民族凝聚力和创造力的重要源泉,越来越成为综合国力竞争的重要因素,越来越成为经济社会发展的重要支撑。现在,文化产业已经成为国家新兴战略产业,已经成为国家数字经济产业,发展文化产业面临极大的机遇。党的十九大报告提出,要推动文化产业发展,健全现代文化产业体系和市场体系,创新生产经营机制,完善文化经济政策,培育新型文化业态。我们要按照党的十九大部署,大力推动文化产业发展。

一要推动文化产业成为国民经济支柱产业。"十三五"规划纲要明确提出,到"十三五"末,文化产业成为国民经济支柱性产业。成为国民经济支柱性产业,就是到2020年,文化产业增加值占到国内生产总值(GDP)的比重达到5%。文化产业正处在快速增长期,每年都以高于国内生产总值增长的速度增长。比如,2017年我国GDP比2016年增长6.9%,而同期文化产业增长率为15.2%,增长速度比GDP增长速度高出一倍还多。同时,这是一个需要费很大努力才能达到的目标。目前，我国文化产业增加值占到国内生产总值比重比较大的省份，只有北京、上海、浙江、广东、江苏、湖南等省市。大部分省、区、市文化产业发展不充分，文化产业发育度很低，文化产业同质化、低水平发展比较普遍，文化产业规模比较小。我国文化企业产值上百亿元就算大企业了，与国际上千亿、几千亿美元产值的文化企业相比，既不大、也不强。要着力打造文化产业领域的"航空母舰"，同时，要大力培育有特色、有创新力的中小规模文化企业。要使文化产业成为新的经济增长点、经济结构战略性调整的重要支点、转变经济发展方式的重要着力点，为经济高质量发展提供重要支撑，成为现代经济体系的重要组成部分。

二要与大众创业、万众创新紧密结合。文化产业是极具活力的产业，也是吸纳创业人口最多的产业之一。现在，每天诞生 1.5 万家左右的新企业，其中，服务业企业占大多数，在服务业企业中，文化企业又占相当大比重。企业就是创业、就是就业。新企业设立越多，说明创业的热情越高，吸纳的就业人口越多，对人才的吸引力越大。文化领域已成为创业的重要领域，成为汇聚创业人才的高地。同时，文化又是创新的源泉。文化的特点可以概括为八个字：精神家园、创新源泉。文化的发展就是不断创新的过程。古人讲："诗文随世运，无日不出新。""随人作计终后人，自成一家始逼真。""十三五"规划纲要提出了四大创新战略，包括理论创新、制度创新、科技创新、文化创新。文化创新是国家创新战略的重要组成部分。我国文化产业不大不强，一个很重要的原因是创新能力不强。一是原创能力不强。文化产业的支撑在于原创能力。所谓原创，就是不抄袭、不重复、不剽窃。要人无我有、人有我特。原创出特色、出精品。二是缺少知名品牌。文化的传播靠品牌，品牌是无形资产，是企业立足之本。形成了品牌，就形成了文化的影响力、传播力。我国还缺少像西方国家拥有的世界知名品牌，如迪斯尼、好莱坞、百老汇等。要把增强原创能力、打造知名品牌作为推动文化创业、创新的着力点。

三要与"互联网+"结合。互联网的迅速发展，深刻改变了我们的生产方式、生活方式和思维方式，也深刻改变了文化的创作、生产、消费。现在，借助互联网，人人都是文化产品的创造者、生产者、传播者。现在文化消费呈现出个性化、分众化特征，为什么会出现个性化、分众化消费特征？就是因为有了互联网，很多文化活动转到互联网上进行。比如，现在实体书店经营困难，实体书店售书额每年只增长不到1%。是不是人们不看书了呢？不是。人们转到网上购书，网上购书增长每年达30%左右。互联网也创造了许多新的文化生产、消费形式。比如，网络游戏已成为最大的娱乐方式。对于网络游戏，青少年普遍喜欢、家长普遍担心。普遍喜欢，是指网络游戏拥有最大的文化消费群体、特别是青少年群体。早在 2017 年网络游戏销售额已达 2000 亿人民币，并出口到东南亚、日本、韩国等国，而且由网络游戏派生出电子竞赛，电子竞赛已列入亚运会竞赛项目。普遍担心，是指网络游戏很容易使人们特别是青少年陷入沉迷，不能自拔，同时，网络游戏中包含有许多不健康的内容，影响未成年人的身心健康，以至屡屡有家长发出"救救孩子"的呼吁。我们一方面要运用互联网技术，加快文化产业的发展，丰富群众文化生活，一方面要加强对网上文化的监管，兴利除弊，发展健康网络文化，营造健康的网络文化环境。

四要与文化市场的规范管理相结合。文化产业发展，离不开政府对文化市场的规范管理。政府对文化市场的规范管理，就是要为文化产业发展创造公平的竞争环境、创造健康的发展环境、创造便利的创业环境、创造文明的营商环境。政府要着力提升管理服务水平，把工作重点转到提供优质公共服务上来，转到加强市场监管上来。要把政府的有力监管与市场的活力密切结合起来，不可偏废。一方面，政府该管的一定要管住、管实、管好，政府一定不能缺位、让位、失位。另一方面，要以更大力度推进"放管服"改革，破除制约文化产业和文化企业发展的体制机制障碍，简化办事流程，优化营商环境，提供优质高效的公共服务，释放文化产业发展的巨大活力、潜力。发展文化产业要一手抓繁荣，一手抓管理。繁荣离不开管理，管理要寓于繁荣之中。文化市场的规范管理关系到文化安全、关系到意识形态安全，关系到国家安全。如果文化市场藏污纳垢、黄赌毒泛滥、错误观点横行、腐朽没落东西盛行、拜金主义肆虐、封建主义沉滓泛起，社会主义文化就要改变性质，整个民族的精神就会滑坡、全社会的风气就会堕落。所以，加强文化市场规范管理，就是守住文化的底线，就是守住精神的家园，就是守住文明的净土。

（五）对外交流

文化是沟通人与人心灵的工具。国之交在于民相亲，民相亲在于心相通，文化是民相亲、心相通的桥梁。古往今来，文化交流源远流长，一部世界文化史，就是一部各民族文化的交流史。国与国之间、政府之间、企业之间、团体之间、民众之间的合作，都离不开文化上的认同和交流。文化的影响力是超越时空、超越国界的。文化交流是民心工程、未来工程。现在，国际社会对中国的关注度越来越高，他们想了解中国，想知道中国人的世界观、人生观、价值观，想知道中国人对自然、对世界、对历史、对未来的看法，想知道中国人的喜怒哀乐，想知道中国历史传承、风俗习惯、民族特性等。这些光靠正规的新闻发布、官方介绍是远远不够的，靠外国民众来中国亲自了解、亲自感受是很有限的。而文化是最好的交流方式，在这方面，可以发挥不可替代的作用。一部小说，一篇散文，一首诗，一幅画，一张照片，一部电影，一部电视剧，一曲音乐，都能给外国人了解中国提供一个独特的视角，都能以各自的魅力去吸引人、感染人、打动人。京剧、民乐、书法、国画等都是我国文化瑰宝，都是外国人了解中国的重要途径。

对外文化交流要发挥好三个力量。一是要发挥好政府的力量。政府间对外文化交流是国家间文化交流的顶层设计和对接，是国家间文化交流的制度保障。现在，我们国家已经同 150 多个国家和地区签订了文化协定，为各种文化交流搭建了广阔的平台。比如，通过政府间协定，在许多国家开展"中国年""文化年""旅游年""文化节""文化日"等活动，为开展对外文化活动搭建平台。再比如，现在通过政府协定，每年在各国开展"欢乐春节"活动，这是目前最大的文化交流平台。例如 2018 年春节，在 140 多个国家、500 多个城市、开展了 2100 多项文化活动，直接观众 2.8 亿人次。二是要发挥好社会的力量。通过各种文化机构、文化组织、文化单位、文化团体以及文化名人、艺术大家、文化学者，把我国有代表性的文化活动、文化项目、文艺节目、文艺作品，广泛介绍给国外的受众。在这方面，要发挥品牌的作用，一个著名文化品牌、一个文化名人，就是一个国家、一个民族的文化符号，本身就是文化的影响力、感召力。要着力培养世界著名的文化品牌和文化名人。三是要发挥市场的力量。受众掏钱买的东西，一定是自己喜欢的东西，所以，卖出的东西更符合受众的欣赏习惯、更容易打动受众的心灵、更能够发挥文化产品的效益，避免文化走出去了但并没有走入受众的心里。现在，在对外文化交流中，文化贸易占的份额还很小。我们要着力扩大对外文化贸易份额，着力培育对外文化贸易企业，推动更多的文化产品和服务卖出去。

对外文化交流要讲好中国故事。中华文化既是历史的，也是当代的；既是民族的，也是世界的。世界各国人民能不能了解中华文化，能不能接受中华文化，能不能喜欢中华文化，能不能热爱中华文化，关键是我们能不能把中华文化传播好。传播中华文化，最重要的是讲好中国故事。讲好中国故事，首先是努力传播当代中国价值观念。当代中国价值观念，就是中国特色社会主义价值观念。要讲好中国特色社会主义的故事，讲好中国精神的故事，讲好当代中国人民创造举世瞩目成就以及这些成就蕴含的中国人民伟大精神的故事。要加强提炼和阐释，把当代中国价值观念贯穿于国际交流和传播的方方面面。讲好中国故事，要努力展示中华文化独特魅力，向世界介绍 5000 多年文明发展进程中创造的博大精深的灿烂文化，把跨越时空、超越国度、富有永恒魅力、具有当代价值的文化精神弘扬起来，把继承传统优秀文化又弘扬时代精神、立足本国又面向世界的当代中国文化创新成果传播出去。讲好中国故事，要创新观念、创新手法、创新方式，善于用入耳入心的方式讲故事，把"想讲"和"想听"结合起来，把"陈情"和"说理"结合起来，要巧妙高超、生动形象、娓娓道来、循循善诱，暖而新、真而切、细而微，以理服人、以文服人、以德服人。

对外文化交流要实现文化互鉴。文化因交流而丰富，文明因互鉴而多彩。中华文化从来都是在不断吸收外来文化、与外来文化的交流互鉴中，得以发展、丰富、繁荣、提升、昌盛的。从古代起，中华文化就开始融合外来文化，我国民族乐器有相当一部分来自西域，例如琵琶，从西域传入中国，现在已成为我国主要民族乐器之一；中国戏剧借鉴了印度梵剧的许多元素而更加丰满起来；中国的佛像雕塑借鉴了印度佛像的造型艺术而独具特色；中国瓷器正是有了来自阿拉伯的釉原料才诞生了"元青花"，如此等等。现代以来，我国文化与世界文化的交流互鉴更为频繁。白话文、芭蕾舞、管弦乐、油画、电影、话剧、歌剧、现代小说、现代诗歌等都是借鉴国外又进行民族创造的成果。鲁迅等进步作家当年就大量翻译介绍国外进步文学作品。中华人民共和国成立后，我们学习借鉴苏联文化，如普列汉诺夫的艺术理论、斯坦尼斯拉夫斯基表演体系，苏联的芭蕾舞、电影等，苏联著名舞蹈家乌兰诺娃以及一些苏联著名演员、导演当年都来过中国访问。这种学习借鉴对中华人民共和国成立初期我国社会主义文化发展起到了很大促进作用。改革开放以来，我国文化对世界文化的借鉴更为广泛。现在，很多艺术形式是国外兴起的，如说唱表演、街舞等，但只要人民群众喜欢，我们就要用，并赋予其健康向上的内容。总之，我们要以开放的心态，积极借鉴人类文明优秀成果，以我为主、兼收并蓄、为我所用，建设中国特色社会主义文化。

第二节 中国优秀传统文化的含义与特征

一、传统的含义与特征

我们人类生活在现实世界中，传统就像空气一样充斥在我们四周，影响塑造我们每个人的生活。在时间的进程中，文化以一个统一体存在于我们人类的意识中，就是在于它是以"传统"的形态出现的。"人要成为全面的人，只有生存于承担了传统的同类群体中。人的文化方面只能以这种方式发展。""传统是一个民族的文化遗产，它是整个民族所有人们过去创造的各种精神、思想、价值观念、行为规范等等，是本民族在长期的历史实践中在改造世界的过程中不断累积凝练而成的稳固元素，它是一种历经持久延传，反复出现的东西。它使得民族内部代与代之间、每个历史阶段之间保持着连续性与同一性，将他们连接在社会的根本结构之中，也铸就了一个社会自我更新自我发展的密码，并为人类的生存与发展带来了秩序和意义。简而言之，传统就是"世代相传的东西，任何从过去延传至今的东西"我们每一代人现在进行的文化创造活动都不可能空手起家，不可能在零的基础上起步，今天我们进行的每一项文化创造活动，所产生的新思想、新观点、新方法和新境界、新成果都受到过去既存文化心理的影响，对过去文化选择和依存的程度直接影响到今天文化创造的效果。因此，所有人类对自身整个民族社会文化的积累，构成了我们思想文化不断进步的背景环境，人在现实生活中精神与内心的需要与过去传统的某种精神与思想相契合，使得传统在现代的价值日益凸显。"传统是必需的，而且总是应该坚持，因为他们给生活予连续性并形成生活。"

从最简单的意义上来理解，传统是一种历史的重复与持续，但是它依然具有以下几个明显特征：

延续性。传统体现了一种民族、文化的凝聚力和延续性。在文化时间和空间的坐标系中，传统是流动的，它是在人类基因上打上的烙印，伴随人类的一生，一代又一代的传递下去。希尔斯认为一种文化或者习惯要成为传统至少要经过"三代人的两次延传"，因此时间的连续性是传统的显著特征，传统能够以一种特殊的形式延续很长时间，它体现了历史不断重复的惯性运动。例如：儒家文化历经先秦儒学、汉唐经学、宋明理学、清初朴学、近代新经学和现代新儒学，延续了两千多年，对于中国的政治、经济和社会产生了巨大影响，并将延续至未来。所以"传统是流动于过去、现在、未来这整个时间中的一个过程，而不是在过去就已经凝结成型的一种实体。"不同的文化类型在各自演进的时空里，凝结成延续自身血脉和基因的传统。

同一性。一个社会不仅仅只存在一种传统，多种形式的传统并存于这个社会之中。在林林总总的众多传统中，一定有一种传统占据主要核心地位，影响其他传统的变化和发展。居于主导地位的传统就是文化特质。"作为时间链，传统是围绕被接受和相传的主体的一系列变体。这些变体间的联系在于他们的共同主题，在于表现什么和偏离什么的相近性，在于它们同出一源。在一个外部观察者看来，在延传和承袭的相继阶段或历程中基本上保持着同一性。"

规范性。"传统是一种规范的行为准则，是真理的一种形式。"传统既然是经过历史不断沉淀而延续至今的精神气质、思想观念、制度礼仪、风俗习惯和语言文字等内容的总和，那就形成了一个价值和行为规范的综合系统。任何传统在传承的过程中，无论是描述性的事实，还是科学性的原理，其最终目的都是希望人们去肯定他和接受他，在于指导人们的行为。因此，通过反复性的强调，不断强化规范性的效果，为人们树立价值导向和行为规范。"重现是规范性效果——有时则是规范性意图的后果，是人们表现和接受规范性传统的后果。正是这种规范性的延传，将逝去的一代与活着的一代联结在社会的根本结构之中。""传统有可能是过去一切的事物，每一个人乃至每一代人所接受的教育，都是在接受一种规范性的引导，当人类在进行改造客观世界的活动时，会不由自主地选择已有的主观规范评价和理解正在改造的客观世界。如果一旦失去了传统的规范性，人类在改造世界过程中所产生的文化行为都将是不可想象的。因此，在历史不断重复的惯性作用下的传统产生了规范性，它长期支配社会在保持着特定规范有序的模式下实现良性运行。

动态性。任何事物都是变化发展的，传统也不例外。传统在人类代代相传的过程中，不是一成不变的延续下来，在不断发生变化，以不同的形式继续繁荣发展。吉登斯认为"传统总是在变化之中"，没有不变的传统，从古至今每一种传统都会因时空差异而产生内容和结构的变化。这是由于那些已经从传统中汲取了营养的人们总是希望在原来的基础上创造出更加真实、更加完善或更加方便的东西，因此他们不断阐释、创新和改变传统。传统的动态性就是由主体参与和历史选择的结果。所以以传统方式存在的传统越来越少，传统在动态性的发展中不断丰富和完善。传统在历史的时空里不断连续和更新，它不仅仅存在于当下，延续过去，同时也包蕴着未来。

传统文化是一个历史范畴，是在过去长期历史进程中形成发展起来的，主要包含了一切理论化和非理论化的具有稳定的社会结构的共同精神心理状态、意识形态、思维方式和价值取向、社会行为、道德伦理、规章礼仪等物质和精神成果的总和。因此，历史的延续性是传统文化的显著特征，传统文化的发展是在历史岁月不断演进中实现的。无论哪个民族的传统文化都有其特殊的内涵和占据主流的精神心理，这是传统文化中最为稳固的元素。同时，传统文化不仅包括呈现在我们眼前的科技、建筑、文学、艺术等成果，还包括了那些深藏在我们内心的道德伦理、审美取向、心理趋向和思想观念等等，它们通过日常的教育和规范渗透进我们的思想深处。

在对传统文化的阐释和辨析中，往往与文化传统相互混淆而谈。庞朴先生比较早提出了将两者区别看待。"传统文化是过去的已经完成的那些东西"，是"死的"；而"文化传统则是…那个活的东西"。这种观点得到了汤一介先生与丁守和先生的认同。汤一介先生认为，文化传统是指活在现实中的文化，是一个动态的流向；而传统文化是指已经过去的文化，是一个静态的文化。丁守和先生则认为，文化传统与传统文化两者的不同主要体现在范畴上。因此，文化传统更多的是传统文化中最稳定、最核心的思想价值层面内容，它是我们民族的血脉与基因。传统文化首先包含文化传统，文化传统主要反映传统文化里面精神层面的内容。同时，传统文化与文化传统两者都是历史在当代的延续，都具有社会两重性，能够传承到现代。

中国传统文化是中华民族历代先辈传承下来的包含：思想观念、政治制度、社会伦理和物质财富在内的丰富遗产，它是历史的产物，但不是陈列品，有着鲜活的生命。中国传统文化历史悠久，它孕育于夏商，繁荣于两周，定型于秦汉，转型于清末。中国传统文化从早期的原始社会到封建社会末期，上下三千年。由于"传统并不仅仅是一个管家婆，只是把它所接受过来的忠实地保存着，然后毫不改变的保持着并传给后代。它也不像自然的过程那样，在它的形态和形式的无限变化与活动里，永远保持其原始的规律，没有进步"中国传统文化以其所蕴藏的理想精神、思想观念、社会伦理和治理规范等方面每时每刻的影响今天的我们，为我们建设一种全新的文化提供历史背景和历史资源。

二、中国传统文化的基本概念

（一）文化要素与文化结构

构成文化基本结构形式的一些必要成分，称为文化要素。一般认为，构成文化的要素有器物要素、认知要素、符号要素、关系要素、规范要素等各种基本成分。

器物要素是人类通过适应、利用和改造自然而创造出来的一切物质产品和人工环境，具有物质的特征。由人发明和创造出来的一切器物，如工具、武器、服饰、食品、种植物、养殖物、建筑物等有形产品以及村庄、工厂、城市、市场、道路、车站、机场、水库、公园等人工环境，既是有形的器物文化部分，同时也属"物化的精神文化"，因为它们都凝聚着人的知识、能力、观念和需求，反映人类的价值观念和认知程度。器物要素对于人类的生存、生产以及发展具有最重要的价值和作用。

认知要素是人类对自然界和人类社会的感知以及思维信息处理的智能活动，包括从感觉的输入到复杂问题求解的一系列活动过程。认知要素是文化要素中最有活力的部分，是渗透于其他各文化要素中的灵魂。认知要素为人类主体提供了观察世界、了解社会、把握现实的方法和手段，并且提供了评价行为是非和事物好坏的标准与尺度。它主要包括人们的心理感知、思维方式、价值趋向、人文关怀、伦理道德、审美情趣等。认知要素是人类一切创造活动的动力，没有它，人类便无法从自然界分化出来，它直接关系到人类认识和改造世界的意愿和能力，关系到选择什么样的生活目标和生活方式。人类创造的一切物质产品和非物质产品之中，都体现着创造者的认知程度和水平，其中思维方式和价值趋向是认知要素中的核心。

符号要素是人类文化的最基本形式，是人类创造、传播和存储文化的基本手段和工具，人类通过符号创造、认识和继承文化。作为文化载体的符号要素，最主要的特征是具有表意性，它包括了语言符号和非语言符号。人类只有借助语言和符号才能交流，无论是通过表情、姿势、声音还是文字、图形，人类之间只有沟通才能够协调生产劳动和社会活动，人类由互动来创造文化。由人类创造的一切文化内容，只有借助于符号或语言，才能反映出来、传播开来和传承下去。符号要素是人们之间互动的基本途径，通过符号要素人们可以学到以往的传统文化，也可以通过符号要素来创造新的文化。符号要素也在不断发展，在其发展的过程中逐渐形成更加完整的要素体系。例如，随着数字化、多媒体技术时代的到来，其存储介质作用和功能正在迅猛地扩大。

关系要素是人在社会共同生活中结成的各种社会关系和社会组织的总和。人与人结成的相互关系，既是文化的一部分，又是创造各种文化要素的基础，其中生产关系是各种社会关系的基础。实现社会关系的实体是社会组织，社会关系的确定和维系，都需要家庭、氏族或者经济组织、政治组织、军事组织、教育组织、娱乐组织等作保障。

规范要素是指人的社会规范，是反映人们活动秩序和约束人们行为的准则，它包括明文规定的法律、条款、规章、制度和约定俗成的风俗习惯等。规范要素既规定了人们活动的方向、方法和式样，又使人们知道可以做哪些、不可以做哪些、应该怎样做、不应该怎样做，并具有一系列处罚违反规范的机制。规范要素反映和调整着社会的个体与个体、个体与群体、群体与群体以及全部的社会关系。规范要素是文化价值观念的外在表现，是人们在社会实践中为了满足其需要而建立的，认识规范要素的外显特征有助于人们了解社会组织的文化。

文化不仅表现为上述各种要素的组合，而且各要素之间也有内在的结构关系。一般来说，文化的诸多要素都不是孤立的，它们在特定的文化结构中发挥着应有的功能，实现着应有的价值。人类文化的结构是千姿百态的，类型是五花八门的。认识中国传统文化的类型，要经过选择比较，区别出那些被确定为具有关联功能的不同文化结构，再从不同的结构和视角对文化的形态和功能进行的划分，这就是文化的分类。按中国传统文化的外延进行分类，由于选择特征的价值取向不同，进行比较的功能关键点和审视特征的焦点也会有差异，所以存在着各种各样的区分标准，人们把中国文化划分为许多不同的结构类型。学者们一般是按照要素结构、时空、社会群体等来对中国文化进行分类的。

按照文化的要素结构分类，因文化的结构形式较多，所以存在着数种不同的划分方法。两分法把文化划分为广义文化和狭义文化、物质文化和精神文化、表层文化和核心文化、显性文化和隐性文化、制度文化和非制度文化等。三分法把文化划分为器物文化、行为文化、心态文化。四分法把文化划分为物质文化、精神文化、制度文化和行为文化。五分法把文化划分为器物文化、认知文化、符号文化、规范文化、关系文化。

按照文化的时空结构分类，存在着两种不同的划分方法：

第一，文化在历史发展上存在不同时间层次，每一个层次反映不同时代文化各要素所积累的平面分布。时间分类表现了文化的历经时态，反映的是立体纵向的发展过程，可称之为文化层的积累划分。按照中国传统文化的发展阶段分类，可划分为中国传统文化的起源、中国传统文化的奠基、中国传统文化的演进、中国传统文化的鼎盛、中国传统文化的衰落、中国传统文化的转型等。按照文化发展时代分类，也可划分为传统文化与现代文化。

第二，文化在一定区域或特定的地带与环境下所创造的共同生活样式，其内容和形式都是具有一定空间结构特征的。空间结构分类表现了文化的特征在文化圈范围的分布状态，反映的是平面横向的差异，可称之为文化空间结构特征的划分。按文化圈的核心与周边的结构分类，可划分为中原地域文化、周边地域的文化；按文化圈内部的不同地域结构特征分类，可划分为齐鲁文化、燕赵文化、关中文化、三晋文化、荆楚文化、巴蜀文化、吴越文化等；或者大陆文化、台湾文化、港澳文化；或者北京文化、上海文化、广州文化等。

中国传统文化的社会群体结构分类，是指按照社会群体和组织的不同种族、民族或群体而划分的文化结构。按社会的阶层结构分类，可划分为上层的文化、中层的文化和下层的文化。按社会的主体地位结构分类，可划分为宫廷官僚文化、民间文化；还可以划分为精英文化与大众文化，或者雅文化与俗文化。按中国的民族成分分类，可划分为汉民族文化、少数民族文化，藏族文化、壮族传统文化……按中国历史上的文化主次地位分类，可划分为主流文化、亚文化。按社会生产功能的文化分类，可划分为农业文化、工业文化、商业文化、服务文化等。

中国传统文化多姿多彩的结构特征决定了它的分类意义，其本身所包含的复杂结构又决定了不可能只有少数区分类型的模式和标准。进行结构分类的目的在于认识中国传统文化中的某些核心特征以及认识某些核心特征在中国传统文化这个共同体中的地位和影响作用，分类研究并不是要对中国传统文化的全部元素无休止地分解下去，绝不能把文化的分类无限地庸俗化。

最后，我们来简要地认识物质文化和精神文化这两大结构类型。

物质文化又称物态文化，是以物化形态存在的文化，它是由人类作用于自然而创制出来的各类器物，是人的物质生产活动方式和产品的总和。物质文化既是实体文化，也是"物化的精神文化"，因为物质文化中包含着人类的知识力量。物质文化构成整个文化创造的基础，没有物质文化，也就谈不上精神文化。中国传统文化中的物质文化包括工具文化、工艺文化、饮食文化、服饰文化、居住文化、交通往来文化、日用器物文化等。文化既以物化形态存在于客观世界，又以意识形态存在于人脑之中。精神文化既是在人类一切社会实践和意识活动中产生的精神产品，又是人类特有的创造物质财富的精神财富。中国传统文化中的精神文化包括我国历史上人们在社会实践和意识活动中长期孕育出来的哲学学说、科学技术、价值观念、艺术审美、思维方式、伦理道德、心理活动以及一切意识形态等主体因素构成的精神领域的成果。一个时代的精神文化不仅集中体现在该时代的思想理论体系中，而且更广泛地体现在各种社会风尚之中。

（二）中国文化与民族文化

"中国"一词，最早出现在商末周初的铜器铭文上，1963 年，在陕西省宝鸡市贾村出土的青铜器何尊铭文曰："惟武王既克大邑商，则廷告于天曰：余其宅兹中国，自之辟民。"另外，《尚书·梓材》曰："皇天既付中国民越厥疆土于先王，肆王惟德用"。何尊为西周成王时的青铜器，由于追述皇天付与武王人民和疆土而言及中国。故"中国"这一名称起于武王时期，是可以肯定的。

"天圆地方，国在中央"。中国一词最早的含义是地理位置，是指天子的京畿。周灭商之后，中国也指以丰镐（Hao）、雒（Luo）邑为中心的黄河中下游地区的诸侯国，也逐步有了"中原""中华"的含义。严格地说，我国古文献中的"中国"不是一个专有名词，而是作为一个形容词指历史上中国的某个地理位置，只是历史上中国的中心部分。古代中国的中心部分是明确的，而边界是模糊的。所以，古文献中的"中国"，不等于今日中国的范畴。

从秦统一到民国前两千多年的封建专制时代，"中国""中华"基本上是作为华夏王朝和政权的通称，"中国""中华""华夏"基本上通用，中国即中华。但是，中国一词又与民族意义相关，西晋亡国之后，东晋和南朝均以中国自居，而建立北方政权的"五胡"也认为自己占据了"中国"的地盘，当然就成为"中国"。"中国"之争，在隋朝统一之后才告终，南北都被承认为中国。由于各个封建朝代和政权都有自己的国号，所以，"中国"的概念似乎一直比较模糊，到西方殖民势力向东方扩张时，中国作为主权国家的概念才真正明确起来。1689 年《中俄尼布楚条约》签订时，清朝康熙皇帝派遣索额图以"中国大圣皇帝钦差分界大臣、议政大臣、领侍卫内大臣"的身份，作为清政府的谈判代表，与俄罗斯政府派遣的谈判代表戈洛文签订了平等条约，这是在国际文书上第一次使用"中国"为国家名称。1912 年孙中山建立了中华民国，以"中国"作为国名的正式简称。1949 年中华人民共和国成立，仍沿用"中国"简称。

中国是世界上疆域最大的国家之一，地处亚洲东部，东临大海，西至帕米尔高原，南至热带，北至北温带的北部，境内有广阔的沃野，有茂密的森林，有众多的河流，有无数的湖泊，有纵贯全国的崇山峻岭，有辽阔的海域和绵长的海岸线。中华文化源远流长，170 万年前，我国云南元谋已有古人类在活动；距今五千年前，中国的先民已遍布祖国各地，他们创造出了以丰富多彩的陶器为代表的新石器文化；华夏族在夏、商、周三代，创造了辉煌的青铜文化和甲骨文、金文，后来又发明了指南针、造纸术、印刷术和火药等；约在商周和秦汉时期，巴人、蜀人、楚人、吴人、越人、骆越人、滇人、匈奴人、东胡人等，都相继创造了自己的青铜文化，少数民族还创造了藏文、突厥文、回鹘文、契丹文、西夏文、女真文、蒙古文、彝文、傣文、满文等。在历史上，中国文化为世界东方最先进的文化，对古代世界文化的发展作出过巨大的贡献。

总之，中国文化是指自古至今在中国疆域内由诸多民族共同创造的物质财富和精神财富的总和，又称做中华文化。中国文化（中华文化）是以国别来区分的一种文化，它作为一种国别文化，具有同一性和多维性。一方面"中国""中华"是中国境内各民族的共同称号，中华民族是由国内诸多民族经过几千年的酝酿而融合为一个整体的民族，形成了这样一种统一的共同体文化——中国文化（中华文化）；另一方面，中国是一个多民族的国家，每一个民族又有不同于其他民族的文化，所以，中国文化又具有多维性。

"民族"一词的含义有二：第一，广义的"民族"是指处于不同社会发展阶段的各种人的共同体，如古代民族、现代民族。有的学者甚至习惯上用民族一词，来指一个国家或一个地区的各民族，如中华民族。从这种意义上所说的民族文化，即某一国家各民族的共同文化。第二，狭义的"民族"是指人们"在一定的历史发展阶段形成的具有共同语言、共同地域、共同经济生活以及表现于共同的民族文化特点上的共同心理素质的稳定的共同体"。从这种意义上所说的民族文化，即指汉族的文化或某个少数民族的文化。

中国作为统一多民族国家形成和发展的历史过程，也就是中华民族多元一体格局形成的过程。几千年的文明史说明，中国的统一是由各民族共同完成的，在共同创造光辉灿烂的中华文化的进程中，各民族都建立了不可磨灭的功绩。汉族是以先秦华夏民族为核心，在秦汉时期形成统一的、稳定的民族，是中华民族的主体，汉族在后来的历史发展中也融合了许多少数民族，在统一中华的大业中起了主导作用；汉文化作为中华文化的主体文化，也吸收了许多少数民族的文化。每一个少数民族都有自己独特的文化，每一个少数民族的文化也有自己的历史，这对于中华民族文化的形成和发展是不可缺少的。中国历史上虽然出现过几次大的分裂，但每次分裂最后都被新的、更大的统一所代替。每一次新的统一都促进了各民族社会制度的进步，促进了各民族经济、文化的发展，促进了各民族的互相联系和融合。

由此可见，中国多民族统一国家的形成和发展，是中国历史长期发展的必然结果，中华文化是中国多民族统一国家长期历史发展的必然结果，这种共同体文化具有强大的包容各民族文化的凝聚力。

（三）传统文化与文化传统

"文化"具有历史性，即文化的纵向性，因为所有的文化都由历史积淀而成。每一个时代因有不同于其他时代的特定的物质生产方式、人与自然的特定关系、人与人的特定关系以及特定的意识形态，所以，其文化必然存在特定性，即文化的时代性或历史性。中国传统文化是指中国历史上的文化存在，是与中国当代文化相对而言的，它是对中国文化古今不同时代的一种划分，比如，中国文化可以划分为中国古代文化、中国近代文化、中国现代文化；也可以划分为传统文化与现代文化。

有人把"中国古代文化"当作"中国传统文化"，在概念上，这是不十分准确的，不能简单地在中国古代文化与中国传统文化之间画等号。中国传统文化是针对中国文化的传承而言的，它强调的是中国文化的渊源和传承下来的客观存在的文化遗产。中国传统文化相对于各民族而言，是指从历史上沿袭、传承下来的民族文化；相对于外来文化而言，是指母体文化或本土文化；

相对于现代文化而言，是指历史上流传的文化。传统文化经过了漫长历史的积淀，凝聚着历史的综合。文化只有积淀为传统，才是稳定形态，否则文化无法存在。被传承下来经过积淀的中国传统文化，只要没有消失，或者基本上没有被改造，不论从今人看来是精华还是糟粕，都构成了中国传统文化的组成部分。中国古代文化只是一个特定的历史阶段，况且这个阶段中部分失传的内容，例如，西周的《周礼》中的许多具体规矩、制度，变成已消亡的文化，就不能再称为传统文化。一个民族的传统文化发展过程是一个不断扬弃的过程，适应时代需求的传统文化将得到进一步的发扬光大。

文化传统与传统文化的含义是有所不同的，两者是既互相联系又互相区别的概念。文化传统是指贯穿于历史各阶段文化中那些有一定稳定性和延续性的文化精神，是被中华民族总体所承袭下来的意识形态中的核心内容，诸如精神、心态、道德、观念、理论、思维方式、行为方式、抒情方式、价值观念等，它是中国人几千年传承至今最主要的心理习惯、思维定式、意识形态。文化传统有稳定性和延续性，无论是从理论上还是从事实上看，文化传统虽然不如传统文化广泛，但文化传统是传统文化的核心，它贯穿于传统文化之中。中国文化传统作用于中华民族的灵魂、思想和行为，尽管文化传统在上层文化、中层文化、下层文化中表现形式不一，但其精髓是一致的，是起共同作用的，中国文化传统是中华民族内聚力的源泉。

文化传统不是一成不变的，它是一个变化的、容纳的、吸收的系统。它虽有排拒性，同时又不会把自己已有的文化绝对化，并具有包容性，它能不断地吸收各种不同的文化和外来的文化，不断建构新的文化传统。有些文化传统的渊源不一定全都来自本民族的古代历史，有的来自外部的异质文化，如果这些异质文化与中国文化接轨，被中国人广泛接受了，就可以融入中国文化传统，实现其中国化。譬如，佛教融入中国文化以后，成为中国古代文化传统的一部分，再如，马克思主义产生于"欧洲文化场"，但是，中国共产党人把马克思主义中国化之后，它也成为中国现代文化传统的一部分。

文化传统对当代社会而言，既可以发挥积极作用，也可以发挥消极作用。发挥积极作用的是精华，发挥消极作用的是糟粕。我们对待文化传统的态度是"取其精华，去其糟粕"。挖掘文化传统精华的本身就是对文化糟粕的扬弃，对那些消极的因素，我们要坚决剔除。毛泽东曾说过："清理古代文化的发展过程，剔除其封建性的糟粕，吸收其民主性的精华，是发展民族新文化提高民族自信心的必要条件；但是决不能无批判地兼收并蓄。"有批判才会有继承，否则，笼统地谈弘扬传统文化是不科学的。另外，如果因为文化传统中有糟粕就否定自己的文化传统，这也是错误的。正确的态度是继承传统，超越传统，科学地扬弃，并积极地创造代表前进方向的先进的优秀文化。

综上所述，所谓传统文化，是指在长期的历史发展过程中形成和发展起来的，保留在每个民族中间具有稳定形态的文化。它是一个民族的历史遗产在现实生活中的展现，有着特定的内涵和占主导地位的基本精神。它负载着一个民族的价值取向，影响着一个民族的行为方式和生活方式，汇集出一个民族自我认同的凝聚力。

中国传统文化是指在长期的历史发展过程中形成和发展起来的，保留在中华民族中间具有稳定形态的中国文化，具体包括思想观念、思维方式、价值取向、道德情操、礼仪制度、风俗习惯、行为方式、生活方式、文学艺术、教育科技、文物典籍等等。它是中华民族团结奋进，继往开来，开创美好明天的坚实基础。

三、中国优秀传统文化的特征

中国传统文化由于其独特的自然地理环境、多民族融合和不间断的历史发展进程，形成了鲜明的个性色彩。概括地说，中国传统文化的特征主要体现在以下几个方面。

（一）群体性和整体性

中国传统文化的核心特征或本质特征是群体性和整体性。"中国社会是以宗法的家庭扩大型为中心而建构的国家。家庭既是庞大的国家、社会的基础细胞，又是人际、社会纵横关系的核心网络。"中国几千年的传统封建社会属于传统农业文明和自然经济社会，传统农业文明和自然经济社会要求通过群体的力量来实现民族的生存与发展，因此中国成熟的、持久的农本社会、乡土社会、自然经济使得中国传统文化把整体价值置于个体价值之上，把群体利益置于个体利益之上。这种群体性精神不是强调确立个体独立人格，也不是强调个体心理特征和性格特点的充分发挥，而是强调一种人们应该具有的对别人、对社会的人伦义务。

中国传统文化的群体性和整体性体现为注重以血缘、亲情为纽带的家庭关系，个体的生存和发展依赖于家庭、国家的生存和发展。中国传统文化的群体性和整体性具有两面性：从积极作用看，对中华民族和统一国家的形成和发展发挥了重要作用，并促成了中国整体主义和集体主义的形成与发展；从消极作用看，在一定程度上制约了中国从传统农业社会向现代工业社会发展和民主化发展的进程。

（二）包容性和开放型

中国传统文化海纳百川，兼容并包，在与外来文化的交流与融合中丰富和发展了中国传统文化，使中国传统文化具有强大的生命力和延续力。中国文化具有对外来文化的包容性和开放性，其中包括对域外文化的自主性吸收。

从世界历史发展的大背景看，中国与国外进行的规模比较大的文化交流主要有两次。一次是汉代以来印度佛教文化的传人及其在中国的分化，并以或间接或直接的方式介入中国文化发展的历史进程中。佛教文化自传入中国境内后，分化演变为几个宗派，如天台宗、华严宗、禅宗等。经过长期的中国化过程，佛教文化与孔孟儒家思想、老庄的道家思想相融合，成为长期主导中国封建社会文化的三大流派。另一次是明末清初以来的西学东渐，西方的历史学、哲学、政治学、社会学、经济学、法学等学术思想向中国的传播，对中国传统文化向近现代文化转型产生了深刻的影响。当然，在这一过程中，阿拉伯文化（主要是伊斯兰文化）对中国传统文化也产生了一定的影响，但没有像佛教文化和西方文化那样深刻影响中国文化的历史发展进程。

（三）多样性和互补性

多样性是人类文化发展的共同特性，就像生物多样性对维持生物圈平衡来说是必不可少的一样，文化的多样性对维护人类文化生态圈来说也是必不可少的。由于人类群体的生存环境不同、语言不同、传统和习惯不同，文化也就各不相同。世界文明是丰富多彩的，只有不同文化的互相启发、互相促进，才能构成丰富多彩的文化生态。各种文明相互交流和借鉴，是人类发展进步的不竭动力。

中国传统文化在本质上是多元文化形态。这里的"多元"就文化族群的构成来说，包含华夏文化，同时包括众多民族的文化。

（四）民族性和地域性

文化的民族性和地域性是对一个民族的民族精神、价值观念、思维方式、国民品性、人格追求、伦理情趣等本质特征的直接反映。任何一个社会的文化都是其政治经济的反映，是其地域特征的直接体现，是对该社会历史文化传统的继承，也是区别于其他民族国家的重要标志。

对中国传统文化而言，既有古代的传统，也有近代的传统，它们所体现的基本价值理念都具有中国风格、中国气派，因此，中华民族文化精神既有吃苦耐劳、生生不息等方面的优点，也有自给自足、缺少冒险精神、重农抑商缺点的典型特征。由于历史、地理、经济、政治和文化流变的原因，中国文化的历史发展曾经具有一定的地域性和封闭性，形成了自成体系的文化。以中国地理特征为例，东面和南面濒临大海，西面紧接雪山，北面是荒漠和严寒地带，这在交通不发达的传统农业社会是一个相对封闭的地区。这种独特的地理环境使中国传统社会长期处于东亚国际体系的核心，并且长期保持大一统的政治文化格局，同时也使中国传统文化能够在一个相对稳定的传统社会形态框架内生长，总体而言，使中国传统文化呈现出一定的封闭性和保守性的文化特征。

（五）统一性（浑然大一统，蕴含多元化）

中国文化源远流长，其所以能顽强地生存发展并绵延至今，究其原因，其最显著的特征就在于它的统一性。自秦在公元前 221 年，即完成了政治上的统一，确立了中央集权的封建专制主义政体；历经 2000 多年，逐渐形成了一个以华夏文化为中心，同时汇聚了国内各民族的统一体，发挥着强有力的同化作用；使统一为主流、为常情，分裂为变态（纵使长期分裂，人心仍趋向统一，即使是流亡的朝廷，仍以统一为职志），这是世界上独一无二的一例。为何以欧洲人才之多，却不曾在公元前后同样由一个地方较偏僻、交通也不是很便利的国家（有如波兰和保加利亚）做主，以几代的经营，打败英、德、法、意、奥和西班牙的联军，并吞他们的领土，断绝他们各国皇室的继承，并且将各国文字划一为一种共通的书写系统呢？这事不但在 2000 年以前不可能，即使 2000 年后的拿破仑和希特勒都不敢存此念头。由此可知，中国大一统的先决条件诸如历史地理、政治结构、文化素质等都是其他国家所不可能具备的，这也是中国封建文化达到世界最高水平的基本原因之一。

1. 政治的统一

从政治方面看，中国传统文化经历了持久的统一过程。在夏朝建立以前，中国和其他国家一样，也是有许多各自独立的氏族部落。经尧、舜、禹的苦心经营，以黄河流域为中心的中原地带趋于统一，但仍保留着小邦林立的局面。"当禹之时，天下万国，至汤而三千余国"（《吕氏春秋·离俗览》）。"春秋之初，尚有千二百国"（《晋书·地理志》）。这些小邦与当时的奴隶制国家夏、商、周保持一种从属关系，每一小邦都受宗主国的保护，因此，虽然从形式上看是小邦林立，但它们都有共同的政治、文化中心。《诗经·商颂》："邦畿千里，维民所止，肇域彼四海。"自西周以来，大一统的观念更深深植根于中国人的心中。春秋战国时期，在经济和政治的变更中，出现了诸侯争霸的局面。这从表面上看是一种分裂，但仍保持着中国内在的统一。孔子说：

"管仲相桓公，霸诸侯。一匡天下，民到于今受其赐"（《论语·宪问》）。也正是在春秋战国时期，中国出现了两件大事：一是小邦合并成地区性的王国；一是封建制（分封诸侯和附庸的制度）的建立。前者表明，国家的领土范围在扩展；后者表明，国家的政权在集中。这两者显然不是分裂的趋势，而是统一的趋势。正是在此趋势下，秦始皇统一了中国。继秦汉大一统之后，是魏晋南北朝的分裂，随之隋唐大一统，五代十国后的辽、夏、金、宋、元、明、清。在人类历史上，多次出现过因为异族入侵而导致文化中绝的悲剧，但是在中国，此类情形从未发生，并不是中国没有经受外族入侵，而是因为中国文化具有强大的同化力，多次"同化"了以武力入主中原的北方游牧民族，反复演出了"征服者被征服"的戏剧。

2. 民族的融合

文化的发展，是不同民族、不同地区的文化不断融合的过程。中国文化的统一性特征，正是与中国境内各民族的融合息息相关的。在中国文明的初期阶段，黄河流域就是一个多民族共处的地区，西有华夏族，东有东夷族，南有苗蛮族。皇帝战胜蚩尤、炎帝以后，这三大集团所属的各族实现了历史上的第一次较大规模的融合。历史上每一次政治上的统一，往往促成比以前更大、更广泛的民族共同体的形成。殷周之际，小邦林立，各小邦都保持着自己民族的习俗风尚。据说武王伐纣时，曾联合八百诸侯打败有众多属国的商王朝，从而建立了周王朝。经过长期的共同生活，种族之间的差别与隔阂也逐渐消失而归于同一（大同而小异）。这是中国历史上又一次较大规模的民族融合。据春秋战国时期的文献记载，中原地区各族与周围的少数民族互相通婚，互相学习，风俗习惯及语言文字逐渐融合。晋文公重耳的母亲是犬戎狐姬，属当时西北地区的少数民族。但晋文公并未因此受到排斥，他后来成为春秋五霸之一，被推为华夏诸邦的盟主。秦汉的大一统加快了全国各民族的融合步伐，在此基础上形成了更大范围的民族共同体。魏晋南北朝更是民族大融合的宽大舞台。元、清两代是中国少数民族贵族掌权的时代，少数民族入主中原的结果，从相反方向上提供了民族融合的契机，无论从深度或广度上，都为中华民族的统一创造了丰富的物质基础和心理上、感情上的精神条件。

3. 思想的提倡

从中国古代的帝王、贤哲一直到中国的下层百姓，都有着强烈的统一愿望。当然，由于所处的地位不同，要求统一的动机也就不同。一般来讲，中下层人士要求统一，是基于对战乱、分裂、割据所造成的生活流离、痛苦的恐惧，因此，只要保持社会的统一，保持生活的安定，宁可社会停滞不前也在所不惜。中国人为社会的统一付出了巨大的代价，当然也从社会的统一中获得了不少的利益。

当历史上的某一个王朝崩溃以后，出现暂时分裂的局面。地方的割据势力各霸一方，但没有一个霸主真正愿意划一方之地以保偏安之局，都毫无例外地极欲兼并其他对手，以成天下之王。就动机而言，可能是对皇帝的宝座早已垂涎三尺，或政治人物的权力欲膨胀。但从效果上说，无不对中国的统一造成一种动力，因此，自秦汉以来，中国统一的时间要比分裂的时间长。

中国古代思想家都有理想主义的大一统思想。墨家的"尚同"，是墨家的十大主张之一；儒家的"大同"，更是儒家孜孜不倦、积极追求的远大目标。"孟子见梁惠王。问曰：'天下恶乎定？"定于一。""孰能一之？''不嗜杀人者能一之'"（《孟子·梁惠王》）。《庄子·齐物论》就对纷争的诸子表现出一种超越或整合的精神，《荀子》则通过吸收道家的自然天道观和法家的重法思想而整合了儒、道、法三家，把"一天下"作为自己的政治理想，认为"臣使诸侯一天下，是又人情之所同欲也"（《荀子·王霸》）。在荀子看来，作为儒者，"通则一天下，穷则独立贵之庶人"（《荀子·儒效》）。"大儒者，善调一天下者也"，"齐一天下而莫能倾，是大儒之征也"（《苗子·儒效》）。荀子不仅主张社会和政治的统一，而且主张制度、道德、思想、风俗及艺术、文化等各方面都能有统一的局面。秦汉以后，确实在实践上达到了这一目标，所以董仲舒说，"春秋大一统者，天地之常经，古今之通论也"（《汉书·董仲舒传》）。他极力推动并促成"罢黜百家，独尊儒术"的文化政策，遂使儒家文化成为中国文化的核心，从而奠定了几千年中国文化统一的基础。

4.统一的文字

中国文字至少从殷周时期，就有一贯的发展。从甲骨文到现在的简化汉字，虽然有很大的差别，但有一条清晰可辨的发展演变的道路，从现在的简化字可以一直追寻到甲骨文、金文。中国文字从产生起一直到现在，始终都保持着旺盛的生命力，它并没有因为语言的复杂性而丧失其统一性。

中国的语言极其复杂，就地域方面说，南方与北方之间就有很大差别。同属南方或北方，甚至在同一个省区内，同时有几种方言存在。就时间方面说，它又有古今的差别。但其所使用的文字都是共同的、统一的，未因语言的差异导致文字的差异。这种文字的统一，对中国人群的凝聚、政治的统一、文化的承传、民族间的同化，以及中华民族共同的道德、心理的形成，无疑起着重大的作用。如果没有统一的文字，也许政治、思想、社会及地域上的统一就无从谈起。

（六）连续性（绝伦的延续性，超凡的再生力）

统一性与连续性的概念有重合的关系，一个民族的文化若在空间上有统一性的特点，那么在时间上它就应该具有连续性，否则就很难保持它的统一，但又是相区别的。统一性是相对文化的多元性来说的，在同一个空间和时间中，有众多系统的文化并存，并且没有哪一个系统的文化占支配和主导的地位，那么这个文化就不具有统一性的特点；连续性是指文化发展的承传性，它是相对于文化的间断性或中断性来说的。一个民族的文化具有连续性的特点，即这个民族的文化在时间的长河中没有中断过，它是一环扣一环的，是连续发展的。如果在时间上呈现间隔或跳跃，在一个历史时期中，它完全丧失了这种统一性，甚至连自身的存在也被其他系统的文化所代替，尽管后来在某一个历史时期中又得到了恢复和发展，但它毕竟有一段跳跃或空白，这一文化就不具备连续性的特点，如古埃及、古巴比伦、古印度及古希腊文化。中国文化既具有连续的统一性又具有一元的连续性的特征。中国文化的连续性是由中国固有的自然地理环境、经济、政治、思想和学术的连续性决定的。

1. 比较完备的"地理隔绝机制"

具有比较完备的"地理隔绝机制"，是中国文化未曾发生"断裂"的自然条件。从中国文化的自然地理环境来说，中国处在一个半封闭的大陆性地理环境之中，东面临海，西北有戈壁沙漠，西南多横断山脉，东北有广的原始森林。几千年来，中国文化好像一直孕育在一个巨大的避风港中，很少遇到外部力量的冲击。这种特别完备的"隔绝机制"正是一个统一的、独立的文化系统得以连续发展的先决条件。在这种大环境下展开的文化系统，不仅能迅速地完成内部的统一，而且不易因受外族入侵而中断。可以说，中国文化自产生时期起，就从来没有中断过。只是近代以来，海运工具的日益进步，特别是帝国主义列强在政治、经济、文化上的侵略，使中国面临着巨大挑战。即使是在这种情况下，中国仍受地域广阔、自然地理环境优越之福。当然，如果把中国文化连续性的原因完全归结为自然地理环境而看不到其他因素，特别是经济的、政治的、文化自身的以及人的因素对文化连续性的影响，显然是一种错误的形而上学的地理决定论。相反，如果看不到地理生态环境对文化发展的影响，也会同样导致片面性和主观性，也就是说，自然地理环境是中国文化保持连续发展的重要条件，但它还不是唯一的或决定性的条件。

2. 政治的连续性

政治的连续性是中国文化不曾发生"断裂"的内在依据。政治的连续性是指政治传统的继承性，中国文化中的政治传统可以一直追溯到夏、商、周三代甚至更早。夏、商、周三代是中国青铜时代小邦林立的时期，三代的王不过是不同规模的邦的联盟的首领。这三代在中国远古史上相启相承、相袭相革。周代商，即袭用商的政治传统。东周时期，北方的戎狄和南方的蛮夷（楚）逐渐强盛，曾一度威胁诸夏的安全。齐桓、晋文先后提出"尊王攘夷"的口号，代替周王继续推行原有的政治传统。中国古代政治的一体化至秦汉完成，承袭了春秋战国时代的传统，从政治组织形式上作了新的调整，以郡县制代替分封制，更适合当时中国的发展。

东汉以后，中国进入魏晋南北朝长达四百年的分裂时期。由三国至西晋统一，再由晋室南迁而至南北对峙，仍是一种民族国家内部的政治变动，而非整个民族文化传统的转移。北朝的十六国，虽多为少数部族建立的政权，但从性质上说，他们所推行的各种政治制度都完全采自中国古代典籍或"依晋代九班选制"，在保持儒家传统方面甚至比南朝更显纯粹和得力，因此当时北朝的政治生活、社会生活、文化信仰可以说仍然承袭着汉代以来的传统，其中的变动亦可看作是一种内部的调节机制，而非新的征服者所建立起来的新制度。从殷周至清末，中国的政治乃是一贯的民族传统，可以说未尝发生"外层断裂"，它是通过不断进行"内部调整"的方式而达到一种"超稳定"的完整架构的。

3.学术思想的连续性

学术思想的连续性是中国文化不曾发生"断裂"的自身基础。中国古代学术思想的连续性发展早在夏、商、周三代即已开始。孔子说，"殷因于夏礼，所损益可知也。周因于殷礼，所损益可知也"（《论语·为政》）。孟子也曾说，"诸侯之乱，吾未之学也。虽然，吾尝闻之矣。三年之丧，齐疏之服，饘粥之食，自天子达于庶人，三代共之"（《孟子·滕文公上》）。从夏至周，作为典章文物制度的礼，虽然质文废起，时有不同，但其一贯精神却因民族国家的相继而得到承传，因此，荀子也曾谈到"礼"之承传的重要性。他说，"百王之无变，足以为道贯。一废一起，应之以贯，礼贯不乱。不知贯，不知应变。贯之大体未尝亡也"（《荀子·天论》）。荀子所谓"贯"，即指礼的一贯性、继承性。由上述孔、孟、荀的言论可知儒家非常重视"礼"的传统，所以从孔子开始，便注意整理殷周以来的典籍。据说，《诗》《书》《礼》《乐》《春秋》等古代文献，都经过孔子的删订而流传下来，并成为中国几千年来封建社会经世致用的经典。

魏晋南北朝时期，中国南北分裂，篡乱相乘、兵戈迭起，但上述学术传统不但没有中断，反而在文化大体系上有许多新的创辟。首先是佛学，魏晋南北朝时期，佛教大盛。其次为经学，《十三经注疏》是中国经学的一大结集，而其中采用魏晋南北朝时期的注疏者竟占一半之多。当时南北学术息息相通，南方经学重丧礼，北方经学重周官。北齐大儒熊安生，专以三礼教授，弟子多达千余人。相形之下，北方经学反比南方经学兴盛。再次为史学，其发展可以说上驾两汉，下凌隋唐，史学著作达 874 部之多。就以北方来说，十六国的史书有 26 种、270 余卷。在北方十六国兵戈相交的混乱时代，尚有如此之多的史学著作出现，可知中国传统学术的连续性是相当顽强的。

（七）非宗教性（人文精神）

中国文化的非宗教性或人文精神，是中国文化的最显著的特征之一。这一点已被许多学者所论及。梁漱溟先生在其《中国文化要义》中亦说："几乎没有宗教的人生，为中国文化一大特征。""固然亦有人说，中国是多宗教底，这看似相反，其实正好相发明。因为中国文化是统一底，今既说其宗教多而不一，不是证明它并不统一于一宗教了吗？不是证明宗教在那里面恰不居重要了吗？且宗教信仰贵乎专一，同一社会而不是同一宗教，最易引起冲突；但像欧洲以及世界各处历史上为宗教争端而演之无数惨剧与长期战祸，在中国独极少见。这里宗教虽然多而能相安，甚至相安于一家之中，于一人之身。那么，其宗教意味不是亦就太稀薄了吗？"

其实，人类文化，其中包括中国文化在内，一般都是以宗教为开端的。在任何民族的早期文化中，都可以看到宗教的痕迹。这是因为在人类早期，对自然界和人自身缺乏了解，往往把人的生死、自然灾害的降临等看作是人类异己力量的操纵，故产生各种原始的自然崇拜。它们选择的方向，是一条企图超越人类理性的道路，在人类的现实社会之外，建构一个超越的世界。西方文化正是在这种超越观念和希伯来信仰的培植和指导下奠定其内在基础的。西方文化初原于希伯来教义、希腊哲学和罗马法典三个不同文化系统的融合。自中世纪以后，教会的权力超过了世俗王权，文化教育、道德伦理、感情意志、思想观念都统一于教会，遂使西方文化贯注了完整系统的宗教精神。原有的希腊理性消融在宗教的信仰之中，哲学变成了宗教神学的婢女，理性则处于辅佐信仰的地位。西方的宗教传统直到近代乃至现代仍保留着强大势力，它渗透到文化生活的各个领域，它不仅使西方文化带有浓厚的宗教色彩，更重要的是，它赋予了西方文化以内在的精神价值。

反观中国文化，显然不具有这一特质。中国文化的这种非宗教性的品格特征，主要是由其浓厚的人文精神决定的。

1. 中国文化的人文主义精神的形成

中国文化的人文主义精神，早在殷末周初便开始形成。人类历史在很长的时期里，一直都处在神的主宰之下。从比较历史的观点看，中国文化却是较早企图摆脱神的主宰的文化。从周代人文精神的兴起，到春秋战国之际儒家人文思想的发展以及道家自然主义的形成，正代表着摆脱神的主宰和开展中国人文理想的运作过程。这一过程，在当时的社会现实中得到了多方面的扩展，具有深远的意义。

在殷商时期，中国早期宗教的天帝、鬼神等观念还高高凌驾于人与人事之上，牢固地统治着人们的头脑。到了周代，这种影响力便逐渐衰退。周的统治者从殷的灭亡中吸取了一定的教训，不仅用"天"袭取了殷商"帝"的位置，冲淡了人格神的主宰性，而且就所崇拜的"天"来说，也减少了它的绝对性，提出了"天命靡常""聿修厥德""敬德保民"等思想，开始从宗教观念中分离出"人德"的观念。春秋时期，周代提出的"人德"观念进一步得到了发展，开始对神提出怀疑。在《左传》中记载了许多这一时期初步兴起的无神论观念，如《左传·桓公六年》隋国的季梁说："夫民，神之主也，是以圣王先成民而后致力于神。"《左传·庄公三十三年》虢国的史嚚说："吾闻之，国将兴，听于民；将亡，听于神。神，聪明正直而壹者也，依人而行。"《左传·德公十六年》在围绕营建周城的问题上，宋薛两国发生了争端。宋人以鬼神为据，薛人以人事为据，弥牟在评论这场争论时说："薛征于人，宋征于鬼，宋罪大矣。"《左传·德公十六年》宋国出现陨石和六鹢（水鸟）退飞的奇异现象，有人说这是灾祸之兆，而周内史叔兴却说："是阴阳之事，非吉凶所生也，吉凶由人。"《左传·昭公十八年》郑子产在驳斥裨灶的占星术时说："天道远，人道迩，非所及也，何以知之？"《左传·襄公二十四年》叔孙豹提出了排除宗教神学观念的中国传统文化中关于何谓不朽的问题，他说："太上有立德，其次有立功，其次有立言。虽久不废，此之谓不朽。"

上述材料，可以说构成了春秋时期人文主义思潮兴起的前奏，中经孔子的播扬，至战国中后期的孟子、荀子，遂蔚成中国人文思想的大潮，完成了中国文化从神到人的观念转化。以儒家为代表的这一转化，把对人及社会的终极关怀提到了一个新的高度。虽然他们还都保留有对天、帝、命的信仰，但都被上述人文精神所淡化，只是把它们作为一种"神道设教"的形式，以辅助道德的教化。

由此，我们也可以看出，儒学绝非宗教，因为所谓宗教，从本质上说，它是基于对人类现状的一种否定。它往往以人类为污秽和弱小，从而设定一个凌驾于人类之上的超越者、绝对者、彼岸世界，以此作为人类专一的皈依。从形式上说，作为宗教亦有相应于宗教教义而建立起来的宗教组织、宗教戒律以及宗教仪式等，这些对于儒家和道家来说都不具备。他们都不说死后世界。在绝对者方面，虽然儒家保留对天帝的信仰，但在他们的思想中并不占主导地位。如孔子所说"务民之义，敬鬼神而远之"，"未能事人，焉能事鬼"，以及"夫子之言性与天道，不可得而闻也"，"子不语怪力乱神"等，都是以人类为社会存在的前提。这些说法都体现了儒家的人文主义精神。当然，在历史上往往有这种情况，即一种思想体系或一个思想家的思想及思想家个人，他本身的思想虽然不含有宗教的内容，但决不能排除后人把他或他的思想宗教化。

2. 中国文化的非宗教性

中国文化的非宗教性，一方面，由儒家的人文精神所决定，另一方面，又有道家自然主义作为补充。从表面看来，人文主义与自然主义有很大不同：人文主义着眼点在人，而自然主义则面向自然。故荀子批评道家为"蔽于天而不知人"。但当我们把道家的自然主义放到整个中国文化的背景中来考察时，会毫无疑问地得出结论：道家的自然主义不仅是非宗教的，而且比儒家更具有无神论的色彩。

首先，以老庄为代表的道家所创立的宇宙本体论，通过对由来久远、具有神秘性的传统"天道"观念所做的思辨性的哲学净化工作，排除了中国早期宗教所崇拜的神鬼天帝的权威，把哲学本体"道"提升到"象帝之先"的位置。因此，老子的辩证法和庄子的相对主义，都是从哲理的高度，对自然、宇宙所做的清醒、理智的探讨和对社会斗争、人事经验的总结。尽管他们的结论可能是错误的，但其重要性在于排除了神或上帝的预设和启示，是人的哲学与自然哲学的统一，而非宗教哲学。

其次，在社会和政治层面，道家主张无为。无论老子还是庄子，在他们的思想中都深感社会、政治由于争夺倾轧所造成的腐败堕落，因此愤世嫉俗，极端批评和攻击现有秩序，蔑视和诋毁儒家提倡的仁义道德。既然氏族社会的远古传统和至德之世如此迅速地崩毁，人们所面临的是一个权谋狡诈的时代，无辜者横遭杀戮，社会成了人吃人的陷阱。这一切往往是宗教思想产生的最好酵母。但道家并没有走上宗教的道路，他们虽然感到无可奈何，甚至提出"安时处顺""安之若命"等宿命论思想，但他们始终是清醒的，始终是立足于现实社会中的，并提出了大异于儒、墨、法各家的救世方案，这即是"无为"。"无为即自然"。"圣人处无为之事，行不言之教"，一切都听任自然。道家不是一味地放弃人事，它只是通过否定的方法，从"负"或"反"的方面，达到"正""合"的目的。这也即是老子所谓的"无为而无不为"。因此可以说，道家的社会论同样表达了对社会人事的关怀，只是用了与儒家不同的方式而已。

再次，在人生层面上，道家也是采取了与儒家不同的论辩方式，但均具有相似的人生目的。儒家是以直接表达的方式，从人生出发，最后仍落实到人生上；道家则用否定的表达方式，从自然出发，通过否定儒家的人生理论，最后也落实到人生上。儒家的目标在于追求一个充满"浩然之气"的刚健有为的人生；道家则从相对的立场出发，企图达到一种淳朴、无为、守柔、不争的和谐人生。

（八）内倾性

任何一个国家或民族的文化，其价值主要表现在道德、科学、哲学、艺术、认知等活动中。中国文化由于人文精神过早觉醒，又因其人文精神的基本内涵在道德理性方面，因此它不具有外在超越性。一般说来，其价值判断的标准往往是外在的、绝对的。即使是对道德价值的判断，也要追溯到神或上帝身上。与西方式的外倾文化相反，中国传统文化具有内倾性。

1. 中国传统文化中的人是一个自足的存在

西方自古希腊以来，似乎很少有人性善的观念。基督教兴起以后，则明确认定人生下来就带有罪过。这种"原罪"观念的发展，教人虔诚地侍奉外在的上帝，人不再是一个自足的存在，而是一个罪人。因此，西方文化中由人与上帝的这种分离的关系，推衍出超越世界与现实世界的区别，二者之间往往有一条不可逾越的鸿沟。由此造成西方哲学中本体与现象的分离；道德上自律与他律的分离；以及社会思想上政教分离、乌托邦与现实的分离，等等。由于人不是自足的存在，所以只有在不断地向外探求，不断地认识和了解外在的世界中，人才能由一个不自足的存在转化为自足的存在。甚至对上帝的了解，也要运用逻辑、知识以及通过对自然现象的研究来证明上帝的存在。人们所熟悉的牛顿的"第一推动力"及康德的"物自体"，都是企图用科学证明上帝存在或为超越的上帝保留地盘。依据经院哲学家的看法，哲学和科学都必须解释基督教《圣经》的内容。近代欧洲虽然经过"文艺复兴"和"启蒙运动"的洗礼，但它们仍继承了这种认识外界和了解外界的实证精神，不同的是，把上帝换成"自然"，由"天国"转向"人间"。在认识路线上欧洲中世纪与近代这两个不同时期并没有明显的界限，二者都力求认识外在世界。西方文化的这种外倾性，是建立在人性本身不完善、不自足的假定之上的，也是基督教"原罪"观念的延伸。因为人性本身不完善、不自足，为了改变这种状况，使之变得完善、自足，就需要从外部吸取力量，而知识、逻辑、科学以及法律等就是达到完善、自足的手段，因此，可以说西方文化的科学实证精神、法律道德意识以及知识的确实性等，都与它的外倾性有密切联系。

　　在中国传统文化中，与西方上述的观念相反，认为人在天地之间是自足的，不需要任何外来的帮助。儒家以道德为自足，道家则以自然为自足。如孔子教人所行之"礼"，即是主张人要行其自己该行之事，斟酌人情之所宜；亦如《礼记》所说，这种人间之礼"非从天降也，非从地出也，人情而已矣"。

　　把儒家上述人是自足的存在这一思想发扬得最详尽、最透彻的人是孟子。他以性善论为基础，认为"人皆有不忍人之心"，"人无有不善"。这个性善如同人的四体一样，是人自身所固有的（"人之有四端也，犹其有四体也"）不是外加的，而是内在的，"非由外铄我也，我固有之也"。孟子发展了孔子的思想，不但强调人的道德自觉，而且为这种道德论提出了人性论的基础。把道德价值的源泉从人格化的上帝转移到人自身。

　　这种深藏于人类自身之内的价值之源，对于儒家来说，是一种无尽的宝藏，只要向内深深地挖掘，它便可以发扬光大，甚至充塞于天地之间。因此孟子说："万物皆备于我矣，反身而诚，乐莫大焉。"朱熹解释此句为："此言理之本然也，大则君臣父子，小则事物细微，其当然之理，无一不具于性分之内也。"这就是说，一个人要成就自己，主要应致力于内在的道德完善，而这种道德不在天上，也不在上帝手中，而是在自己的性分之中。既然万善永恒地皆备我，"每个人都是天然完全自足之物"（程颢语），因此又何必向外在世界寻求什么呢？

　　孟子上述人之自足说，到王阳明则发展到了极致。他说："天地万物俱在我良知的发用流行中，何尝又有一物起于良知之外，能作得障碍？……夫物理不外于吾心，外吾心而求物理，无物理矣……理岂外于吾心邪？"在王阳明看来，"外心而求物理，是以有暗而不达之处，此告子义外之说，孟子所以谓之不知义也……不可外心以求仁，不可外心以求义，独可外心以求理乎？"王阳明的这些说法，实际上都是对孟子"万物皆备于我"的发挥，其主旨仍是强调内在的超越性。因此，若以内外相对而言，中国传统文化一般都是重内而轻外的，不仅儒家如此，道家亦是如此。

　　道家对人的自足性的看法，是从另一个角度来认识的。道家反对儒家的仁义道德说教，因此也反对从道德能动性的角度去描述人性。他们认为，人的自足性并不是表现在内在的道德性或"恻隐之心"上，而恰恰与此相反，人的自足性与万物的自足性一样，乃是自然存在的一种形式，因此人的本性应该在自然中寻找。只要返回自然，人的本性便是自足的，这就如同骈拇枝指一样，"合者不为骈，而枝者不为岐，长者不为有余，短者不为不足"。如果不遵循自然之性，以长者为有余、短者为不足，企图拆长补短，对其妄加改变，这就破坏了自然的真性，所以"凫胫虽短，续之则忧；鹤胫虽长，断之则悲。故性长无所断，性短无所续，无所去忧也"。

道家这种自然人性说，实际上是把外在的自然内化为人性，所注重的并非人身之外的东西，而是人的自然本能的行为，因此强烈主张取消人的主观能动性，以使人性顺乎自然的本能。只要一切顺乎自然，便可别无他求，更不需要向外探索。如庄子说："吾犹告而守之，三日而后能外天下；已外天下矣，吾又守之，七日而后能外物；已外物矣，吾又守之，九日而后能外生，已外生矣；而后能朝彻；朝彻，而后能见独；见独，而后能无古今；无古今，而后能入于不死不生。"这里的"外"字，含有遗、忘之意。对道家来说，只有彻底遗忘天下世故，摆脱外物的干扰，甚至把生死置之度外，才能进入"朝彻""见独"的境界。所谓"朝彻"，按成玄英解，乃指"死生一贯，物我兼忘，惠照豁然，如朝阳初起"的清明洞彻的心境。所谓"见独"，即"现独"，表现出"独"的品格。此即《在有篇》所说"出入六合，游乎九州，独往独来，是谓独有，独有之人，是谓至贵"。因此，"见独""独有"皆指内在独立自主的人格世界，均具有老子"独立而不改"之意。既已遗世忘物，便无须与外界相对待，一切都可自我满足、自我完善，此即后来郭象的"独化"与"自足其性"。所以，"独"字最能表达道家"人是自足的存在"这一观点。

由此可见，儒家是把人的道德理性由内向外扩展，把人性外化为自然，尔后由外在的自然落实到人的心性之中，使二者在心性基础上得到统一；道家则是把外在的自然由外向内扩展，使之内化为人的理性，尔后在精神中使二者结合。虽然出发点不同，但所强调的都是人性的自足。既然人性本身是完善的、自足的，就无须从外部吸取力量，而知识、逻辑、科学以及法律等在他们看来也就无须多下功夫，把全部精力投放到人自身的修养上，直接在人心之内寻求善和幸福。

2. 中国传统文化始终强调"心"的作用

许多人在中西文化的比较讨论中，认为中国文化实际上乃是"心的文化"。这一看法，虽然只停留在事物的表面，但它却从一个侧面揭示了中国文化的特点。因此，"心的文化"的特质应该是中国文化内倾性的一个重要表现。

西方文化的外在超越性，决定了其社会人生的二分倾向。因其外在超越表现了强大的外在力量，人被这种力量所支配和驱使，力求战胜它，遂呈现了人生与外界的拼搏和斗争。而内在超越的文化，所碰到的阻力不是来自外部神的世界和外部自然的力量，它恰恰来自圣人的典训和人心的分离。因此在内倾型的文化中，服膺圣人典训和展开自我心灵的征服与净化，以使人生与社会、人生与自然得到和谐与统一，乃是这种文化的终极使命。"人心惟危，道心惟微"，是中国文化对人心分离的经典描述。正因为人心有不纯的一面，才使后世儒者始终把人心的净化当作顽固的堡垒来攻击，以提纯心灵为己任。儒家总是教人自己省察，所谓"求诸己""尽其在我""三省吾身"等。道家也总是提倡"自足""自我观照""游心于形骸之内"等。甚至佛教亦有"明心见性""依自不依他""佛向性中作，莫向身外求"等说教，都是在向内用功。这些命题都是把人的力量落实在人的身上，而成为人的"性"或本质，这"性"或本质都是在人的生命内扎根，因此并不重视人生之外的东西。孔子"为仁由己"及孟子所谓"仁义礼智根于心"等说法，是中国文化在长期摸索中所得出的结论。它不是由逻辑推理而来，而是对"内在经验"的一种总结或描述。经过后代儒家的发展，尤其经过程朱陆王的精心加工，它几乎成为中国人自觉遵守的典训，成为人生的基本立足点。

道家的庄子把老子的形而上之道最后也落实到人的心上，他所主张的心斋、坐忘，即是为了使心彻底走上虚、静的道路。在他们看来，外在世界的声、色、嗅、味及人类的一切发明创造，都是破坏人的自然之性的祸乱之源，因为物质生活的引诱、权力欲望的蛊惑，往往会破坏恬静自然的生活，它们搅动人心，挑拨情欲，使人内心的平静遭到破坏。这正如老子所说："五色令人目盲，五音令人耳聋；五味令人口爽，驰骋畋猎令人心发狂；难得之货令人行妨，故圣人为腹不为目。"也正如庄子所说："有机械者必有机事，有机事者必有机心。机心存于胸中，则纯白不备。纯白不备，则神生不定；神生不定者，道之所不载也。"在老庄道家看来，对外在世界的追求会引导人们产生邪念，从而破坏内心的平静。老子所谓"为腹不为目"，即是追求内在的自我，而不要被外在的感性世界所迷惑。庄子反对外在的聪明巧知亦是为此。他说："擢乱六律，铄绝竽瑟，塞师旷之耳，而天下始人含其聪矣；灭文章，散五采，胶离朱之目，而天下始人含其明矣；毁绝钩绳而弃规矩，俪工倕之指，而天下始人含其巧矣。"这就是说，庄子并不绝对地反对聪明巧知，而只是主张把外在的聪明巧知转化为内在之德。在他看来，师旷、离朱、工倕、杨墨等"皆外立其德而以炝乱天下者也"。"外立其德"，即向外追求，向外追求必扰乱天下；"内含其德"，即向内追求，向内追求可以完成自我。庄子主张"心斋"，也即是为了绝对排除对外在世界的追求，而提倡"心无蹊隧""君子不可以不刻心焉"。"刳心"，即剔除心中杂念，"洗去有心于万物之累"。因此在内外关系上，庄子始终强调"慎汝内，闭汝外"（《在宿》）、"治其内，而不治其外"（《天地》）、"不内变，不外从"（《达生》），等等。这里的"内"，指本心，即人的内在世界，"外"，指外物，即外在世界。他说："天下奋揉而不与之借，审乎无假而不与利迁，极物之真，能守其本，故外天地，遗万物……至人心有所定矣。"由此可知，道家的自然主义，通过否定"心""知"

的外在作用，最后还是落实到内在的心性修养上，认为"心"应随顺自然之性，使之不流荡为外在的心机智巧，这样便可使"心"容纳一切，做到"万物一府""旁沛为万物所归""则韬乎其事心之大也"。

（九）中庸和平

陈独秀在其《东西民族根本之差异》一文中曾说："世或称中国民族安息于地上，印度民族安息于涅槃……西洋诸民族好战健斗……欧罗巴全部文明史无一字非鲜血所书。"我们今天重读，虽然发现它们有很多偏颇之词，夸大之语，并且含有许多政治情绪在内，但也并非一无所见。陈独秀上述意见可以说看到了一部分事实，即与中国相比，西方诸民族有"好战健斗"的特点，而中国民族确实有和平文弱的性格。

若从文化的角度看，中国人和平文弱的性格正是中国文化中庸和平这一特征的表现和反映。

儒家的"中庸""中和"观念对中国文化有巨大影响，可以说，它是儒家思想的基本精神，也是中国文化的基本特征之一。中庸思想的产生，有其历史渊源。据《论语》载："尧曰：咨尔舜，天之历数在尔躬，允执其中，四海困穷，天禄永终。"据说，这是帝尧禅位于舜时教训舜的话，其要点在"允执其中"四个字。这即是以"中道"为政教的准则。舜受尧命，唯中是用，故孔子称赞他："舜其大知也与！舜好问而好察迩言，隐恶而扬善，执其两端，用其中于民，其斯以为舜乎！"其后，"舜亦以命禹"。禹后有汤，孟子称"汤执中，立贤无方"。至文、武、周公，《尚书·洪范》有"无偏无陂，尊王之义；无反无侧，王道正直"等语，其中的"无偏无陂"，"无反无侧"即上述"执中"之意。《周礼·地官》说："司徒以五礼防万民之伪，而教之中；以六乐防万民之情，而教之和。"

由上可知，中道观念由来久远，它由尧、舜、禹、汤、文、武、周公而一直传至孔子，成为中国文化的道统正传，因此，孔子把它作为"至德"倍加推崇，说："中庸之为德也，其至矣乎！"孔子在《论语》中提出的中庸观念，既是思想方法，又是作为道德行为的准则。在孔子看来，任何一独立的道德条目，都有流于偏颇的可能，因此必须用"中庸"来调节，使之贯彻于任何道德条目之中。孔子认为只有这样，才能使各种品格甚至对立的品格相辅相成，才能得乎中庸之道，如"质胜文则野，文胜质则史，文质彬彬，然后君子"。这是说，人的质朴与文采只有配合得恰到好处，才不会使某一面发展过头，流为极端。一个文质中庸的人既不表现粗野，又不表现虚浮，而是史野相济，文质相和，恰到好处。据《论语》所载，孔子本人即是"温而厉，威而不猛"和"温、良、恭、俭、让"的典型。

孔子的中庸之道，反对过犹不及，强调中和、和谐，用"叩其两端"来把握事物之对待，反对固执一端而失之于偏颇或片面，这些都是以是否符合"礼"为准则的。因此所谓"中庸"，首先又是"中"礼。孔子说："知和而和，不以礼节之，亦不可行也。"《礼记》记载孔子的话说："敬而不中礼，谓之野；恭而不中礼，谓之给；勇而不中礼，谓之逆……礼乎礼，夫礼所以制中也。"礼以"制中"为用，所以又称"礼之用，和为贵"。

"中庸""中和"之说由孔子首倡，到战国中后期，孔门弟子大加发挥，遂出现《中庸》一书。《中庸》借孔子之言，全面阐发了儒家的中和、中庸思想，在它的第一章便开宗明义地指出："天命之谓性，率性之谓道，修道之谓教。道也者，不可须臾离也，可离非道也。是故君子戒慎乎其所不睹，恐惧乎其所不闻，莫见乎隐，莫显乎微，故君子慎其独也。喜怒哀乐之未发，谓之中；发而皆中节，谓之和。中也者，天下之大本也；和也者，天下之达道也。致中和，天地位焉，万物育焉。"这一章是《中庸》一书的纲领。它首先提出"中和"观念之所以重要，既在于"性""道"虽同，但气禀有异，所以表现在每一个人身上则会出现太过或不及的偏差，"是以君子之心，常存敬畏"，"遏人欲于将萌，而不使其潜滋暗长于隐蔽之中"，此之谓"慎独"。这就是说，人的喜怒哀乐的感情，在未发之前和已发之后，皆须达到既"中"又"和"的境界，没有一点偏向，没有一丝做作。人的心性修养能达此"中和"，社会与天地万物相结合，使"天地位焉，万物育焉"，所以称"中"为"大本"，"和"为"达道"。

儒家教人，最反对走极端，《易经》中即有"亢龙有悔，盈不可久"，"人道恶盈而好谦"等说法。《易经》亦常言"得中""中道""中行""中节""中正""中德"等，此皆有不偏不倚、无过无不及之意。这种中庸思想的流传，对中国的伦理道德、思想方法、行为方式都产生了潜移默化的影响，其中尤为突出的是"以德报怨"之说。《中庸》记载孔子回答"子路问强"时说："宽柔以教，不报无道…君子和而不流…中立而不倚。"朱熹的解释是："'宽柔以教，不报无道'，谓含容巽顺，以谓横逆之来，直受之而不报也"；"夫子是以告子路者，所以抑其血气之刚而进之以德义之勇也"。朱熹的解释极其符合儒家的旨意。因此，中庸、中和的含义，在很大程度上是"抑其血气之刚"，使一个人的生理与道德理性合为一体，这样便使个体与社会同时得到"中和""和谐"。一个人如果不抑制这种"血气之刚"，它所带来的后果，将是凭情感无限发泄，使内心的平衡遭到破坏，因此会出现走极端的现象。《礼记·表记》引孔子的话说："以德报怨，则宽身之仁也"；"以德报德，则民有所动"；"以怨报怨，则民有所惩"；"以怨报德，则刑戮之民也"。由此可见，儒家是主张"以德报怨""以德报德"的。中国传统文化中没有决斗，尚文不尚武，缺乏感情的冲动，不走极端，等等，可以说皆是受中庸、中和思想的陶冶和影响。其"宽柔以教，不报无道"推广到人与人或国与国的关系上时，则表现出雍容、和平的气象与风度，其中的雍容、和平在一定条件下又往往流于调和折中，而和平、温良确实积淀为中华民族的优良传统。

由此可见，中国文化是和平宽大的文化，由此文化所塑造的中华民族也可以说是世界上最爱好和平的民族。但这一优点同时又产生了它的缺点，如前所述，儒家的中庸、中和思想，其原本的意义就在于消除"人欲之私"，以"君子慎其独"为最终归宿，这一点经过宋明理学家的发挥，使其成了心性之学的重要内容和僵死不变的道德教条，不仅具有本体的意义，而且成了指导人们日常生活和处理人际关系的准则。再加之道家从消极方面以"柔弱之道"和"不争之德"作为回避矛盾、摆脱纷争的处世哲学，遂使中庸和平思想流变为"折中调和""知足常乐""安分守己"，"收敛宁静"等保守退避思想，使人于勤奋中信天安命，而向外追求奋进之心大减。因此它成为现实生活中挥斩人们锋芒和棱角的无形利剑，塑造了中国人含蓄、内倾、稳健、老成的独特风貌。然而道德压抑的结果，又使一些人产生外宽厚而内刻薄、外雍容而内吝啬、外知足而内贪婪、外诚恳而内奸诈、外柔弱而内刚愎、外大公而内大私、外仁慈而内残忍、外民主而内独裁等相互对立的双重性格。

由于中国文化中有过多的"中庸""中和""平衡""和谐""不偏不倚"等因素，它不仅具有一般方法论意义，而且成为一种道德观念，具有道德的约束力量，因此在广大的人群中，出头、拔尖、冒险、争先者寡，而贪生混世、随波逐流、饱经世故者多。"木秀于林，风必摧之""出头的椽子先烂""枪打出头鸟""一争两丑，一让两有""凡事不可太过"等民间谚语之所以流传下来，都与中国文化这一特征有着密切关系。

（十）乡土情谊

中国文化中的家族本位和有情的宇宙观使得中国文化带有浓厚的乡土色彩。中国自古以来就是一个典型的农业社会，而农业生活的特点就在于定著而安居，世世代代生活在同一块土地上，若无天灾人祸则很少迁居。对于生于斯而长于斯的人，对自己的乡土人物有着无限的眷恋之情。这种乡土情谊深深地灌注到中国文化之中，甚至影响了中国文化的发展。

中国文化的乡土情谊深受儒家的培植。《论语·乡党》说："孔子于乡党，恂恂如也，似不能言者。""乡党"，指父兄宗族所居之地。这句话是说，孔子对于家乡父老常常能诚信笃实，谦卑逊顺。在孔子看来，能受到乡党宗族的赞许信任乃是做"士"的基本条件，因为在同一环境中生活的人，自然有一种宗族或地域的关系，这种关系是熟悉而亲密的。因此一个人的表现很容易在这种关系中自然流露，如果不注意在这种亲密而熟悉的关系中培养自己的道德情操，就不能由近及远、由亲到疏地表现自己的人格。所以孔子十分注意在宗族乡党中培养孝悌的感情，以便在以后漫长的人生道路上，为宗族乡党负道德责任。当子路问孔子"何如斯可谓之士"的问题时，孔子列了三条，其第二条即是"宗族称孝焉，乡党称弟焉"。

儒家的亲亲原则，使人对父母兄弟的孝悌之情推及自己的邻里乡亲，因此不仅在道德上，而且在感情上和利益上都必须首先考虑到自己的邻里乡亲，以与之相济相周。据说孔子为鲁司寇时，"原思（名宪，孔子弟子）为之宰，与之粟九百，辞。子曰：'毋，以与尔邻里乡党乎？'"他的助手原宪认为给的报酬太多，不肯接受，孔子却认为不当推辞，教他有余则可分与邻里乡党。

中国文化中的"乡里"观念，最初具有宗法血缘的意义，因此尊重宗族乡党即是尊重宗法血缘关系。这里体现了儒家由近及远的亲亲原则。随着社会的演变，这种宗法血缘关系逐渐淡化，但长期流行的宗族乡党观念却积淀在人们的文化意识之中，由地域关系代替了血缘关系，使"乡党"演变为"乡土"。

《系辞上》说："乐天知命，故不忧，安土敦乎仁，故能爱。"《礼记》进一步发挥说："不能爱人，不能有其身；不能有其身，不能安土；不能安土，不能乐天；不能乐天，不能成其身。"这里，"安土"被提到了重要位置。那么，何谓"安土"呢？为什么要"安土"呢？"土"，即土地，以农立国，必重土地，所以孟子把土地当作立国的"三宝"之一。孟子说，"诸侯之三宝：土地、人民、政事"，强调行仁政"必自经界始"，"分田制禄"，"制民之产"，使人民"死涉无出乡"。荀子更是强调"土"的重要，认为"无土则人不安居，无人则土不守。……故土之与人也，道之与法也者，国家之本作也"。可见，"安土"即是"安居"，人若不安居，则离乡远涉，国家失去民众，就会造成"无人则土不守"的局面，国家也就会由此而败亡。因此儒家强调"安土"，其目的就在于兴国。要使人们"安土重迁"，除"制民之产"外，最重要的是施行礼乐之教，"还乡则修长幼之序"，"乡里有齿而老穷不遗"，"合诸乡射教之乡饮酒之礼，而孝弟之行立矣"，否则"长幼之序失而争斗之狱繁矣"。行礼乐之教，"则使百姓顺命安乐处乡"，使人产生"与乡人处，由然不忍去也"的乡土情怀，这即是儒家的乡土之教。

中国文化的乡土情谊，在功能上起着巨大的凝聚作用，使中国人对家乡、对祖国、对民族、对文化都具有普遍的亲和感和认同感，尤其当外族入侵或遭亡国之时，这种乡土情谊就会表现得更为炽烈。

第三节 中国优秀传统文化的发展脉络

悠远浩博的中国文化，从孕育发生到恢宏壮大，有一个漫长而曲折的发展历程，这是物质文化、精神文化日臻丰富的历程，也是逐渐走向文明演进高峰的历程。这一历程根植于特定的地理、经济和政治环境，正是这一特定的环境和条件，造就了独特而丰富的中国文化，滋养着一代代中国人。

一、中国传统文化产生与发展的根基

（一）中国传统文化产生的地理环境

中国不但疆域辽阔，而且地理位置较为优越。中国的大部分地域处于中纬度，气候温和，又位于全球最大的陆地——欧亚大陆的东部和全球最大的海洋——太平洋的西岸，西南距印度洋也不远，季风气候发达。大部分地区雨热同季，温度和水分条件配合良好，为农业的发展提供了良好的条件。

第一，这种半封闭的地理环境和相对良好的气候，为中国古代农业文明的起源、发达以及与其相适应的人文哲学思想的生成、发展创造了条件。在这种相对发达的农业文明社会里，人们适应了日出而作、日落而息的生存方式，也养成了中华民族重农、尚农的社会共识，重实际而黜玄想的务实精神，安土乐天而缺少竞争的生活方式。

第二，它助长了华夏中心主义的思想，把"天下"视为中国，把环绕在华夏周围的邻邦视为夷狄蛮戎。"中国"一词的内涵就是中国人富于尊严感的"自我意识"的具体体现。这种构想，是中国能够长期维持大一统局面的思想基础，也是中华民族能够在长期复杂的历史发展过程中，不断发展、壮大的原因之一。

第三，这种相对隔绝的地理位置，形成了中国文化的"保护反应机制"。历史上虽有外族入侵，但幅员辽阔、回旋余地宽广的地理环境使中国能对周边民族潜移默化，始终保持着自己的文化风格和传承体系，使中国文化具有超强的连续性和稳定性。中国的中原文化则像一个巨大的雪球一样越滚越大，同化了周边地区的相对滞后的文化并且带动着农业文明同步发展。

（二）中国传统文化植根的经济基础

人类文化的类别大致有游牧、农耕、商业三种类型。游牧、商业文化起源于内部经济不足、需向外寻求，文化特性常常为侵略性的。农耕文化可自给自足，无须外求，文化特性表现为和平性的。

中国地处东亚大陆，地域辽阔，黄河、长江哺育着亚洲东部这片广袤而肥沃的土地；太平洋吹来的东南季风，给中原大地带来了充沛的雨水；雨热同期的气候条件，使江河得以有效灌溉，这些都为中华先民从事精耕细作的农业生产提供了极为优越的条件。得天独厚的自然条件和地理生态环境，孕育了华夏民族以农耕经济为主体的经济生产模式。

中国古代统治者深知农业繁荣是国固邦宁的根抵所在，都把农业作为立国之本，农本商末、重农轻商的观念在中国式的农业社会可谓根深蒂固。由于统治者的重视，加上农耕工具的改造和耕作技术的提高，极大地促进了农业文明的发展，为传统文化的产生和发展提供了经济基础。在中国传统社会里，人们通常把人民划分为士、农、工、商四等。其中士通常是来自地主阶级，农就是从事农业生产的农民。那些读书人虽然不耕地，但他们的家业兴衰往往和农业生产有直接的联系。

中国农耕经济不仅塑造了国民的性格和生活方式，而且对中国文化的持续性、包容性等都产生了重大的影响。

第一，中国农耕经济的持续性造就了中国文化的持续性。自从三代以来，中国的农耕社会经历了无数次大大小小的天灾人祸的考验，始终未曾陷入难以克服的困境，而循环式的复苏和进步则周而复始，使农业自然经济得以长期延续。农耕经济的持续性造就了中国文化的持续性，传统农业的持续发展保证了中华文明的绵延不断，使其具有极大的承受力、愈合力和凝聚力。

第二，中国农耕经济的多元成分结构，促成了中国文化兼收并蓄的包容性格，彰显了强健的生命延续力。中国不同区域文化的格局导致了中国文化的多元结构，然而随着中国农耕经济的周边扩展，中国文化的包容性格，又促使这些区域文化相辅相成，渐趋合一。

第三，农耕经济的多元成分结构，促进了中国封建社会经济的充分发育，造就了灿烂辉煌的中国古代文化。但是，中国农耕经济既早熟又不成熟，造成了中国文化的早熟性和凝重性格。随着中国封建社会从前期过渡到后期，中国文化日益露出凝重的保守性格，特别是晚清统治者盲目自负，唯我独尊，等到了近现代以来，中国人前赴后继，卧薪尝胆，砥砺自强，发奋改革，焕发出自强自新之道，才使中国文化重获新生。

（三）中国传统文化所依赖的政治结构

中国传统社会政治结构，主要体现在宗法色彩浓厚和君主专制制度高度发达这两个方面的特征上。

宗法制度是中国古代维护贵族世袭的一种制度。所谓宗法,就是中国古代规定嫡、庶系统的法则。宗法关系是由氏族社会的父家长制蜕变而来的一种以血缘关系为基础的社会关系。宗法建立在宗族的基础之上,宗族由若干个同血缘的家族集合而成,由家庭而家族,再集合成宗族,结成乡社,进而成为国家的基石。可见,宗法制度的本质就是家族制度的政治化。在宗法制度下,家族—宗族是以血缘关系为纽带,以统治和服从为内核的政治、经济和道德的共同体。它对国家与社会具有维系秩序的功能,同时,对国民性格的塑造也有深刻的影响。

宗法制度中包括嫡长子继承制、封邦建国制和宗庙祭祀制度等的确立,奠定了中国传统社会的基本模式。从先秦迄于明清,尽管社会形态有所变化,但以血缘为纽带的宗法等级结构却长期沿袭未变,导致了"家国同构"的格局,所谓"忠孝相通""求忠臣于孝子之门""家国同构""忠孝同义",都是宗法制度长期遗存的结果。故梁启超说:"吾中国社会之组织,以家族为单位,不以个人为单位,所谓家齐而后国治是也。周代宗法之制,在今日其形式虽废,其精神犹存也。"这是符合实际的。

社会结构的宗法型特征,导致中国文化形成伦理型范式。这种范式所带来的正价值是使中华民族凝聚力强劲,注重道德修养,比较重视人际之间的温情,成为举世闻名的礼仪之邦;它的负价值是三纲五常的伦理说教,"存理灭欲"的修身养性,"非我族类,其心必异"的盲目排外心理,等等,成为中国文化健康发展的障碍。

中国社会结构的另一特征就是君主专制制度。中国的君主专制传统十分悠久,其特点体现在:以武力为先导,专制时间漫长;经济基础稳固;君主专制中央集权走向极端;对人身控制严密。当然,中国的君主专制制度也存在着若干制约的因素,如朝议制度、谏议制度,但这些制度没有对皇帝的否决权,因而也就在很大程度上成为君主专制制度的一种补充。同时,中国的君主专制制度也做出过世界性的贡献,其严密性曾令世人赞叹、模仿,回避制度也曾为外国人所学习,特别是隋唐时期开始确立的科举制度,后来成为西方文官制度的先导,这些都是应该加以总结和认识的。

中国社会结构的专制性特征,导致中国文化形成政治型范式。这种范式带来的正价值是中华民族的整体观念,国家利益至上的观念,造就了民族心理上的文化认同,文人学士的经世致用思想,等等;它的负价值是使国人存有严重的服从心态,对权威和权力的迷信,个人自信心的缺乏,文人的影射传统,等等。这种负面影响还表现在对中国传统文化精神的抑制和摧残方面。

例如，孟子虽提出了"民贵君轻"的思想，但在尔后的社会生活中并未得到统治者的提倡，自然也就得不到贯彻实施。

宗法与专制的结合，导致中国文化上的伦理政治化和政治伦理化的特征，用政治伦理秩序代替了法律秩序，政治大于法律，伦理也大于法律，因而法律意识和法律观念在中国古代很难找到立足之地。加上小农自然经济和宗法专制社会政治结构这些坚实的基础，中国古代的士人只有通过"内圣外王"的心态，去实现修身、齐家、治国、平天下的抱负。这个传统一直延续下来，只有在近代大工业兴起之后，才逐渐瓦解，新时代的新文化才有可能形成。

二、中国传统文化的发展历程

文化的生成、发展都具有阶段性。中国文化自有其独特的发展脉络。这种脉络当然与王朝更替相关联，但文化史的进程又往往突破王朝界域，有着自身的发展序列。因此，本节对于中国传统文化发展历程的介绍将按照文化自身的发展演变予以把握。概言之，悠远浩博的中国文化，从孕育发生到恢宏壮大，有一个漫长而曲折的发展历程。这一历程是物质文化、精神文化日臻丰富的历程，也是"人不断解放自身"，走向文明演进高峰的历程。

（一）先秦：从文化萌发到百家争鸣

夏、商、西周至春秋战国时期，奠定了中国文化的基本构架，后来影响中国文化乃至整个东亚文化达 2000 多年的许多特征，在此阶段已初步显现。

1. 夏朝：废禅建制

远在公元前 21 世纪，也就是 4000 多年前，奴隶制国家——夏朝便建立起来了。夏本来是一个部落的名称，以善于治水闻名。其首领鲧因治水失败而被放逐，但鲧之子禹却因治水有功而被拥立为部落联盟首领。从此，夏部落日益强盛起来。当时部落首领的继承依据的是传统的"禅让制"，但是禹去世后，禹的儿子启公开破坏"禅让制"，继承父位，自称"夏后"，这是我国历史上第一个国王。"禹传子"，说明"世袭制"代替了"禅让制"，"公天下"变为"私天下"，这是国家形成的一个信号，也是我国从原始社会过渡到奴隶社会的标志。

2. 殷商：神本文化

商人在长期定都的条件下，文明水平有了显著提高。文字、典籍、青铜器以及"殷"这座目前所确认的中国最早的古都，标志着古代中国已跨入文明社会的门槛。从已有的文献资料记载及前人的研究成果可以看出，商人尊神重巫，表现出强烈的神本文化的特色。《礼记·表记》中载："殷人尊神，率民以事神，先鬼而后礼，先罚而后赏。"这就是殷商这种神学观念的具体体现。

殷人观念中的神，地位最高的是"帝"或"上帝"。它统率各种自然力，也主宰人间事务。商王既是政治上最高的统治者，又是最高祭司。以尊鬼重神为特色的殷商文化，是人类思维水平尚处于蒙昧阶段的产物。随着商周之际的社会大变动，人们的实践经验日益丰富，智力、体力水平不断增进，对神的力量的崇拜渐次减弱，对于自身能力的信心与日俱增，于是，以神为本的文化逐渐向以人为本的文化过渡。

3. 周朝：文化维新

对于中国文化的发展来说，周朝入主中原，具有决定文化模式转换的重要意义。公元前11世纪，作为偏处西方的小邦周，终于战胜并取代了大邦殷。周朝建立后，一方面因袭商代的种族血缘统治办法，另一方面实行文化主旨上的转换，正如《诗经》所云："周虽旧邦，其命维新。"周人的"维新"，具体体现在确立宗法制、分封制和制礼作乐上。

首先，周人确立了兼备政治权利统治和血亲道德制约双重功能的宗法制。宗法制深深地影响了中国社会，虽然汉以后的宗法制不再直接表现为国家政治制度，但其强调伦常秩序、注重血缘身份的基本原则与基本精神却依然维系下来，并深切渗透于民族意识、民族性格、民族习惯之中。

其次，周人确立了把上下尊卑等级关系固定下来的礼制和与之相配合的情感艺术系统（乐），即"制礼作乐"。周代的礼制是周代制度文化、行为文化和观念文化的集中体现，它既是典章制度的总汇，又是政治生活、经济生活、社会生活、家庭生活各种行为规范的准则。周人之"礼"包含形式与内容两个方面。从形式来看，"礼"包含各种礼节和仪式，各级贵族祭祀、用兵、朝聘、婚丧，都要严格遵循合乎其等级身份的礼节仪式，以体现君臣、父子、兄弟、夫妻的上下尊卑之别。礼的内容，一是"亲亲"，贯彻血缘宗族原则；二是"尊尊"，执行政治关系的等级原则。周代礼制的主旨就是"别贵贱，序尊卑"，以保证国家的长治久安。

周人所确立的"礼"，为后世儒家所继承、发展，以强劲的力量规范着中国人的生活行为、道德情操和是非善恶观念。中国传统的"礼文化"或"礼制文化"，即创制于西周。

4. 春秋战国：文化的"轴心时代"

春秋战国是一个礼崩乐坏的时代，传统礼制逐渐解体，新的法制逐渐形成，社会处于大变革时期，反映在社会上层建筑方面，两个突出而明显的特点是：其一，传统的"世卿世禄"的等级制度迅速走向衰败；其二，"学在官府"的局面已经开始崩解。但春秋战国时期也是文化辉煌的时代，最根本的原因是社会大变革的时代背景为各个阶级、集团的思想家们发表自己的主张、进行"百家争鸣"提供了历史舞台；同时，它也有赖于多种因素的契合。

首先，礼崩乐坏的社会大变革，将原本属于贵族最底层的士阶层从沉重的宗法制羁绊中解放出来，在社会身份上取得了独立的地位，而汲汲于争霸事业的诸侯对人才的渴求，更助长了士阶层的声势。士的崛起，意味着一个以"劳心"为务、从事精神性创造的专业文化阶层形成，中华民族的物质生活与精神生活注定要受到他们的深刻影响。

其次，激烈的兼并战争打破了孤立、静态的生活格局，文化传播的规模日盛，多因素的冲突、交织与渗透，提供了文化重组的机会。

再次，士阶层创造性的精神劳动，为道术"天下裂"提供了前提条件。当时诸侯各国致力于富国强兵，对学术研究采取宽松的政策。特别是战国时期，各诸侯国对"士"往往都采取宽容的政策，允许学术自由。这就为"士"著书立说、发表个人的意见创造了良好的条件，从而大大促进了战国时期的思想解放。

最后，随着周天子"共主"地位的丧失，"天子失官，学在四夷"，使原来由贵族垄断的文化学术向社会下层扩散，下移于民间，打破"学在官府"的局面，致使"私学勃兴"。孔子虽非私学的首创者，但孔子作为平民阶级的思想代表，所创立私学规模最大、影响最深，这对于冲破"学在官府"、贵族垄断文化的局面，促进"学在民间"的文化下移，广泛传播文化，推动历史前进，具有明显的积极作用。

正是如上种种条件的聚合，为中华民族的精神发展创造了一种千载难逢的契机。气象恢宏盛大的诸子"百家争鸣"，正是在这样的文化背景下应运而生的。

所谓"百家"，当然只是诸子蜂起、学派林立的文化现象的一种概说。对于其间主要流派，古代史家屡有论述。西汉司马谈在《论六家要旨》中提出："夫阴阳、儒、墨、名、法、道德，此务为治者也，直所从言之异路，有省不省耳。"也就是说，尽管阴阳、儒、墨、名、法、道德家，他们所建立的学术体系有不同，但都是以"救时之弊"——为了社会的治理为目的的。

儒家是战国时期重要的学派之一，它以春秋时孔子为师，以六艺为法，崇尚"礼乐"和"仁义"，提倡"忠恕"和不偏不倚的"中庸"之道，主张"德治"和"仁政"，重视道德伦理教育和人的自身修养。儒家强调教育的功能，认为重教化、轻刑罚是国家安定、人民富裕幸福的必由之路。主张"有教无类"，对统治者和被统治者都应该进行教育，使全国上下都成为道德高尚的人。在修身治国上，还主张以礼治国，以德服人，呼吁恢复"周礼"，并认为"周礼"是实现理想政治的理想大道。在损益周礼的基础上，儒家设计出一整套由小及大、由远及近的发展人格和安定邦家的方案，为巩固政教体制提供了切实可循的途径。

孔子死后，儒分为八派，即"子张之儒、子思之儒、颜氏之儒、孟氏之儒、漆雕氏之儒、仲良氏之儒、孙氏之儒、乐正氏之儒"，而战国时期的儒家以孟子和荀子最为重要。

以老子、庄子为代表的道家，是先秦诸子中与儒学并驾齐驱的一大流派。道家"历记成败存亡，祸福古今之道，然后知秉要执本，清虚自守，卑弱自持"。因而，道家在很多方面都是儒家的对立面：儒家注重人事，道家尊崇"天道"；儒家讲求文饰，道家向往"自然"；儒家主张"有为"，道家倡导"无为"；儒家主张修齐治平，强调个人对家族、国家的责任，道家则通过个体的逍遥而达到社会和谐。当然，道家和儒家在精神上也不是全然对立，而是存在着相互接近、相互沟通的因素。例如，在天人关系上，儒家的"天人合一"侧重于宗法伦理，天人协调还是要归结为人际协调。道家则有所不同，它既以超脱社会伦常为目的，于是把复归"自然"当作寄托身心的不二法门，这就使天人协调从人际协调的从属地位独立出来而成为"第一义"。而且，道家所谓的"自然"，绝不等同于儒家的"天命"或"天理"，它是一种超功利的境界，带有玄思的品格和自适的情趣。从这个角度上来把握与发挥天人关系的作用，恰好可以补救儒家在这方面的缺陷，给局限于人伦日用世界的儒家学说打开新的天地。人生是多变的，人性是多变的，"穷则独善其身，达则兼善天下"。后世不少文人士大夫正是从儒家指示的这条"独善"之路找到了通往道家思想之门。儒和道，就这样由对立走向了互补，相反而又相成。

法家的先驱人物是齐国的管仲和郑国的子产。他们力主强化法令刑律，使人们畏惧，不敢犯上作乱，以达到富国平治的效果。他们的理论基础是："夫火烈，民望而畏之，故鲜死焉。水懦弱，民押而玩之，则多死焉。故宽难。"嗣后，李悝著《法经》，商鞅实行"法治"，申不害、慎到相继提出重"术"、重"势"的思想，至韩非将法、术、势统合，遂建构完备的法家理论。法家主张严刑峻法，在文化政策上主张"以法为教""以吏为师"，实行文化专制主义。法家在战国时是"显学"，后来成为秦王朝统治天下的政治理论。汉以后，儒学独尊，但法家学说仍然或隐或彰地发挥效应，历代统治者多采取"霸王道而杂之"即儒法并用的统治方术，有的则是"阳儒阴法"。

墨家的创立者是鲁国人墨翟，其信徒多是直接从事劳作的下层群众，尤以手工业者为多。故墨家学说强调物质生产劳动在社会生活中的地位（"尚力"），反对生存基本需要外的消费（"节用"），主张人与人之间平等的相爱（"兼爱"），反对侵略战争（"非攻"），鼓吹专制统治（"尚同"），重视继承前人的文化财富（"明鬼"），掌握自然规律（"天志"），等。他还提出"三表法"："上本之于古者圣王之事"，"下原察百姓耳目之实"，"观其中国家百姓人民之利"。他主张根据前人的间接经验、群众的直接经验和实际效果来判断是非，努力排除个人的主观成见，在认识论上具有重大的进步。墨家在战国时亦属显学之一，但在秦汉以后，墨家丧失学派生长的适宜氛围，逐渐消失无闻。只是在历代农民暴动时有关公平、互爱及至鬼神、符命的宣传中，或可听到它的嗣音，直到近代方出现复苏之势。

以邹衍为最重要代表人物的阴阳家，其特长是"深观阴阳消息"。所谓"阴阳消息"，即阴盛则阳衰，阳盛则阴衰，矛盾双方此消彼长，一生一灭。阴阳家运用阴阳消长模式来论证社会人事，是一大创造，而从时间、空间的流转变化中去把握世界则是阴阳家独具特色的思维方式。到战国时代，阴阳和五行渐渐合流，形成一种新的观念模式，即以"阴阳消长，五行转移"为理论基础的宇宙观。

创立诸子学派的孔墨老庄，都是中国文化史上的第一批百科全书式的渊博学者，他们以巨大的热情、雄伟的气魄和无畏的勇气，开创学派，编纂、修订中国文化的元典性著作，并对宇宙、社会、人生发表纵横八极的议论。正是经过由各具特色的诸子百家的探索和创造，中国文化精神的各个侧面得到充分的展开和升华，中华民族的文化走向大致稳定。有鉴于此，文化史家借用德国学者雅斯贝尔斯的概念，将春秋战国称为中国文化的"轴心时代"。

（二）汉唐：从思想统一到文化隆盛

公元前 221 年，经过多年兼并战争，秦王嬴政终于完成了统一大业，中国历史上第一个专制主义君主集权的一统帝国——秦王朝建立。秦汉统治者在一统帝国的同时，还致力于文化的统一。

战国时代，诸侯割据，针对"田畴异亩，车涂异轨，律令异法，衣冠异制，言语异声，文字异形"（许慎《说文解字·序》）这种情形，秦始皇雷厉风行地建立统一文化，其重要措施有"书同文""车同轨""度同制""行同伦""地同域"。秦始皇统一文化的措施固然以强化专制君主集权政治为目的，同时也有力地增进了秦朝各区域人们在经济文化生活乃至文化心理上的共同性，从而为中华文化共同体的最终形成奠定了坚实的基础。

秦朝的文化一统，还包括思想学术上的统一，而这种统一，对中国文化其后的历程影响至深至巨。儒家和法家围绕着分封制和郡县制、师古与崇今等问题展开了激烈的斗争。公元前213年，秦始皇为了加强专制统治，采纳了李斯的建议，"下焚书之命，行偶语之刑"（《隋书·牛弘传》）。次年，卢生、侯生等方士、儒生私下指责秦始皇专任狱吏、贪于权势等，秦始皇闻讯大怒，严令追缉，将"犯禁者四百六十余人，皆坑之咸阳，使天下知之，以惩后"（《史记·秦始皇本纪》）。焚书坑儒，开历史上君主思想专制的恶例。

秦始皇的"焚书坑儒"的文化专制政策以其酷烈性激起后世儒生的反复抨击，然而，实现思想一统乃是君主专制政治下无可回避的历史任务，儒生士大夫应找到与地主制经济、宗法——专制君主政体比较吻合的文化形态，才能被统治者采纳，推行于当世并行之久远。

随着汉代"罢翻百家，独尊儒术"文化政策的推行，儒学取得了"定于一尊"的显赫地位，原来并不专属儒家的《诗》《书》《礼》《易》《春秋》，一变而成为儒家独奉的经典，并被西汉统治者正式尊为"五经"，"立五经博士"，并推行"以经取士"的选官制度，传经之学和注经之学成为专门学问。这就是汉代至清代的官方哲学——"经学"。

汉武帝以后，儒家经典覆盖政治、思想、文化各个领域，但是，由于学术派别不一，经学内部爆发出今古文之争。概要说来，今文经学的特点是政治的，讲阴阳灾异，微言大义。古文经学的特点是历史的，讲文字训话，明典章制度，研究经文本身的含义。前者主合时，后者主复古。前者学风活泼，而往往流于空疏荒诞；后者学风朴实平易，但失之烦琐。

从武帝时代直到西汉末，今文经学居于"官学"正统地位。在今文诸经中，《春秋公羊传》尤为重要，以治《春秋公羊传》起家的董仲舒，在著名的《春秋繁露》这样一部今文经学著作中，淋漓尽致地阐述了"天人感应"、阴阳五行、"三统"（黑统、白统、赤统）循环等学说，从而建构起天人一统图式，对中国传统思想文化产生了极为重要的影响。古文经学在王莽摄政时扶摇直上，东汉继续发展，大学者辈出，贾逵、服虔、马融、许慎为其中的佼佼者。东汉末年，马融的学生郑玄遍注古、今文群经，不拘泥于师承门户和学派壁垒，成为有汉一代隆盛经学的总结性人物。

从汉武帝"罢蹢百家，独尊儒术"后，儒家思想成为两千多年来中国古代社会的正统思想，经学是儒家思想的核心，可见经学对中国传统思想文化影响之深远。在汉唐时期，以经学治国，通经可以为仕，因此，儒家经学渗透到政治、思想、学术、文化等各个领域。尤其是学校教育和科举考试，几乎都是以经学为基本内容和重要标准，经学成为历代统治者维护其统治的精神支柱。同时，经学也严重抑制了新思想的萌芽，阻滞了科学技术的发展。

（三）两宋：理学建构与市井文化勃兴

宋代文化最重要的标志是理学的建构。

宋明时期，儒学吸收佛道思想，从理论上进一步得到完善，形成一种新的理论形态——理学。宋明理学是高度哲学化和政治伦理化的儒学，是儒学发展的最高理论形态，是儒学发展史上的鼎盛期。

两宋理学，不仅将纲常伦理确立为万事万物之所当然和所以然，亦即"天理"，而且高度强调人们对"天理"的自觉意识。为指明自觉认识天理的途径，朱熹精心改造了汉编撰的《大学》，突出了"正心、诚意"的"修身"公式："古之欲明明德于天下者，先治其国；欲治其国者，先齐其家；欲齐其家者，先修其身；欲修其身者，先正其心；欲正其心者，先诚其意；欲诚其意者，先致其知；致知在格物。"从"格物"到"致知"，实质上将外在规范转化为内在的主动欲求，亦即伦理学上的"自律"，有了这一自律，方有诚意、正心、修身乃至齐家、治国、明德于天下的功业。

南宋着意于知性反省、造微于心性之际的"内圣"之学骤盛，与王安石的熙宁变法的失败有很密切的关系。学者们认定宋神宗和王安石的"外王"建立在错误的性命之理上，与释氏之道有近似者。因而，理学注重"内圣"之学，不仅是为了对抗佛老心性之学，而且是为了继续王安石未完成的"外王"大业。余英时在《朱熹的历史世界》中曾一针见血地指出："理学家如朱熹和陆九渊他们对儒学的贡献虽然毫无疑问是在内圣方面，但是他们生前念兹在兹的仍然是追求外王的实现。更重要的是，他们转向内圣主要是为外王的实现做准备，因此他们深信外王首先必须建立在内圣的基础上。"朱熹和陆九渊致力于"登对"和"轮对"活动，张栻和吕祖谦同样密切注视着一切有助于"得君行道"的轮对活动，最后目的都是要重建合理的生活秩序——即所谓"得君行道"。可见，"得君行道"，重建合理的社会生活秩序，这不是个人的独特体会，而是宋儒的共同认识。

与理学家着意于知性反省、造微于心性之际的趋向相一致，两宋的士大夫文化也表现出精致、内趋的性格。

词起源于市井歌谣，因文人介入而趋于雅化。与含义阔大、形象众生的诗不同，词小而狭，巧而新。它侧重音律和语言的契合，造境摇曳空灵，取径幽约怨悱，寄托要眇怅惘，极为细腻，极为精致。尽管宋代词坛还有别一番风貌的歌唱，这就是由苏轼开创的、以辛弃疾为代表人物的豪放词风，但词坛的主流始终是"婉约""阴柔",集中反映出两宋文人士大夫与唐人大不相同的心境和意绪。

宋词雅,宋画也雅。苏轼在《跋宋汉杰画山》一文中提出"士人画"这一观念,强调融诗歌、书法于绘画之中,以绘画来表现文人意趣。以此文化心理为总背景,两宋绘画富于潇洒高迈之气与优雅细密、温柔恬静之美。

两宋士大夫文化的其他领域,也无不表现出与宋词、宋画相通的性格。两宋古文舒徐和缓,阴柔澄定;宋诗"如纱如葛""思虑深沉"。士人饮茶"品第之胜,烹点之妙,莫不咸造其极"。

两宋文化还有一个重要内容,就是教育和科技发达。从教育来看,宋代官学系统有两大特色,一是在学校教育制度上等级差别不断缩小,如官学向宗学转化后无问亲疏,国子学向太学转化后无问门第,这样一种变化无疑有利于低级官僚子弟乃至寒门子弟脱颖而出。二是重视发展地方学校,至北宋末期,地方州县学发展到高峰。教育的发展与深刻的变革使宋代整个社会的文化素养超过汉唐,宋文化繁盛的基础正在于此。从科技来看,指南针、印刷术、火药武器三项重大发明创造是宋代科技最为突出的成果。北宋贾宪、南宋秦九韶在数学领域做出了具有世界领先水平的贡献。百科全书式的人物沈括"于天文、方志、律历、音乐、医药、卜算无所不通,皆有所论著"(《宋史·沈括传》),且创见迭出。天文学、地理学、地质学、医药学、冶金术、造船术、纺织术、制瓷术等方面也都有令人目眩的成就。在此前后的任何一个朝代,无论是科学理论研究,还是技术的推广应用,比起两宋都大为逊色。陈寅恪为《宋史职官志考记》一书作序说:"华夏民族之文化,历数千载之演进,造极于赵宋之世。"指出了宋朝文化在中国文化史上的重要地位。

(四)明清:文化专制与西学东渐

明清是中国君主专制制度登峰造极的时代,文化专制空前严酷地钳制着思想文化界。

文化专制的突出表现是文字狱盛行。朱元璋以文字之"过","纵无穷之诛",大批儒生士大夫因文字而遭横祸。如浙江府学教授林元亮所作《贺正旦表》中有"睿性生智"之语,朱元璋以"生"为"僧",认为是讽刺他当过和尚,从而大开杀戒。与此同时,明代君主设立特务机构东厂、西厂、内行厂、锦衣卫,以士人为重点侦查对象。清代文字狱更有过之。"庄廷龙《明史稿》案""戴名世《南山集》案""吕留良《文选》案",均是康雍时期所发生的轰动全国的大案。

明清统治者一手推行文字狱,在文化领域制造恐怖;另一手则崇正宗、灭异端，程朱理学占据统治地位。朱元璋多次昭示，士人必须"一宗朱子之书"，"非濂洛关闽之学不讲"。又规定科举考试一律以朱熹的注为标准答案。于是，明初学术界成为程朱的一统天下，程朱理学被推上至尊地位。清代统治者在推行文化专制上也不遗余力。乾隆年间，清高宗借编撰《四库全书》的机会，全力剪除危及封建统治思想基础的异端学说。在直接干预《四库全书》纂修的同时，乾隆还一手操纵长达19年的禁书活动，共禁毁书籍3100多种，151000多部，销毁书版8万块以上。中国文化遭到秦始皇焚书以来的又一次巨大浩劫。

明清两代的文化，一方面是文化专制主义空前强化，程朱理学占据统治地位；另一方面，与社会形势的变化相适应，又出现了具有市民反叛意识的早期启蒙思潮。如王明阳的"致良知"，打破了程朱理学一统天下的局面。他的门生王艮以及泰州学派的传人李贽则走得更远，已有较为鲜明的市民反对派气息。明清之际三大思想家——黄宗羲、顾炎武、王夫之，以及方以智、唐甄、颜元、戴震、焦循等人，更从不同侧面与封建社会晚期的正统文化——程朱理学展开论战，有的批判锋芒直指专制君主。

明代中后期市民文学的兴起，其理论代表是李贽的"童心说"和公安派的"独抒性灵"，其代表作品为长篇小说《金瓶梅》、短篇小说集"三言""二拍"等，也是城市发展和某些新的生产方式萌芽的社会现实的反映。生动活泼、富于民间生活情趣的市民文学，较之明代前期内容空虚、徒具华丽形式的"台阁体"文学，以及前七子、后七子的"文必秦汉、诗必盛唐"的文学复古运动，都是一个巨大的跃进。至于清代出现的《儒林外史》《红楼梦》等作品，则在更大的广度和深度上揭露了封建制度的弊端，将古典现实主义文学推向高峰。

明清时期最富于战斗精神的政治哲学著作是黄宗羲《明夷待访录》和唐甄《潜书》，黄宗羲、唐甄用扩大相权、限制君权、提倡学校议政等办法来修补封建专制制度。与孟德斯鸠的《论法的精神》、卢梭的《社会契约论》相比较，就可以发现，虽然它们在批判封建专制帝王的猛烈程度上可谓东西呼应，但黄宗羲、唐甄提不出新的社会方案，孟德斯鸠、卢梭则拿出"三权分立"的君主立宪制、民主共和制这样的资产阶级国家蓝图。这表明，中国明清时期的进步思想与18世纪欧洲启蒙思想属于两个不同的历史范畴，前者是中世纪末期的产物，后者是近代社会的宣言书。

这时，明清两代进入了中国古典文化的总结时期。在大型图书的编纂方面，《永乐大典》被公认为世界上最早的、最大的一部百科全书。《康熙字典》是世界上最早的字数最多的字典。《四库全书》是至今为止世界上页数最多的丛书。在科学技术巨著方面，李时珍的《本草纲目》、潘季驯的《河防一览》、徐光启的《农政全书》、宋应星的《天工开物》、徐霞客的《徐霞客游记》，方以智的《物理小识》等都是封建社会中晚期科学成就的高峰。在学术方面，清代钱嘉学者对于中国传统学术文化的承传不坠以及向前推进，做出了不可抹杀的贡献。

明末清初，利玛窦、汤若望等欧洲耶稣会士东来。他们将近代的世界观念以及西方文艺复兴时期的自然科技成就广泛传播于中国学术界，打开了部分中国士人的眼界。近代科学思维的重要特点是实证方法和数学语言，徐光启、方以智等人，通过接触西洋近代科技知识，重视"质测之学"和数学语言的应用，初步显示出近代科学思维的风貌。遗憾的是，由于宗法专制社会政治结构的强固以及伦理型文化传统的深厚沉重，"西学东渐"的过程在明末清初进展缓慢。到了雍正年间，随着耶稣会士被逐出国门，"西学东渐"几近中断，中国对外部世界的大门日益关闭。

明清两代，是整个世界格局发生剧变的重大时期，当中华帝国驱逐传教士、封闭国门、陶醉于"十全武功"之时，欧亚大陆的远西端，新兴的资本主义呼唤来工业革命，瓦特发明的双向运动蒸汽机，使欧洲人获得了一盏"阿拉丁神灯"。产业革命催化国际分工，资本以其魔力无穷的巨掌将全世界卷入商品流通的大潮之中，宗法农业社会的中国也在劫难逃，工业先进的西方是绝不肯放过如此巨大的一个商品倾销地、投资场所和原料产地的。中西方的冲突已成为不可避免之势。1840年爆发的鸦片战争，以血与火的形式把中国文化推入了一个蜕变与新生并存的新的历史阶段。

第四节 中国优秀传统文化的璀璨内容

习近平在主持中共中央政治局关于培育和弘扬社会主义核心价值观、弘扬中华传统美德的集体学习时指出，要学会从中国传统文化中汲取当前从事思想道德建设所需的思想精华和道德精髓，深入挖掘和阐发中华优秀传统文化讲仁爱、重民本、守诚信、崇正义、尚和合、求大同的时代价值。这也正是习近平对中华民族优秀的传统文化进行的高度概括。

一、讲仁爱

仁爱是中华民族优秀传统文化中的一个重要思想，是儒家思想的核心。孔子有"仁者爱人"一说，但是《论语》一书作为对孔子语录的整理，过于零散，以至于关于他留传下来的关于"仁者爱人"的相关表述并没有形成一个系统。孟子有"四端"一说，即"恻隐之心，仁之端也；羞恶之心，义之端也；辞让之心，礼之端也；是非之心，智之端也。"他认为如果没有恻隐之心就不会有"仁爱"的发端，正是因为有了恻隐之心，才会有一颗仁者爱人的仁心。从恻隐之心推而广之就是"老吾老以及人之老，幼吾幼以及人之幼"，这就是儒家的仁德。儒家以"入则孝、出则悌"，"父子有亲、君臣有义、夫妇有别、长幼有序、朋友有信"的礼仪规范，为中华民族构建起一个以家庭为中心的仁爱体系，这个仁爱体系同样是把对待朋友、回报社会、报效祖国、胸怀天下的家国思想寓于其中。中华民族的儿女在孝敬父母、尊重兄长、夫妻恩爱的过程里去培养一颗仁爱之心，发展到了齐家的治国平天下思想，将仁爱的思想从家庭延伸到了他人、社会和国家。习近平在处理国与国的关系，特别是在对待周边国家的时候，始终坚持"亲、诚、惠、容""睦邻友好""互利合作"的周边外交理念，这就充分体现出习近平总书记的外交理念饱含仁爱思想，其中国传统文化观满满的都是仁爱情怀。

二、重民本

民本思想是中华民族优秀传统文化的重要内容。孟子的"施仁政"思想以"民为贵，社稷次之，君为轻"为核心，荀子也有"君者，舟也；庶人者，水也。水则载舟，水则覆舟。"的君民关系的生动比喻。自古以来，就有君舟民水的民本思想。在当今世界的大趋势以及我国的实际情况发生前所未有的巨大变化的前提下，能否坚持群众观点、走群众路线就成了关系到党和国家生死存亡的严峻考验。党的十八大以来，以习近平同志为核心的党中央领导集体延续了中国共产党亲民爱民、与人民群众始终保持血肉联系的优良传统，继承并发展了党的群众观点。习近平指出："我国古代主张民为邦本为我们提供了重要启示。""人视水见形，视民知治不。""民为邦本"源于《尚书·五子之歌》中提到的"民惟邦本，本固邦宁"，原意是指祖先早就传下训诫，人民是用来亲近的，不能够轻视低看，人民才是国家的根基，根基牢固，国家才能安定。历史告诉我们，人民群众是历史的创造者，是先进文化的创造者，是实现中华民族伟大复兴"中国梦"的践行者，人民群众的主体地位不可动摇。人民群众的力量是巨大的，充分激发起广大人民群众的聪明智慧，使其发挥无限的创造活力和动力，为我国社会主义现代化建设提供源源不竭的力量源泉。为此，党员领导干部只有设身处地地想人民之所想，把雪中送炭、急人之困的工作当成是一切工作的落脚点和出发点，为百姓做实事，才能民心所向地汇聚起社会主义现代化建设的强大力量。为此，以习近平同志为核心的党中央领导集体以人民主体观弘扬了"民为邦本"的中国传统文化优秀思想成分，把广大人民群众所关注关心的教育问题、就业问题、收入问题、社会保障问题等等作为奋斗的目标，颁布了一系列的方针政策都是紧紧围绕人民群众最关注最关心，也是与人民群众有最为直接关系的利益问题的，不断实现好、维护好、发展好最广大人民群众的根本利益。由此可见，习近平中国传统文化观中所倡导的民为邦本、尊重人民主体地位、维护人民合法权益、共享现代化发展成果的思想与我国优秀的传统文化中所提倡的民贵君轻、君舟民水的思想是一脉相承的。

三、守诚信

诚信作为中华民族的传统美德备受各家推崇，有其深厚的中国传统文化渊源。中国文化将诚信视为个人安身立命之根本、交朋结友之基、治国安邦之道。儒家学派把"仁、义、礼、智、信"作为个人修养所必须具备的道德品质。孔子的名言"言必信，行必果"为中华民族留下了"人无信不立"的道德信条，还强调诚信是维系人际关系的道德底线，"与朋友交，言而有信""与国人交，止于信"。在《礼记》里有记载，"大道之行也，天下为公，选贤与能，讲信修睦。"即选拔任用贤能的人，也要讲究诚信，谋求和睦。墨家强调了"言必信，行必果"。党的十八大报告立足于当前在价值观认知和思想道德领域出现的诚信缺失现象，也是将道德领域突出问题的专项教育和治理工作提升到重要的工作议程。此外，习近平在外交中也不乏对于诚信的强调。2013 年 10 月 3 日，习近平总书记出访印度尼西亚在国会上就曾提出"人与人交往在于言而有信，国与国相处讲究诚信为本"。2015 年 4 月 21 日，习近平总书记在访问巴基斯坦时发表重要讲话，在其讲话里引用到了《论语》里的"人而无信，不知其可也"，并把这句至理名言同巴基斯坦针对诚信所表达的"诚信比财富更有用"相提并论，并友好地指出了二者具有相通之处。

四、崇正义

自古以来，中华民族就是崇尚正义的民族，崇正义也是中华民族优秀传统文化中的一个重要思想。孔子有"政者，正也""修己以安人""修己以安百姓"一说，并且提出了值得赞美歌颂的五类执政表现，即"惠而不费，劳而不怨，育而不贪，泰而不骄，威而不猛"。孔子通过提出值得赞美歌颂的五类执政表现来表达自己崇尚正义的坚定立场，反对脱离群众，以傲慢的态度对待广大民众，滥用权力，恣意妄为，违背民意，不顾民生的执政行为。在习近平的内政外交中处处可见对公平正义的推崇和坚持。在国际舞台上，我国始终扮演着坚持公平正义的国际秩序的重要角色。在对待国家与国家之间建交以及之后和平共处这一议题上，习近平强调国家与国家之间的相处要本着不冲突、不对抗、相互尊重的原则，追求合作共赢局面，而大国在与小国建交的时候更要端正义利观，义利相兼，义重于利，和平友好的相处。在经济全球化与政治多极化快速发展的时代，各个国家的安全问题是相互关联、彼此影响的。我国作为发展中国家，在营造公平正义、共享资源、共同发展的安全格局构建中理应走在前列，起到表率的作用。正如在"九三"阅兵纪念大会上习近平紧握右拳振臂高呼的那样"让我们共同铭记历史所启示的伟大真理：正义必胜！和平必胜！人民必胜！"

五、尚和合

"和"文化是中国传统文化的精髓之所在，甚至可以说中国传统文化就是"和"文化传统，至今仍是我国对内建设社会文明和构建和谐社会、对外构建和谐世界以及"人类命运共同体"的基本理念。我国的外交理念的本质都是对"和"文化的继承与弘扬。习近平对中国传统文化中"和"的思想有着较高的评价，通过与世界各个国家的合作与交流，习近平在重要的场合对中国传统文化中"和"文化作系统深入的介绍，并利用自身对中国传统文化的喜爱以及深厚的文化底蕴将"和"文化融入我国的外交理念之中，树立了以"和"文化为核心的外交理念，塑造了中华民族以和为贵的国际形象，向世界展示了我国崇尚和谐的价值理念、价值观念。

习近平指出中华民族爱好和平、崇尚和谐，我国的"和"文化蕴涵着和而不同的社会观、协和万邦的国际观。在这里，习近平引用到了《尚书·尧典》里的一个成语"协和万邦"，原意是指各个国家和平友好的相处。近些年来，随着我国综合国力的不断提高，国际地位的日益提升，"中国威胁论"不绝于耳。"协和万邦"一词恰到好处的表明了拥有五千年文明发展历史的中华民族自古以来推崇与邻为善的邦交理念，在睦邻友好的和平环境里谋求自身的发展是中华民族在历经侵略、饱受战争之苦以后最诚挚的心愿，和平共处也将会是中国坚持不动摇的外交原则。习近平在中法建交50周年纪念大会上的讲话中指出：中国梦是奉献世界的梦，"穷则独善其身，达则兼济天下"。在这里，习近平引用到了《孟子·尽心上》里的一个成语"达济天下"，原意是指不得志的时候就洁身自好修养个人品德，得志了以后就要努力争取使得天下都能变成这样子。习近平在很多重要场合发表的重要讲话中都对"命运共同体"这一发展理念进行过较为详尽的阐释，并自始至终强调我国追求的是共同发展，在保证国家利益不受损害的前提下，积极谋求多方利益的交集，争取互利共赢，实现利益的最大化。既表明中国助力世界上的其他各个国家共同发展的坚定决心，同时也表达出中国与世界各个国家和地区同呼吸、共命运、同进步、共发展的美好夙愿，也让世界更加清楚地认识中国、了解中国。

六、求大同

进入 21 世纪以来，对于中国传统文化的关注与学习持续升温，社会主义核心价值观的构建也需要依托于传统文化的相关理论和优秀资源。社会主义核心价值观包含着一系列彼此自洽的中国优秀传统文化的基本范畴，这就包括了比如仁爱、民本、大同等思想。在这其中，"求大同"是一个极具中国特色的传统社会价值目标。关于"求大同"的社会理想形态的描述，早在《礼记·礼运》中就有记载，"大道之行也，天下为公，选贤与能，讲信修睦。故人不独亲其亲，不独子其子，使老有所终，壮有所用，幼有所长，鳏、寡、孤、独、废疾者皆有所养，男有分，女有归。货恶其弃于地也，不必藏于己；力恶其不出于身也，不必为己。是故谋闭而不兴，盗窃乱贼而不作，故外户而不闭，是谓大同。"这段话的主旨就是指选拔人才要任人唯贤，构建诚信和睦的社会氛围，使人各得其所，物尽其用，人尽其力，于是天下大同。中国传统"天下为公"在一定程度上也影响着当代中国的治国理政。在习近平的相关论述中，讲仁爱、重民本、守诚信、崇正义、尚和合、求大同，正是中国传统文化中优秀成分按照时间顺序由近及远的基本价值范畴的排序。而这其中的"求大同"思想不仅仅是作为中国传统文化的回归，又辩证地包含着对单一民族和国家的超越，也包含着对某一特定民族传统文化的普遍性的价值的超越。党的十八大以来，习近平提出了"中国梦"的理想社会目标，并将其"中国梦"的内涵与"求大同"的中国传统文化思想紧密相连，指出"中国梦"的核心价值与实践方向正是"求大同"。"求大同"也为"中国梦"的实现划定了最高目标。

第五节 中国优秀传统文化的当代价值

一、传统文化的当代价值

党的十八大以来，习近平发表了一系列关于传承与创新中国优秀传统文化的重要论述，在论述中国优秀传统文化有何当代价值这一方面相对集中。只有清楚地认识到中国优秀传统文化的当代价值，才能准确地将其运用于国家、社会、个人的发展与进步之中。为此，习近平从政治价值、精神价值、道德价值等方面对中国优秀传统文化的当代价值作了阐述。

（一）继承中国优秀传统文化，提升民族道德素养

进入新时代，我国的发展取得显著成就的同时，在某些方面还存在不足。其中，社会文明水平还尚需提高。要想提高社会文明水平，精神文明的建设的好坏至关重要。为此，习近平十分重视精神文明建设，多次论述道德建设在社会进步和国家富强中的重要性，肯定精神的力量是无穷的，道德的力量也是无穷的。我国的社会主义道德，是在中国优秀传统文化的土壤中孕育、滋生起来的。中国优秀传统文化中的伦理道德思想丰富，是教人如何为人处世，如何处理好各种关系的行动指南。

习近平高度重视中国优秀传统文化的传承与创新，他发现，我国人民在长期的实践中培育和形成了很多传统美德，形成了一系列道德规范，在中国人的精神生活中发挥了巨大作用。习近平指出，"要始终把弘扬传统美德作为极为重要的战略任务来抓，为实现中华民族伟大复兴的中国梦提供强大的精神力量和有利道德支撑。""习近平的这一论述，将弘扬中国优秀传统文化提高到了前所未有的高度，充分肯定了中国优秀传统文化中所蕴含的传统美德，是提高人们的道德修养、建设社会主义核心价值观的重要思想资源。不论过去还是现在，我们都不应抛弃传统美德，失去民族发展的文化滋养。

（二）弘扬中国优秀传统文化，传承中华民族精神

中国优秀传统文化是中华民族永远的精神家园，延续着几千年来中国人民生生不息的民族精神和发展动力。习近平指出，"中国人独特而悠久的精神世界，让中国人具有很强的民族自信心，也培育了以爱国主义为核心的民族精神。""我们在传承与创新中国优秀传统文化中，不仅自己从中汲取力量，还要将本民族的精神和文化推向世界，让中外文明不断交流，讲述好中国故事、传播好中国声音。在中华民族文明发展历程中，我们优秀的传统文化蕴藏着中华民族最根本的精神基因，包含着我们最深厚的民族精神。例如，"杀身成仁"的爱国情怀、"人生自古谁无死，留取丹心照汗青"的浩然正气等，这些都是我们中华民族团结、自强、奋进的重要精神支撑。在现阶段国内国外形势复杂多变的情况下，如何更好地增强民族的凝聚力、向心力，如何有效地集中力量应对国家发展中面临的各种问题尤为重要。中国优秀传统文化中所积淀的民族精神，是现阶段精神文明建设中不能忽视的精神财富，我们要充分地将其宣传好、结合好，让其成为社会主义文化强国中的有力支撑。

（三）传播中国优秀传统文化，塑造崭新大国形象

随着经济全球化的不断发展，世界各国在文化方面的交流也越来越密切。在与各种文明进行交流的过程中，弘扬中国优秀传统文化不仅有利于促进我们民族的自信心和自豪感，还有利于塑造我国崭新的大国形象。习近平指出："要注重塑造我国的国家形象，重点展示中国历史底蕴深厚、各民族多元一体、文化多样和谐的文明大国形象"。

党的十八大以来，我国的发展经历了极其不平凡的五年，这五年期间世界局势动荡依旧存在，大国之间的博弈也日益激烈。如何更好地处理好大国之间的关系、反驳"中国威胁论"、塑造中国良好的大国形象至关重要。为此，习近平在多个重要场合强调中国始终奉行独立自主的和平外交政策，坚定不移地走和平发展道路。并且强调要重视运用中国优秀传统文化中的"和"文化，向世界各国宣传中国的理念和主张。他指出，"中华民族几千年来形成了兼爱非攻、亲仁善邻、以和为贵、和而不同的理念：中国奉行与邻为善、以邻为伴的周边外交方针，对亚洲繁荣稳定作出了重要贡献。"我们要向世界各国宣传中国对外的理念和主张，让世界各国的人民更加了解和认同中国优秀传统文化，为构建社会主义和谐社会、维护世界和平作出贡献。

二、习近平中国传统文化观的重要意义

习近平中国传统文化观具有与时代要求相符合的重大意义。它为我们提供了继承和发展中国传统文化的重要指南，为培育和弘扬社会主义核心价值观提供了重要依据，为我们如何正确对待信仰问题提供了基本遵循，为进一步推进马克思主义中国化指明了路径和方向，为实现"两个一百年"目标和"中国梦"提供了精神动力。

（一）为我们提供了继承和发展中国传统文化的重要指南

习近平中国传统文化观为我们提供了继承和发展中国传统文化的重要指南。按照先前所形成的延续至今的思维方式，在对中国传统文化的基本评价上，仅仅依靠中国传统文化在不同发展阶段所呈现出来的阶段性特征来作为衡量评价的标准，单单依靠"时代性"作中国传统文化的评判是具有片面性的，最大的弊端是易于把中国传统文化定位在落后腐朽的封建文化层面。这就把"传统"贴上了贬义的标签。不仅在整体上否定了中国传统文化的自身价值，而且中国传统文化在漫长的历史文明中积淀下来的固有的民族特性的合理性也会遭到质疑、发生动摇。随着中国特色社会主义事业的不断发展，"文化自信"被列为中国特色社会主义的"第四个自信"，尽管人们对中国传

统文化的看法有所改观，但是由于观念的根深蒂固，人们对于中国传统文化的认识要想从根本上改变并非易事。在近代以来的古今中西文化之争的过程中，尽管也出现过中国文化复兴论，但是更多的是全盘西化论和历史虚无主义。近几年人们对中国传统文化的态度有很大改变，但是不能正确看待中国传统文化的时代价值和意义的现象依然相当程度地存在着，历史虚无主义仍然有市场。为此，习近平强调指出，要"培育历久弥新的优秀文化"。"历久弥新"突破了简单地把时代发展作为评判中国传统文化"先进"与"腐朽"的标准。在此基础之上，习近平又着重突出强调了文化的民族性，把民族性与时代性联系在一起，为我们提供了正确对待中国传统文化的重要指南。具体说来，习近平将中国传统文化与中华民族的关系阐述为"中华文化源远流长，积淀着中华民族最深层的精神追求，代表着中华民族独特的精神标识，为中华民族生生不息、发展壮大提供了丰富滋养。"由此可见，习近平总书记强调中国传统文化与中华民族是相互依存、不可分割的。一方面，没有中华民族的根基作为依托，中国传统文化也就成了无源之水和无本之木，是难以独自存在的；另一方面，没有中国传统文化，中华民族也就不可能形成自己的民族精神，失去了民族的灵魂，丢掉民族精神的民族、失去民族灵魂的民族也就不能再称其为民族。

习近平的中国传统文化观突破了以往把以时代发展特征作为中心的时代性作为评判中国传统文化进步与否的唯一标准，强调时代性与民族性并重。这也就要求我们要提高对中国传统文化的鉴别能力和推动其创新发展的能力，尤其是不能一味地否定传统文化、崇洋媚外，犯历史虚无主义的错误，同时也要看到中国传统文化的民族性，只有民族的才是世界的。

（二）为培育和弘扬社会主义核心价值观提供了重要依据

习近平中国传统文化观为培育和弘扬社会主义核心价值观提供了重要依据。党的十八大在社会主义核心价值体系基础上，凝练了国家、社会、个人三个层面构成的社会主义核心价值观。社会主义核心价值观既坚持了马克思主义指导思想，又以中国优秀传统文化为根基，因此，培育和弘扬社会主义核心价值观必须立足于中国优秀传统文化。中国传统文化是我国五千年的历史文明中沉积下来形成的文化遗产和宝贵的精神财富。其中，以民为本的群众观、天人合一的天人观、天下为公的社会观、公平正义以及诚实守信的道德观，为社会主义核心价值观提供了重要的精神根基。一个国家和一个民族在竞争日趋激烈的国际环境之中独善其身、保持旺盛而持久的生命力，其关键所在就是使本民族的优秀传统文化与核心价值观相结合，并与当下时代发展的最迫切要求相符合。因此，习近平指出："培育和弘扬社会主义核心价值观必须立足中华优秀传统文化。牢固的核心价值观，都有其固有的根本。抛弃传统、丢掉根本，就等于割断了自己的精神命脉。"中国在长期的社会生产生活的实践过程中形成的具有浓厚中华民族特色的传统文化，其自身富含的民族气节和精神品质是激励每一位华夏儿女百折不挠、艰苦奋斗的精神力量源泉。习近平中国传统文化观作为对中华优秀传统文化的批判性继承和创造性发展，为社会主义核心价值观的培育和弘扬、如何继承和弘扬中国优秀传统文化提供了重要的指导和根本的遵循，有利于将社会主义核心价值观融入人们日常生活的方方面面，使人民群众真正地去认同社会主义核心价值观，并付诸实际行动之中，为社会主义核心价值观的培育和弘扬提供了重要依据。

（三）为我们如何正确对待信仰问题提供了基本遵循

习近平中国传统文化观为我们如何正确对待信仰问题提供了基本遵循。改革开放以来，信仰问题成为社会主义精神文明建设面临的一个突出问题，特别是中国共产党人对理想信念的信仰也是党的思想理论建设面临的一个突出问题。在社会主义市场经济迅速发展的背景下，深化改革中利益关系的调整，西方腐朽思想文化侵蚀，社会上出现了令人嗤之以鼻的冷漠、丑陋的现象，人们出现了精神空虚、理想信念淡化、信仰缺失、社会责任感和集体意识的衰退、价值取向功利化等不利的倾向，更有甚者对马克思主义的科学理论、对中国特色社会主义心生怀疑，出现的诸如此类的社会现象所暴露出的社会问题都源自信仰问题。因此，如何正确对待信仰问题便成了摆在党和国家面前的一个难题。

习近平站在全党和整个国家全局的高度对理想信念和信仰问题做了全面的论述，生动地把信仰比作是中国共产党党员精神层面所必需的"钙"，如果信仰动摇甚至没有信仰，就会缺"钙"，就会得"软骨病"。作为一名中国共产党党员，更要有正确且坚定的信仰。树立共产主义远大理想，全心全意为人民服务，吃苦在前、享受在后，勤奋工作、廉洁奉公，为共产主义事业奋不顾身去拼搏、去奋斗、去献出自己的全部精力乃至生命。习近平中国传统文化观对于信仰问题的表述是较为集中的，也具有鲜明的中国特色和时代特色。习近平中国传统文化观对于信仰的表述大体可以概括为：首先要坚持马克思主义的指导地位，以科学的马克思主义理论指导改革开放和社会主义现代化建设的有序进行。其次，要紧紧围绕在党中央周围，拥护中国共产党的领导核心地位不动摇，坚信共产主义一定能够实现。

习近平中国传统文化观为我们如何正确对待信仰问题提供了基本遵循。习近平中国传统文化观坚定了中国特色社会主义方向的正确性，中国特色社会主义道路是国家走向繁荣昌盛、人民生活达到全面小康水平的必由之路。习近平中国传统文化观肯定了走中国特色社会主义的正确道路，为我们坚定了走中国特色社会主义道路的决心和信心。习近平中国传统文化观坚定了坚持和发展中国特色社会主义理论体系的正确性。中国特色社会主义理论体系包含了党的几代领导集体核心的思想理论精华，凝结了党带领人民不懈探索、艰苦实践的智慧结晶，是马克思主义中国化的理论成果，更是中华民族宝贵的精神财富。习近平中国传统文化观给予中国特色社会主义理论体系高度的肯定与赞扬，坚定了坚持并发展中国特色社会主义理论体系的正确性。习近平中国传统文化观肯定了党的领导地位，始终拥护党的领导不动摇。拥护党的领导不动摇，坚持党的基本路线不偏离，我们的事业在前进中才能够经受得住风险的考验，也才能够拥有"主心骨"。这也使得我们的信仰导向有了标杆，顺利实现目标指日可待。

（四）为进一步推进马克思主义中国化指明了路径和方向

习近平中国传统文化观为进一步推进马克思主义中国化指明了路径和方向。习近平在"七一"重要讲话中基于不忘初心、继续前进，把推进马克思主义中国化放在了提出任务的首位。马克思主义指明了人类社会发展进步的方向，提供了人类追求理想世界所需的世界观和方法论，是改造世界有力的思想武器，它并没有给我们提供解决一切问题的现成答案。马克思主义要成功指导各国的实践，就必须同各国具体实际相结合，实现民族化。在中国，马克思主义必须同中国具体实际紧密结合，实现中国化发展，才能成功指导中国的具体实践。而中国的实际即包括现实的实际，也包括历史文化的实际，因而马克思主义中国化主要是两条途径，一是马克思主义与中国具体现实国情相结合，二是马克思主义同中国传统文化的优秀成分相结合。习近平将马克思主义同中国传统文化的关系阐述为："马克思主义为中国传统文化的现代化转变提供理论支持和方法指导，而中国传统文化为马克思主义中国化提供文化载体和精神营养。"习近平中国传统文化观提出了马克思主义与中国传统文化在互动中互促发展的新的实践要求，主张以马克思主义为指导批判地辩证思维传承中国传统文化。这既体现出习近平中国传统文化观所富有的高度辩证思维，也使我们看到了未来马克思主义与中国传统文化在理论内容以及表达形式两个层面走向更深层次结合的趋势，为进一步推进马克思主义中国化指明了路径和方向。

（五）为实现"两个一百年"目标和"中国梦"提供了精神动力

习近平中国传统文化观为实现"两个一百年"目标和"中国梦"提供了精神动力。这是深深植根于中华民族优秀传统文化之中的，是中华民族近代以来最长远、最伟大的理想，不仅体现了各族儿女和最广大人民群众的利益追求，更是凝聚了几代人的梦想。习近平强调，中华民族优秀的传统文化是华夏儿女共同的"根基"和"灵魂"，是社会主义先进文化的重要组成部分，社会主义文化的大繁荣大发展来自对中国传统文化的创造性转化与创新性发展。历史悠久、灿烂辉煌的中国传统文化在发展历程中不仅见证了其伟大的追求，更是形成了中华民族绝无仅有的精神标识，为实现"两个一百年"目标和中华民族伟大复兴的"中国梦"提供了文化滋养和精神滋养。实现"两个一百年"目标和中华民族伟大复兴的"中国梦"要求我们必须将文化软实力的打造和发展放在一个非常重要的位置，大力发展具有中国特色的社会主义先进文化，提升我国的文化软实力，使全国各族人民凝聚在一起共同致力于"两个一百年"的奋斗目标和中华民族伟大复兴的"中国梦"的伟大实践中。历史已经充分地证明了走具有中国特色的社会主义道路的正确性，因此我们必须坚持走中国特色的社会主义道路。

习近平中国传统文化观坚持以中国传统文化作为桥梁，承载起华夏子孙共同振兴中华民族的坚定信念以及美好愿望，使我们无论是否身处祖国母亲的怀抱都可以心之所向、不约而同地朝着相同的方向，从民族文化中汲取思想精华，感受精神力量，在文化自觉中增进对本民族意识形态的强烈认同以及对于本民族自身的认同感。习近平中国传统文化观在坚持了走具有中国特色的社会主义道路的基础上，为文化的建设与发展指引出了正确的方向，并将其不断地运用到治国理政中去，不断地融入中国特色社会主义社会的建设路径当中去。

第六节 中国共产党人的优秀传统文化观

"中国共产党从成立之日起，就既是中华优秀传统文化的忠实传承者和弘扬者，又是中国先进文化的积极倡导者和发展者。"在新民主主义革命时期，由于当时传统与复辟紧密地结合在一起，袁世凯利用传统服务于复辟，因此，使得中国共产党人必然对传统文化进行全面批判，而且处在尖锐的新旧斗争的形势下，中国共产党的先驱们不免对传统文化的沉疴注重揭露和批判，对传统文化中存在的积极成分和民主精髓而忽略。但从总体上而言，"五四"反传统不仅没有完全割裂与传统的关系，而且在一定程度上有所选择地继承了传统，共产党先驱以西方文化和世界潮流为参照，不迷信权威，敢于否定独尊孔儒的文化正统，以平等的眼光评释先秦诸子的现代价值。"五四新文化运动的倡导者和拥护者一方面表现为激烈的反儒学、反礼教和反传统，另一方面他们自身又是传统的载体，没有也无法脱离传统，甚至时常有意或无意地回到传统中非正统或反正统的源头上去寻找根据；他们与传统的关系是形离而神合。因此，无论是对传统的批判，还是对西学的输入，他们都无不受其自身所具有的文化传统的影响和制约；他们对传统的继承大体表现在情感方面，而在理智方面则选择了西方价值等等。"同时，共产党人先驱在对腐朽封建文化的批判，从根本上而言也是为了文化建设的需要，"建设必以破坏""惟破坏略见成效时，则不可不急急从事建设，为之模范，以安社会心理恐怖作用。"正是五四新文化运动的创造精神，不仅为中国文化的发展作出了贡献，还为中国革命的蓬勃发展进行了思想启蒙，为马克思主义理论传入中国奠定了基础。

随着中国共产党逐渐地成熟和自信，以及中国革命事业的不断发展，以毛泽东为代表的中国共产党人，在发扬五四新文化运动精神的基础上，愈来愈理性和成熟的对待民族传统文化。毛泽东毕生都极其重视研究中国传统文化，1936年斯诺曾评价毛泽东"是一个精通中国旧学的有成就的学者，他博览群书，对哲学和历史有深入的研究"。毛泽东非常熟悉和了解中国传统文化，他主张批判性的继承传统文化。他认为，所有现代人类的实践活动都是在过去历史基础上进行的。所有新的文化元素的产生都是在过去旧的文化系统中不断积累超越实现的。如果一旦失去了传统文化的滋养，社会主义新文化就会变成无源之水、无根之木。他指出："一般地说，一切有相当研究能力的共产党员……都要研究我们民族的历史……并经过他们去教育那些文化水准较低的党员……知道一个伟大的革命运动的政党，如果没有革命理论，没有历史知识……要取得胜利是不可能的。""在这里，毛泽东将中国传统历史文化的学习提到党在革命运动中基本指导思想的高度。当然，毛泽东在充分肯定中国传统文化的积极作用的同时，提出必须批判性的继承传统文化，这为共产党正确树立科学的对待优秀传统文化的态度奠定了基础。1938年在《中国共产党在民族战争中的地位》一文中，毛泽东提出"学习我们的历史遗产，用马克思主义的方法给予批判的总结，是我们学习的另一任务。"毛泽东在1940年1月，在陕甘宁边区文化协会第一次代表大会上演讲中指出："中国的长期封建社会中，创造了灿烂的古代文化。清理古代文化的发展过程，剔除其封建性的糟粕，吸收其民主性的精华，是发展民族新文化提高民族自信心的必要条件；但是绝不能无批判的兼收并蓄。"毛泽东一系列关于传统文化处理方法的表述逐渐成为中国共产党人对待传统文化的根本理念，也成为我们当今传承优秀传统文化，开展文化建设的根本指导思想。

新中国成立后，由于面临错综复杂的国内外形势，中国共产党对待文化工作陷入了僵化的地步，但是从总体方向而言，我们依旧坚持批判地继承的原则对待传统文化。1956 年 8 月，毛泽东在同国内音乐工作者谈话时指出，要"创造出中国自己的、有独特的民族风格的东西""创造出中国独特的新东西"。60 年代初期，毛泽东多次谈到，对待传统文化仍然要采用批判性的态度。他认为，尽管在中国数千年的文化中产生的大部分都是"封建时代"文化，但"封建时代"的文化也不一定全部都是落后愚昧的，应该淘汰的，这些文化中也有一些优秀的"人民"的文化"反封建"的文化。况且"封建主义的东西也不全是坏的""反封建主义的文化也不是全部可以无批判地利用的。"这从总体上体现了我们党一贯坚持和倡导的科学态度。改革开放以来，以邓小平为核心的党的第二代中央集体领导在全国掀起了开展"关于真理标准问题的大讨论"的讨论，在全国范围内开展了新一轮的思想解放运动，这为纠正错误的文化路线，重新回到正确对待中国传统文化的道路奠定了基础。邓小平同志始终坚持应当实事求是的对待传统文化，一分为二地看待传统文化在社会主义文化建设中的作用。他首先充分肯定了中国传统文化的积极作用，并明确指出："我国古代曾经创造过辉煌的成就，四大发明对世界文明的进步起了伟大作用。"在对待传统文化具体传承的方法论上，他主张采取历史的、阶级的分析方法。到了 20 世纪 90 年代，党的第三代中央领导集体继承了老一辈无产阶级革命家的经验，进一步丰富完善了以批判为核心的传统文化理念，提出了在批判继承的基础上，弘扬和发展中国传统文化为重心，进一步发挥传统文化在国家治理中重要作用。党的十三届四中全会提出了，加强中国优秀传统文化教育的要求，党的十四大又明确提出了"继承和发扬中华民族优良的思想文化传统"在党的十五大上，第一次将"中国特色社会主义的文化"和"中国特色社会主义政治经济"同时作为社会主义初级阶段基本纲领的重要组成部分，并明确指出："渊源于中华民族五千年文明史，又植根于中国特色社会主义的实践，具有鲜明的时代特点"这充分阐明了传统文化在社会主义社会的重要地位，为建设科学、民族、大众的社会主义文化提供了充分的理论依据，并在党的十六大上升到新时期基本指导思想。

进入历史新的发展阶段，中国共产党人在对待优秀传统文化的认识上不断与时俱进。党的第四代领导集体，对传统文化时代价值和重要地位做出了高度的评价。几千年来，中华民族历经沧海桑田，中华儿女用自己的勤劳与智慧铸写了辉煌璀璨的中华文明。提出"坚持古为今用、推陈出新"的对待传统文化的原则。直至党的十八大明确提出"建设社会主义文化强国，关键是增强全民族文化创造活力"的文化建设目标。在十八大以来，习近平总书记对中国优秀传统文化给予了高度评价和肯定，他认为"中华文化积淀着中华民族最深沉的精神追求，是中华民族生生不息、发展壮大的丰厚滋养……中华文明源远流长，蕴育了中华民族的宝贵精神品格，培育了中国人民的崇高价值追求。自强不息、厚德载物的思想，支撑着中华民族生生不息、薪火相传。"他继续强调了有扬弃的继承传统文化，并强调："对历史文化特别是先人传承下来的道德规范，要坚持古为今用、推陈出新，有鉴别地加以对待，有扬弃地予以继承。""同时，他还开创性地提出要对待传统文化的当代传承要坚持创造性转化和创新性发展。要"努力实现中华传统美德的创造性转化、创新性发展，把跨越时空、超越国度、富有永恒魅力、具有当代价值的文化精神弘扬起来……要使中华民族最基本的文化基因与当代文化相适应、与现代社会相协调。"这些都充分表明，中国共产党人不断与时俱进，愈加重视传统文化在当代中国全面建设小康社会中的作用，不断提升自身传承优秀传统文化的主动性和自觉性，使中国优秀传统文化获得了广阔的传承与弘扬空间，形成了中国共产党人独有的社会主义传统文化观。

从我们党 90 余年的发展历程来看，对待优秀传统文化的态度经历了三个过程，首先是强调批判性的继承，重点强调对文化进行去粗取精、去伪存真、辩证对待优秀传统文化；其次是创造性的转化，就是依据中国当前所处环境，不断对传统文化进行挖掘，寻找其精髓，发现其时代价值，并努力转化成每一个中国人内在的文化自觉；最后就是创新性发展，不断丰富完善优秀传统文化，努力推进文化的时代传承，让富有民族魅力的优秀传统文化代代相传，使优秀传统文化在中国新的历史发展进程中再创辉煌。

第三章 中国优秀传统文化传承发展的当代困境

第一节 文化自信视域下优秀传统文化传承与发展的意义

一、继承与发展中国传统文化的内涵

中华民族在几千年的历史长河中创造了灿烂辉煌的中华文明，形成了优良的文化传统。它不仅成为凝聚中华民族的精神纽带，而且对人类文明的发展做出了重大贡献。但鸦片战争以来，中国传统文化遭到了史无前例的压制和废弃。因此，如何通过取其精华、去其糟粕，古为今用、推陈出新，在传承、变革和创新中发掘中国传统文化的时代价值，为建设"社会主义文化强国"做出应有的贡献，已经是摆在我们面前的至关重要和紧迫的现实问题。

一个半世纪以来，中国传统文化遭到了史无前例的压制和废弃。有人说在现代工业文明和先进科技支配人们生活的当今时代，传统文化已经过时了，太保守了；也有人感叹现在人们的行为连道德底线都没有了，怀念在传统文化深入人心时，人们身心安稳，过着夜不闭户、路不拾遗的生活。传统文化究竟是不是过时了？对当前社会还有没有价值？究竟该如何对待传统文化已经成为摆在我们面前的至关重要和紧迫的现实问题。

（一）对中国传统文化应有清醒认识和理性态度

在应该如何看待传统文化上，马克思给了我们深刻的启示。19世纪六七十年代，当黑格尔哲学被德国知识界视为"一条死狗"时，马克思却在《资本论》第一卷第二版中辛辣地讽刺了这种肤浅的、虚无主义的思想态度："我公开承认我是这位大思想家的学生，并且在关于价值理论一章中，有些地方我甚至卖弄起黑格尔特有的表达方式。"马克思态度明确地告诉我们，对待传统文化不能简单地采取全面否定或肯定，而应该有清醒的认识和理性的态

度。任何一种文化都有其既有的传统、固有的根基，也有其内在的"基因"和元素，因而成为其薪火传承的精神命脉。对自己民族的优秀文化，既要有着一种坚定的自豪，给予自己的传统文化必要的尊重，又要把它放在世界多元文化的宏观格局中来考察，既不夜郎自大、孤芳自赏，又不妄自菲薄、自暴自弃。

1. 对中国传统文化的"扬"

中国传统文化素以博大精深、源远流长著称于世。如何对待中国传统文化的优缺点、长短处，是建设"社会主义文化强国"必须面对的现实问题。中华民族优秀传统文化蕴含着民族发展的核心理念和思想基因，积淀着中华民族最深层的精神追求，因而成为中华民族安身立命、生生不息的精神根基。传统文化中的修身养性、诚信仁爱、和谐中庸、崇尚正义、注重民本的思想，"先天下之忧而忧""国家兴亡，匹夫有责""民贵君轻""富贵不能淫、贫贱不能移、威武不能屈""克己奉公，鞠躬尽瘁"的爱国精神、忧患意识等，不仅为中华民族的伟大复兴、发展壮大提供了丰厚滋养，也为人类文明进步贡献了智慧和力量：不仅铸就了历史的辉煌，而且也滋养、哺育了一代又一代中华民族优秀儿女。在经济全球化的今天，它仍然闪耀着时代的光芒，推动着经济社会的发展与进步，不断走出国门、影响世界。中国文化也是世界上唯一没有中断的文化形态，它对内具有凝聚整合能力、对外具有涵容同化能力，其强大的生命力以及对于世界的独特贡献，通过发展道路已得到了充分体现。英国历史学家汤因比在中国改革伊始就如此断言："西方观察者不应低估这样一种可能性：中国有可能自觉地把西方更灵活、也更激烈的火力与自身保守的、稳定的传统文化熔为一炉。如果这种有意识、有节制地进行的恰当融合取得成功，其结果可能为人类的文明提供一个全新的文化起点。"改革开放四十多年后的今天，中国发展道路已经成为世界的热点话题，为许多发展中国家甚至是发达国家的经济发展提供了有益的中国经验。但我们应该看到，这一模式主要还是一种经济模式，还未成为一种文化模式。世界著名思想家丹尼尔·埃通加·曼格尔说过："文化是制度之母。"国学大师钱穆先生曾说过："一切问题，由文化问题产生。一切问题，由文化问题解决。"这就期待我们在文化模式上有自己的建树和创造，进而向世界提供一种具有普遍价值的道德和文化理念，在文化上为未来世界新的文明样式注入全新的价值理念。正是在这一深远的历史任务和内在要求下，中共十七届六中全会指出："文化是民族的血脉，是人民的精神家园。在我国五千多年文明发展历程中，各族人民紧密团结、自强不息，共同创造出源远流长、博大精深的中华文化，为中华民族发展壮大提供了强大精神力量，为人类文明进步做出了不可磨灭的重大贡献。"中国共产党在建党史上第一次把"文化命题"提到中央全会的高度，提出了建设"社会主义文化强国"的奋斗目标，这既是党对当代中国文化建设发展规律的历史性把握，又是把党的执政能力建设落实到建设社会主义先进文化上的实践性提升。

2. 对中国传统文化的"弃"

任何文化都不可能是完美的，都是需要随着时代的变更而不断地进化和变化。中国传统文化博大精深、源远流长，顽强地繁衍了五千年之久，但也有其消极和糟粕的部分。需要对其采取"扬弃"的态度，取其精华，去其糟粕，古为今用，推陈出新。例如，中国传统文化中固有的专制主义，经济上的平均主义，"三纲五常""不孝有三，无后为大""井有仁焉""唯女子与小人难养也"等纲常伦理。强大的封建专制主义文化在一定程度上仍然影响着中国民主政治的发展和建设。在中国传统政治文化中，集权主义的历史十分悠久。从夏、商、周三代到宋、元、明、清，形成了以皇权为中心的封建专制传统，人治成为国家政治的基本模式。这种封建主义专制传统对中华人民共和国的政治建设难免产生影响。例如，我们坚持马克思主义的政治原则，认为人民群众是国家的主人，我们一切工作干部，不论职位高低，都是人民的勤务员，但在实际政治生活中又存在着"官本位"现象，有些干部滥用职权，损公肥私，腐败现象屡禁不止。这些不良传统政治文化，仍然在严重地阻碍着中国的现代化进程。

（二）传承与保护：传统文化的延续

文化传统根本上是由经济基础决定的，有什么经济制度，就有什么文化风俗相伴而来，这是不以人的主观意志为转移的客观规律。葛剑雄教授曾指出，作为一种写字工具的毛笔，被更为方便的钢笔、圆珠笔替代是理所当然的，如今的电脑更是既方便、又高效，这是一种进步的表现。尽管书法作为一种艺术能够长存，但书法这一特色文化淡出我们的生活是一件很自然的事情。

1. 理解传统文化

文化是经过时间大浪的过滤而积淀下来的，它无形地深深根植于历史和现实生活之中。因此，对于传统文化的理解，除却文字研究外，还要注重社会实践活动。文人们多习惯于从历史流传下来的文献中寻找文化传统。但是事实上，任何国家任何时候记录下来的文字都不可能是当时的全部。更何况经过历史的淘汰，最终能够保留到今天的文献，往往是被主流文化认可的观念和事实，绝不是全部的观念和事实。因此想要了解某个国家、某个地区、某个时代真实的文化，仅仅依靠文字是远远不够的。张乐天教授指出，看高楼、高铁，我们似乎已经进入现代社会，但是人们的行为举止、生活习惯依旧深深烙上了传统的印记：从小就被父母教育要好好读书，不正是自古以来万般皆下品，唯有读书高的体现？平时遇到难办的事便托关系、找朋友、寻老乡，这不也是重人情乡土的遗留吗？

对于传统文化的理解，也不能仅仅从官方的事实中了解。中华民族有五千年的文明史，每个时代都有自己的特点，不能把中国从古至今看成一个整体；也不能把中国这个空间看成一个整体，因为不同的地域有不同的文化。

理解传统，应放置于当时的社会去考虑。例如，中国传统的婚姻观念是父母之命，媒妁之言。这种观念从五四运动开始遭到无情地批判，人们开始追求婚姻自由。但是应该引起我们反思的是，既然是糟粕，何以能延续两千多年之久呢？这要考虑到中国古代的社会环境。在中国传统社会，人们活动的范围十分狭窄，尤其是女子，用古语叫作大门不出、二门不迈，何谈什么婚姻自由？到了近代，人们活动范围扩大，信息量开始扩大，消息的传递更为迅速，为打破传统的婚姻观念创造了条件。

2. 传承与保护传统文化

精神文明不像物质文明那样是可以积累和自然延续的。生产力提高了、科技发达了，物质水平也会相应地得到提高。而物质水平提高了，文化水平程度未必会自然地相应提高。有些传统是没有办法自然延伸的，因为经济基础已经变化了。例如有"百戏之祖，百戏之师"的昆曲，2001 年被联合国教科文组织列为"人类口述和非物质遗产代表作"。它的特点是文字古雅，学习起来也比较困难，因而只有少数群体对它有兴趣。处于同样处境的国家级非物质文化遗产沪剧，极盛时曾经创造了辉煌的舞台效果，形成王派、袁派、解派、邵派、丁派、石派、杨派等众多唱腔独特的流派。然而，到 20 世纪 90 年代中后期，在多元文化和市场浪潮的冲击下，沪剧开始急速滑坡，专业院团一个个解散，至今只剩上海沪剧院、宝山沪剧团、长宁沪剧团三颗"种子"。市场不景气时，剧团生存出现困难。保存下来的宝山沪剧团的团长华雯回忆，一直到 2000 年，作为"梅花奖"得主、团里的台柱子的她，每个月工资还不到 1000 元，年轻演员更只有一百多元，就这样还经常发不出，全团三十多个人，就像群少人管的野孩子。那时候，台里一位老演员，每天往冰箱里放馄饨，整整吃了一个月。一对小夫妻，一个皮蛋也要切开来分着吃。显然，要使昆剧、沪剧这样的传统文化获得延续、走向新生，仅仅依靠民间的力量是远远不够的，国家有责任来传承这种艺术，这样才能使它不至于成为化石。

2011 年 12 月 5 日，上海公交 785 路选择了两辆公交车试点增加沪语报站，这是上海首次在公交车的电子报站中增加沪语内容。公交 785 路全程在浦东，乘车者中，有很多是年纪较大的本地乘客，听不懂普通话报站，只能听懂上海话。虽然试点只有一天，但引起大众的热议。本地的多数乘客反响较好，不过同时也收到了一些外地乘客的反对意见。有专家表示，保护沪语文化，不应该由公交来承担。但是，值得引起我们深思的是，正如葛剑雄教授指出的那样："现在上海40%是从外地迁户口进来的，10%—20%是外国人，若是没有政府的保护，上海话这一方言能不消失吗？"

（三）交流与创新：传统文化的出路

中华民族拥有几千年文明史的文化积淀，有着非常丰硕的文化成果积累，有着不绝如缕、独具特色的文化传统，其本身就有着不断扬弃自我、海纳百川、有容乃大的气度和风范。历史上，我们历来对自己的文化抱有高度的自信，直至乾隆时代，虽然世界局势大不相同，西方英、法等国已步入工业革命时代，但当英国派人向乾隆请求发展双边贸易，而乾隆却认为英国人的目的是向中国人学习，说蛮夷之人不配学习中国礼制。这种心态不能简单地归结为是清朝统治者闭关自守做天朝上国的迷梦，也在某种程度上体现出了高度的文化自信。但鸦片战争以来，由于中国传统文化遭到了史无前例的压制和废弃，对其持怀疑甚至彻底否定态度的声音时而响起。

1. 交流与传统文化出路

文化交流是文化得以进步和发展的动力，在人类文明的历史进程中，各民族文化、各区域文化是在相互学习、相互借鉴、相互交融中得到发展和提高的。中西方的文化交流由来已久，特别是中国进入近现代社会以来，这种交流日渐频繁。在交流沟通的过程中，中西方文化既有融合的层面，也有冲撞的层面。16世纪之前，中国文化的西传，成为西方启蒙运动的思想触媒。16世纪之后，随着新航路的开辟，东西两大文化体系历史性地相遇了。西方文化传播到中国、日本等国家，也就是所谓的"西学东渐"现象。西方以先进的资本主义文化强劲地挑战和冲击中国传统的农业文化。自19世纪中叶以来，中国文化最紧迫的问题是"中西问题"。

中华文化从来都是以善于吸收外来文化而著称于世的。伴随着经济全球化的深入发展，文化多元化成为当代文化发展的重要话语环境。世界文化交流的频繁和扩大必然促进各种文明的相互借鉴和吸收，从而给中国的发展带来外在的强劲动力和可借鉴、对比和学习的参照物。自从国门被迫打开以后，西方文化元素就一直源源不断地进入到中国，并与中国本土的文化结合，对当代中国社会的很多方面产生了极大的影响。中国在吸纳西方元素的同时，也把自己的文化元素输出到西方，让更多的人了解中国，了解中国的文化。

德国哲学家莱布尼兹在他的著作中曾经写道：从前，我们谁也不会相信在这个石阶上还有比我们的伦理更完善，立身处世之道更先进的民族存在；现在，因为东方中国的发现，使我们"觉醒了"。中国的传统文化很大程度上影响了西方文化的发展。此外，西方的各种文化以及价值观念等也在一定程度上改变了中国固有的传统观念。例如，在价值观念上，金钱不再被看作是万恶之源。如今的国人普遍认为，金钱成为实现个人幸福和全面发展的必要因素。另外，西方的娱乐文化元素在中国更是呈现出蒸蒸日上的态势，以美国的好莱坞电影为典型代表，如潮水般涌入中国，打开了中国庞大的娱乐市场，使当代中国人更倾向于这种文化消遣和娱乐方式。

当今世界，衡量一个国家的力量不仅仅是军事和经济，文化也是一个很重要的组成，是软实力的体现。文化"走出去"不是为了别的，而是交流与学习。让别人了解我们文化的同时，学习国外先进的文化。传统文化只有立足于现代社会，才更有可能被广泛地传播，并被世界所认同。

2. 创新与传统文化出路

创新是事物发展的关键环节。没有创新，新事物不会发展起来，世界会原地踏步，无法前进。文化也是如此，仅仅只有继承，或仅仅只有学习他人，都是不够的。还必须与时俱进，不断创新。我国作为一个文明古国与文化大国，在文化提升上无疑具有先天的资源优势。但是，资源如果只是固守而得不到应有的创新性地开发与应用，反倒可能成为束缚发展的包袱。在珍视本土文化的同时，亟待创新传统文化，采取多元化的视角，沟通融合其他文明，进而使得传统文化焕发出新的生机和活力，才是中国传统文化的出路。现阶段我国文化产业占 GDP 的比重仅为 0.6%，远远落后于西方发达国家的 10%以上。行走在外国，除"唐人街"外，很少能够看见中国的印记，中国在他们眼中依旧是陌生而神秘的。

面对新的挑战和机遇，需要我们重新审视和发展民族传统文化，使之符合时代发展的要求。如何创新传统文化，是有智之士一直在思索的问题。著名国学大师梁启超曾指出中华文化的发扬光大，应是第一步，要人人存一个尊重爱护本国文化的诚意；第二步，要用那西洋人研究学问的方法去研究他，得出他的真相；第三步，把自己的文化综合起来，还拿别人的补助他，叫他起一种化合作用，成了一个新文化系统；第四步，把这新系统往外扩充，叫人类全体都得着他好处。梁启超认为只有尊重传统文化、理解传统文化，再借助于先进的科学方法，吸收外来文化，创造性地把传统文化理念融入现代化之中，才能彰显出传统文化的时代价值。例如，中国当前的发展，创造性地继承发展了传统民本思想和智慧。中华文化中有着丰厚的以人为本的治国理念。这些思想无疑是创造性地继承发展了传统民本思想和智慧。我国是一个文明古国，在历史长河中，文化珍贝俯拾皆是。继承和发扬传统优秀文化，将其精髓和时代需求结合起来，既保持住其特色，又使其能焕发出新的生机和生命力，让我们的文化真正在世界上占有自己的一席之地，正是当下和今后社会主义文化大发展大繁荣必须坚持推进的战略之举。

（四）抛弃传统就等于割断了自己的精神命脉

中华民族具有 5000 多年连绵不断的文明历史，创造了博大精深的中华文化，为人类文明进步作出了不可磨灭的贡献。中国优秀传统文化是我们民族的"根"和"魂"，是我们中华民族始终屹立世界民族之林的根本所在。中国优秀传统文化极为珍贵，是我们安身立命的根本，是我们发展进步的根本，任何时候都要用中华民族创造的一切精神财富来以文化人、以文育人，决不可抛弃中华民族的优秀传统文化。这一思想在世界各民族大交流，世界文化大碰撞，各种文化观念大融合的大变革、大发展的时代背景下，更具有伟大而深远的划时代意义。

中国优秀传统文化是中华民族的"根"和"魂"。每一个民族都有自己的"根"，每一个民族也有自己的"魂"。"根"和"魂"是一个民族区别于另一个民族的显著标志，是一个民族赖以生存和发展壮大的根本所依，代表着这个民族发展的基本方向。中华民族 5000 多年来之所以生生不息、不断创造辉煌，就是因为中华民族有令自己骄傲的"根"和"魂"，这个"根"和"魂"就是中华民族 5000 多年来创造和传承的优秀传统文化。博大精深的中国优秀传统文化是我们在世界文化激荡中站稳脚跟的根基。中华文化源远流长，积淀着中华民族最深层的精神追求，代表着中华民族独特的精神标识，为中华民族生生不息、发展壮大提供了丰厚滋养。几千年来，中国优秀传统文化已经成为中华民族的基因，深深根植在中国人内心，潜移默化地影响着中国人的思想方式和行为方式，中华民族所创造的物质财富和人类文明都是建立在这个"根"和"魂"之上的。任何时候，我们都不能丢掉这个"根"和"魂"。

中国优秀传统文化之所以是中华民族的"根"和"魂"，是因为中国优秀传统文化奠定了中华民族的精神基因，是中华民族生存和发展壮大的力量源泉。中华文化积淀着中华民族最深沉的精神追求，包含着中华民族最根本的精神基因，是中华民族生生不息、发展壮大的丰厚滋养。中国优秀传统文化凝聚着中华民族对自身历史、对世界的认知和感受，代表着中华民族安身立命的卓越智慧，是中华民族的精神摇篮。它培育了中华民族共同的情感和价值追求、共同的理想和奋斗精神，形成了中华民族特有的秉性和精神气质，是中华民族共同的精神家园。这是我们的根本。如果抛弃传统，丢掉根本，我们就会丧失根基，迷失自我，彻底消亡，退出世界民族之林。

中国优秀传统文化蕴含的丰富思想道德资源不仅滋养了中华民族，而且在很大程度上影响着整个世界。中国优秀传统文化是中华民族5000多年中历经沧桑积淀而传承下来的文化精华部分，是中华民族文明智慧的基本精神和珍贵财富。它在很大程度上超越了时代、超越了地域、超越了民族，具有普遍的永恒价值，它与社会历史发展方向相一致，与民族共同体的利益和福祉相契合，体现了人类社会发展的规律性。因此，中国优秀传统文化不仅推动着中华民族的发展，而且也为推动整个世界的发展作出了巨大贡献。就科技文化而言，中国以火药、指南针、造纸术、印刷术四大发明著称于世。其实，这不过是对世界文化发展的最大影响而言的。如果以其在中华文化宝库中所占比例而言，不过是沧海之一粟。英国著名学者李约瑟曾列举了26项中国技术发明成果向西方的传播和在时间上的领先地位，同时指出还有许多例子可以列举。美国学者德克·卜德也在《中国物品西传考》中说："从公元前200年到公元1800年这两千年间，中国给予西方的东西超过了她从西方所得到的东西"。不仅科学技术文化是这样，就是在哲学、文学、史学、艺术、绘画、舞蹈等精神文化方面也是如此。

对中国优秀传统文化蕴含的丰富的思想道德资源，我们必须倍加珍惜，从中汲取营养。深入挖掘和阐发中国优秀传统文化讲仁爱、重民本、守诚信、崇正义、尚和合、求大同的时代价值，使中国优秀传统文化成为涵养社会主义核心价值观的重要源泉，必须从中汲取丰富营养，否则就不会有生命力和影响力。比如，中华文化强调"民惟邦本""天人合一""和而不同"，强调"天行健，君子以自强不息""大道之行也，天下为公"；强调"天下兴亡，匹夫有责"，主张以德治国、以文化人；强调"君子喻于义""君子坦荡荡""君子义以为质"；强调"言必信，行必果""人而无信，不知其可也"；强调"德不孤，必有邻""仁者爱人""与人为善""己所不欲，勿施于人""出入相友，守望相助""老吾老以及人之老，幼吾幼以及人之幼""扶贫济困""不患寡而患不均"，等等。像这样的思想和理念，不论过去还是现在，都有其鲜明的民族特色，都有其永不褪色的时代价值。因此，对中国优秀传统文化，我们必须倍加珍惜，要结合时代的发展，既坚持又创新，赋予其新的内容，使其不断焕发出璀璨的光芒。

中国优秀传统文化为我们提供强大精神力量。在中华民族艰难而辉煌的发展历程中，中国优秀传统文化薪火相传、历久弥新，始终为中华民族提供精神支撑和心灵慰藉。中华文明源远流长，蕴育了中华民族的宝贵精神品格，培育了中国人民的崇高价值追求。自强不息、厚德载物的思想，支撑着中华民族生生不息、薪火相传，今天依然是我们推进改革开放和社会主义现代化建设的强大精神力量。中华民族具有 5000 多年连绵不断的文明历史，创造了博大精深的中华文化，为人类文明进步作出了不可磨灭的贡献。经过几千年的沧桑岁月，把我国 56 个民族、13 亿多人紧紧凝聚在一起的，是我们共同经历的非凡奋斗，是我们共同创造的美好家园，是我们共同培育的民族精神，而贯穿其中的、更重要的是我们共同坚守的理想信念。在中华民族几千年绵延发展的历史长河中，爱国主义始终是激昂的主旋律，始终是激励我国各族人民自强不息的强大力量。中国优秀传统文化蕴含着宝贵的精神资源，它为我们砥砺前进提供了强大的精神力量。

中国优秀传统文化中的精神资源十分丰富，一直以来是我们战胜各种困难、勇往直前的精神源泉。中国优秀传统文化蕴含了以爱国主义为核心的民族精神。我们的祖先在几千年前创造的文字至今仍在使用。2000 多年前，中国就出现了诸子百家的盛况，老子、孔子、墨子等思想家上究天文、下究地理，广泛探讨人与人、人与社会、人与自然关系的真谛，提出了博大精深的思想体系。他们提出的很多理念，如孝悌忠信、礼义廉耻、仁者爱人、与人为善、天人合一、道法自然、自强不息等，至今仍然深深影响着中国人的生活。中国人看待世界、看待社会、看待人生，有自己独特的价值体系。中国人独特而悠久的精神世界，让中国人具有很强的民族自信心，也培育了以爱国主义为核心的民族精神。"人生自古谁无死，留取丹心照汗青"，维护统一、反对分裂，忠贞报国、抗御侵略，开发山河、创造文明，身在异邦、情系华夏，赤子情怀、忧患意识等，构成了中国优秀传统文化的思想内核，筑起了中华民族雄奇天下的精神长城，使中华民族虽历经磨难而不衰，饱尝艰辛而不屈，千锤百炼而愈加坚强，是中华民族世代相传的宝贵财富，是当今激励所有中华儿女继续前进的强大动力。中国优秀传统文化还蕴含了崇尚正义、坚贞不屈的气节精神。"舍生取义""宁可站着死，绝不跪着生""宁为玉碎，不为瓦全""咬定青山不放松""富贵不能淫，贫贱不能移，威武不能屈""不为五斗米折腰""生当作人杰，死亦为鬼雄""粉身碎骨全不怕，要留清白在人间""愿与人民同患难，誓拼热血固神州""大雪压青松，青松挺且直"等，无不展示了中华民族高贵的精神境界。千百年来，中华大地涌现出无数重名节、讲正义的英雄模范，他们为追求真善美，弘扬社会正气，披肝沥胆，殚精竭虑，无不体现着中华民族这种崇高精神。这种崇高精神无不时刻激励着亿万中华儿女前赴后继、勇往直前。中国优秀传统文化还蕴含了刚健有为、奋发进取的自强精神。"天行健，君子以自强不息""周虽旧邦，其命维新""革去故，鼎取新""发愤忘食，乐以忘忧""精卫填海""愚公移山""卧薪尝胆""饮雪吞毡""文王拘而演《周易》""屈原逐而赋《离骚》"、"司马迁忍辱著《史记》"等，这些无不体现了中华民族刚毅的民族品格和积极进取的人生态度，无不构成了中华民族不断奋进、勇往直前的精神力量。

新的时代，实现中国梦必须充分汲取中国优秀传统文化中蕴含的这些宝贵精神财富，从中获得强大的精神力量。中国传统文化博大精深，学习和掌握其中的各种思想精华，对树立正确的世界观、人生观、价值观很有益处，学史可以看成败、鉴得失、知兴替；学诗可以情飞扬、志高昂、人灵秀；学伦理可以知廉耻、懂荣辱、辨是非。当前，尤为重要的是要将"国家兴亡、匹夫有责"的爱国精神，"与时俱进、自强不息"的进取精神，"先天下之忧而忧，后天下之乐而乐"的忧患精神，"民为贵、君为轻"的民本精神，"仁者爱人""为政以德"的仁政精神，"自强不息""众志成城"的奋斗精神，"出淤泥而不染"的高贵品质等，与实现"两个一百年"奋斗目标、实现中华民族伟大复兴的中国梦紧密结合起来，使中华民族紧密团结在一起，振奋精神，克服困难，不断前进。

（五）以科学的态度对待中国传统文化

传承和弘扬中国优秀传统文化，首要的是要以科学的态度对待中国传统文化。对我国传统文化，对国外的东西，要坚持古为今用、洋为中用，去粗取精、去伪存真，经过科学的扬弃后使之为我所用。对历史文化特别是先人传承下来的道德规范，要坚持古为今用、推陈出新，有鉴别地加以对待，有扬弃地予以继承。要继承和弘扬我国人民在长期实践中培育和形成的传统美德，坚持马克思主义道德观、坚持社会主义道德观，在去粗取精、去伪存真的基础上，坚持古为今用、推陈出新，努力实现中华传统美德的创造性转化、创新性发展。对历史文化特别是先人传承下来的价值理念和道德规范，要坚持古为今用、推陈出新，有鉴别地加以对待，有扬弃地予以继承，努力用中华民族创造的一切精神财富来以文化人、以文育人。

对待中国传统文化，要坚持古为今用。古为今用，就是要积极运用古人的智慧解决当下的问题，发挥以文化人、以文育人的功能，使之有益于个人、有益于社会的教化和有益于国家的治理。继承和弘扬传统文化不是抱残守缺、厚古薄今，而是要立足现实，面向未来，顺应历史潮流，为中国社会经济文化的发展提供历史智慧和有价值的思想资源。

古为今用是我们对待古代一切文化传统的科学态度。传统的东西，一方面它产生于过去特定的时代，但是它是当时社会存在的必然反映，满足当时社会发展的需要，对推动当时社会的发展起到了巨大的作用；另一方面它又不仅仅是当时社会存在的反映，还是对人类和人类社会发展一般需要的反映，因而具有了跨时空的特点，具有一般性和普遍性。正因如此，在时代一变再变的情况下传统的东西才能传承下来，它才称为传统。因此它能够今用，具有满足当今社会发展需要的功能。忽视传统、蔑视传统、丢掉传统，不仅是错误的，而且也是十分愚蠢的。

坚持古为今用，就是要分清楚哪些是合理的、哪些是不合理的，哪些是积极的、哪些是消极的，哪些是有用的、哪些是没有用的，核心是要分清哪些是与当代社会相适应、与现代文明相协调的东西，哪些是封建性的糟粕、是落后的要被历史淘汰的东西。坚持古为今用，就是要把是否能满足当今社会发展需要，是否对当今社会发展具有积极推动作用作为根本标准，今为体，古为用。坚持古为今用，就是要不为古而古，要为今而古。因此，一味地复古和一味地斥古都是错误的，既不能片面地讲厚古薄今，也不能片面地讲厚今薄古。

坚持古为今用，要反对文化上的教条主义和虚无主义。当前，在对待传统文化上存在着两种错误倾向：一种是教条主义，另一种是虚无主义。文化教条主义，即文化保守主义，认为中国传统文化十分优秀，完美无缺，应该全面恢复传统文化的景象，进而用其引领当今中国的发展进步。

对待中国传统文化，要坚持推陈出新。所谓推陈出新，就是剔除旧事物中的糟粕，吸取精华，推动事物向新的方向爱展，即在过去的基础上废弃过时的没有价值的陈旧东西，结合时代的特点和要求创造出满足时代需要和能够推动时代发展的新生事物。

文化的生命力在于创新。在每个时代，文化在适应时代发展需要、解决面临新问题、与其他文化碰撞交流的过程中，与时迁移、应物变化，必然从传统中孕育出新的文化形态。推陈出新，其核心是出新。对中国传统文化推陈出新，就是要废弃腐朽的、落后的、有害的旧的文化，创造积极的、健康的、有益的新的文化。对有的文化既要否定其形式，也要否定其内容，在否定的基础上创造出新的文化；对有的文化要否定其文化形式，创造新的文化内容；对有的文化要否定其文化内容，创造新的文化形式。

做到推陈出新，要害就是要在文化建设上大胆地解放思想，大力倡导崇尚科学、追求真理的价值观念，自觉坚持实事求是的思想路线，积极营造敢为人先、敢于超越、敢于创新的思想氛围，努力塑造独立思考、大胆质疑的精神品格，创造符合当今时代精神和时代潮流的新文化。

对待中国传统文化，要坚持扬弃地予以继承。扬弃是马克思主义重要的哲学方法论，是唯物辩证法重要的思想内容，是我们对待中国传统文化的基本态度，既肯定又否定，既抛弃又继承。

尊古不是复古，更不是食古不化。中国传统文化博大精深，丰富多彩，包罗万象，历史悠久，其中既有精华，也有糟粕。因此，对中国传统文化既不能盲目地肯定一切，也不能片面地否定一切，要扬弃地予以继承。比如，对"言必信，行必果"的人格魅力，对"克己奉公，修身慎独"的道德追求，对"先天下之忧而忧，后天下之乐而乐"的忧患精神，对"天行健，君子以自强不息"的奋斗精神，对"苟利国家生死以，岂因祸福避趋之"的报国情怀，对"崇尚和谐"的团结、统一的价值追求，对"君子喻于义，小人喻于利""舍生取义"的义利观，对"富贵不能淫，贫贱不能移，威武不能屈"的大丈夫气概等，都应该继承和发扬。同时，对"三纲五常"等旧观念，对"礼不下庶人，刑不上大夫"等不平等的社会主张，对"唯上智与下愚不移""劳心者治人，劳力者治于人"等狭隘的社会偏见等，都应该彻底地废弃。

就是对某一思想而言，我们也应该坚持扬弃地继承。有的是思想形式过时了，思想内容需要继承；有的是思想内容过时了，思想形式需要继承；有的是思想形式过时了，思想内容也过时了；有的是思想形式没有过时，思想内容也没有过时。对这些，我们都要具体分析、辩证对待，在批判中继承，在继承中批判。

对待中国传统文化，要坚持创造性转化、创新性发展。要努力实现中华传统美德的创造性转化、创新性发展，引导人们向往和追求讲道德、尊道德、守道德的生活，让13亿人的每一分子都成为传播中华美德、中华文化的主体。要加强对中国优秀传统文化的挖掘和阐发，努力实现中华传统美德的创造性转化、创新性发展，把跨越时空、超越国度、富有永恒魅力、具有当代价值的文化精神弘扬起来，把继承优秀传统文化又弘扬时代精神、立足本国又面向世界的当代中国文化创新成果传播出去。要认真汲取中国优秀传统文化的思想精华和道德精髓……要处理好继承和创造性发展的关系，重点做好创造性转化和创新性发展。

为什么要对中国优秀传统文化进行创造性转化和创新性发展？理由有三：一是中国优秀传统文化与当今中国社会发展存在着需要协调适应的地方。中国优秀传统文化，由于产生的社会基础不同、所处的时代背景不同、处理的矛盾关系不同、服务的阶级对象不同，因而在许多方面就与当今中国实际不完全适应，比如，与发展社会主义市场经济、与民主政治建设、与社会主义先进文化建设、与社会建设、与当代科学技术的迅猛发展等，都还存在着需要协调适应的地方。二是中国优秀传统文化有许多方面要寻求自己新的表现方式，否则就难以继承和发扬。比如，"节俭"的传统文化就需要很好地继承和发扬光大，但是毕竟当今社会的生产力水平和人们的生活方式都有了很大的变化，那么就一定要创造出新的实现方式。比如，以爱国主义为核心的民族精神我们坚决不能丢，但是爱国主义这种精神在当今中国如何表达、如何体现等就需要认真研究，实现其创造性转化和创新性发展。三是当今世界要了解中国，中国也要走向世界。中国优秀传统文化有许多方面需要让世界了解和让世界接受，因此其许多内容就需要改造和创新，以便让世界更好地看懂它和接受它。可以说，创造性转化和创新性发展的鲜明指向，就是立足于实践，把跨越时空、超越国度、富有永恒魅力、具有当代价值的文化精神弘扬起来，以兼收并蓄的包容精神，借鉴其他优秀文明成果，通过转化再造和丰富发展，使其焕发出新的生命活力。

对中国优秀传统文化进行创造性转化，就是要按照时代的特点和要求，对那些至今仍有借鉴价值的内涵和陈旧的表现形式加以改造，赋予其新的时代内涵和现代表达形式，激活其生命力。文化的发展，不能无视其所处的时代，更不能跳出那个时代，必然要与时代相适应。实现对中国优秀传统文化的创造性转化，一是要使中国优秀传统文化与现代社会相协调，认真挖掘传统文化中的"精华"，并赋予其新的时代内涵，使之真正成为推进改革开放和发展中国特色社会主义的精神动力。比如"忠"，在传统文化中具有十分重要的地位，它不仅被看作个人的"修身之要"，而且被定为"天下之纪纲"。但同时我们要看到，"忠"具有一定的局限性，它具有浓厚的"忠君"的思想。因此，我们今天讲"忠"，一定要赋予其新的内涵，即忠诚于信仰、忠诚于党、忠诚于国家、忠诚于人民。二是要使中国优秀传统文化与当代社会相适应，使传统文化能有新的表达方式。对有些传统文化，必须改造其旧的形式，赋予其现代表达形式。比如"孝"，"百善孝为先"，这是中华民族最具普遍认同的文化传统。但是，传统孝道中的"父为子纲""父母在，不远游""不孝有三，无后为大"等思想，显然已与当今社会的生产方式和生活方式不相适应。因此，必须改造它的形式，实现"孝亲"思想的当代表现。三是要创新载体。当今传承和弘扬中国优秀传统文化，必须创新载体，即要用现代化的手段和人们喜闻乐见的方式使中国优秀传统文化推广开来。比如，近年来中央电视台等重要媒体推出"汉字听写""成语大会""家风调查"等，一些地方倡导"经典阅读""礼仪普及""大众讲座"等，都收到了良好的效果，深受人们的喜爱和欢迎。四是要着力实现内化和外化。对中国优秀传统文化进行创造性转化，努力使中国优秀传统文化内化为人们的精神追求，外化为人们的自觉行动。

对中国优秀传统文化进行创新性发展，就是要按照时代的新进步、新进展，对中国优秀传统文化的内涵加以补充、拓展、完善，增强其影响力和感召力。实现中国优秀传统文化的创新性发展，一是与时代互动。即要促进传统文化与时代精神的结合，注入新元素，赋予传统文化新的时代内涵。二是与实践互动。即要促进传统文化与社会主义先进文化建设相融合，一方面使社会主义先进文化更多地获取传统营养，另一方面使传统文化更多地体现出社会主义先进文化的属性。二者互为滋养，相融共生。三是与世界互动。既立足本国国情又面向世界，根据本国国情的需要，认真吸收借鉴世界文明成果之精华，寻求新突破、新跨越、新发展，形成面向现代化、面向世界、面向未来的民族的科学的大众的社会主义先进文化。

二、传承与发展传统文化的意义

中国优秀传统文化所蕴含的内容是很丰富的，是全世界文化宝库中最为璀璨的一颗明珠，必须要加大力度进行继承与弘扬。第一，要学习我国优秀传统文化，理解传统文化，并做到正确地对待中国优秀传统文化。在学习的基础上，结合马克思主义观点和理论，取其精华，弃其糟粕。第二，要把学习中国优秀传统文化同马克思列宁主义、中国的国情相结合，从我国的实际情况出发，贯彻落实科学发展观，自觉以党的指导思想为文化工作的行动指南，促进马克思主义中国化建设，与中国优秀的传统文化和谐共存，并在此基础上不断创新，创造出新的中国文化盛宴。中国化的马克思列宁主义必须从中国传统文化中吸取积极营养。第三，继承和弘扬中华民族优秀的思想文化，为社会主义精神文明建设，为中国特色社会主义建设做贡献。

（一）历史意义

众所周知，我国优秀传统文化是中华民族生生不息的命脉，是中华民族凝聚在一起的强大精神动力，激发着我们的爱国主义精神和民族创造力。中华民族的伟大复兴必然伴随着中华文化的繁荣。在社会主义市场经济不断完善和发展的今天，文化的繁荣昌盛日益重要，文化的发展是社会主义事业的重要组成部分，关系到社会主义现代化能不能实现，而我们传统文化的继承与发展问题，又是社会主义文化发展的重要组成部分。可以说中国的社会主义先进文化的建设是在两个基础上创造发展的，一是中国特色社会主义的实践基础，第二个基础就是我国的优秀传统文化，缺一不可。我们建设优秀传统文化传承体系，建设中华民族共有精神家园，既是对中国优秀传统文化的传承与发展，也是推进社会主义先进文化发展的重要标志，意义重大。

（二）现代意义

生存危机、信仰危机以及诚信危机，归根结底就是文化的危机，是传统文化断裂和缺失的表现。我们有必要加强传统文化的学习和继承。优秀的传统文化是中国特色社会主义不断发展的内在动力和精神推力，在一定的社会和经济条件的推动下，我国优秀的传统文化可以与社会实践相结合，从而转化成为符合社会和人民大众需要的社会主义新型文化，同时我国的传统文化还可以借鉴先进的外来文化，吸收其中的精华部分为我所用，为我服务，也就是说使我们的优秀传统文化面向未来、面向世界，走出中国、走向世界，实现现代化，这样才能更好地为大众和社会服务，尤其是对我国实现现代化建设和实现小康社会具有重要的现实意义。

首先，弘扬优秀传统文化，加强我国文化建设符合市场经济的需要和要求，是人们生活不断进步的必然要求，尤其是社会主义市场经济突飞猛进的今天，市场上义利失衡现象日益严重，一些商人和企业只重眼前利益，见利忘义，诚信缺失，从而抛弃了传统文化中的"义"；其次，这是社会文化建设的需要，文化是民族的标志，文化是民族的灵魂，文化创造了希望，文化创造了发展，文化使人民团结一致。我们五千年的文化可谓无与伦比，且在五千年的发展中积厚流光。中华民族曾一次次受到外来武力的侵犯和干扰，但我们民族文化却从未中断。我们应站在文化建设与战略的高度，站在精神文明与物质文明和谐发展的高度来弘扬中国优秀传统文化，给广大青少年以美好的文化滋养，重整中国人内在的理想，创造一个海晏河清、祥和安乐的和谐社会。最后，这是社会道德建设的需要，"观乎人文，天下化成"。文化是一切道德的基础，中华民族历来就是重文明教化的民族。因此，我们应将几乎无处不在的优秀传统文化教给青少年，让全社会沐浴在优秀传统文化的阳光之中。

中国传统文化所蕴含的内容是很丰富的，是全世界文化宝库中最为璀璨的一颗明珠，必须要加大力度进行继承与弘扬。第一，要学习我国传统文化，理解传统文化，并做到正确地对待中国传统文化。在学习的基础上，结合马克思主义观点和理论，取其精华，弃其糟粕。第二，要把学习中国优秀传统文化与党的重要理论成果为指导，实现马克思主义同中国优秀传统文化的和谐共存，并不断创新，创造出新的中国文化盛宴。中国化的马克思列宁主义必须从中国优秀传统文化中吸取积极营养。第三，继承和弘扬中华民族优秀的思想文化，为社会主义精神文明建设，为中国特色社会主义建设做贡献。

（三）关系我国在世界文化格局中的定位

提高国家文化软实力，关系我国在世界文化格局中的定位，关系我国国际地位和国际影响力。当今世界，综合国力竞争日趋激烈。越来越多的国家，特别是大国，在大力发展物质硬实力的同时，无不越来越重视文化软实力在国际竞争中的地位和作用，并将其纳入国家发展战略。文化软实力关乎着民族兴衰、国家强弱、政党存亡、人民安危。当前，世情国情深刻变化，文化发展机遇难得，同时挑战巨大。一个国家经济强大并不意味着就是强国。改革开放几十年来，中国经济蓬勃发展，社会主义事业长足进步，但在文化的传播力、影响力方面与西方发达国家相比，无论是文化产品、文化符号还是思想理念，都有着较大的差距。我们必须大力建设符合中国国情、有利于增强民族凝聚力、有利于提高国民精气神、顺应时代潮流、便于国际交流的文化软实力。我们要高度自觉意识到提高国家文化软实力对于展现中国形象及提升国际地位的重大意义。可以相信，随着中国文化软实力的提升，必将对世界文化格局的改变和人类生存方式的完善产生深远影响。

提高国家文化软实力，要在新的世界文化格局中赢得主动地位。一个国家综合实力最核心的还是文化软实力。当今世界，全球化不断深入发展，人类文化交往的空间进一步扩大，各个国家文化的联系也日益密切，众多民族文化编织成了具有整体性的世界文化之网。由于每一个国家的文化都成为世界文化之网的一个纽结，因而其发展必然程度不同地受到这种世界文化之网的制约，不同文化形态相互冲突、相互渗透、相互交融，在这个文化之网上文化竞争全面升级，文化版图正在重构。一个国家的文化发展不在于要不要摆脱这种制约，关键在于能否从复杂的世界联系中，主动去找到自己的位置，找到自己的生存和发展空间，找到适合自己的独特发展道路，彰显自己的大国气象。

亨廷顿在其《文明的冲突与世界秩序的重建》一书中指出，冷战后的世界，冲突的根源不再是意识形态，而是文化方面的差异，主宰全球的将是"文明的冲突"。当今世界上有若干文明同时并存，既相互交流、取长补短，又相互竞争、冲突不断，文明的冲突更多地表现为文化上的差异和竞争。文化在国家竞争中的地位作用显著上升，如何在激烈的文化竞争中占据制高点，掌握主动权，是各个国家都在谋划的时代课题。不同的历史和国情，不同的民族和习俗，孕育了不同文明，使世界更加丰富多彩。文明没有高下、优劣之分，只有特色、地域之别。文明差异不应该成为世界冲突的根源，而应该成为人类文明进步的动力。不同文明要取长补短、共同进步，让文明交流互鉴成为推动人类社会进步的动力、维护世界和平的纽带。

面对世界范围内各种思想文化交流交融交锋的新形势，如何加快建设社会主义文化强国、增强文化软实力、提高我国在国际上的话语权，迫切需要哲学社会科学更好发挥作用。面对如此的世界文化格局，我国以哲学社会科学为核心的文化发展只有扩展视野，对世界文化发展有一个总体把握，才能清楚地看到我们的文化在世界格局中所处的方位，才能发现其发展的优势和劣势。文化发展战略的制定，就源于对我们的文化所处国际方位的准确把握。没有对文化处境的准确判断，就很难在文化发展上作出合理的选择，自然在发展的结局上难以收到预想的效果。只有善于从全球化的大背景下来观察、思考问题，才能加深对本民族文化的认识，明确自己发展的方向和目标，选择适合自己发展的方式和道路。

在全球化背景下，当代中国文化正面临一种错综复杂的格局。近年来，我国以影视剧为先锋，推动中华文化走出去，一批优秀国产影视剧在国外热播、精品图书在海外热卖，"中华文化热"在国际上持续升温。但总体而言，中华文化的国际影响力还不够强，与世界第二大经济体的国际地位还不相称。中华文化要坚定地"走出去"，以积极主动的态势参与国际文化竞争，在竞争中展现自己的软实力，在竞争中提高自己的软实力。文化软实力集中体现了一个国家基于文化而具有的凝聚力和生命力，以及由此产生的吸引力和影响力。中华文化"走出去"要着眼扩大中华文化的世界影响力，推进国际传播能力建设，创新对外宣传方式，用中国理论诠释中国实践，用中国理论牵引中国实践，更加鲜明地展现中国思想、提出中国主张，向世界展示真实、立体、全面的中国。

提高国家文化软实力，要为和谐世界的早日到来注入强劲动力。文明因交流而多彩，文明因互鉴而丰富。文明交流互鉴，是推动人类文明进步和世界和平发展的重要动力。中华文化是在中国大地上产生的，也是在同其他文化不断交流互鉴中形成的。中华文化既为中华民族生生不息、发展壮大提供了丰厚滋养，也为人类文明进步作出了自己独特的贡献，是全世界人民共有的精神财富。回望历史，丝绸之路上的驼队、郑和下西洋的宝船，带出去的不仅仅是精美的丝绸和精致的瓷器，更有灿烂辉煌的中华文化。我们要保持对自身文化的自信、耐力、定力，不断提高国家文化软实力，坚定不移推动中华文化走出去，积极参与世界文明对话与交流，进一步丰富人类文明色彩，让世界各国人民享受到更丰富内涵的精神生活。

中国文化软实力的提升不仅仅是中华民族伟大复兴的内在要求和突破口，也是引领世界"后资本主义社会"健康发展、建构和谐世界的必然要求和主要力量。在经济全球化过程中，文化也不可避免地发生不同程度的交流、融合与碰撞，有时还发生激烈的冲突。文化如水，润物无声。提高国家文化软实力对增进各国人民相互了解、消除偏见和误解十分重要。国际上有些人对中国不断壮大开始担心，也有一些人总是戴着有色眼镜看中国，"中国威胁论""资源掠夺论""中国崩溃论"等论调屡见不鲜。这些年，中国加强国际传播能力建设和对外话语体系建设，积极传播中国声音，取得了很大成效，但国际舆论格局"西强我弱"的总体态势没有根本改变。西方某些人士追求的"全球化"，是全球同质化的单边主义，他们期待的未来所谓的"文化全球化"其实是简单的文化一体化或者一元化，对人类文明的发展来说这并不是好事。许多著作已明确指出，当今世界秩序追求一元化是全球问题的罪魁祸首，而中国的传统文化和中国的"和谐世界"理念也许有助于解决这一难题。

我们应该推动不同文明相互尊重、和谐共处，让文明交流互鉴成为增进各国人民友谊的桥梁、推动人类社会进步的动力、维护世界和平的纽带。不同的文明应该和平共处，不同的文化应该和谐共生，不同的个体应该包容大度，只有这样才能"美美与共"，才能共同营造世界的和平、社会的和谐、人际的和睦。否则，如果处处以自我为中心，唯我独尊，就只能是矛盾重重，冲突不断，战乱频仍。中华文明不赞成唯我独尊、唯我独美、多元对立、非此即彼的思维方式，而是主张不同文明之间各美其美，美人之美，美美与共，平等交流。为了世界的和平发展，我们要进一步加强和改进对外宣传"和谐世界"理念，开展深层次、多样化、重实效的思想情感交流，着力塑造我国的国家形象，充分展示我国文明大国形象、东方大国形象、负责任大国形象、社会主义大国形象。

宣传"和谐世界"的理念，要立足于中国传统文化。中国有着以和为本的价值观和依靠德行赢得尊重的传统，在文化多元化、全球化的时代理应释放出巨大的吸引力。众所周知，中华文化的精髓是积极进取的入世态度，以人为本的道德精神，天下为公的大同构想，和而不同的兼容气度，天人合一的哲学理念，躬行践履的实干作风，格致诚正的精微体验，修齐治平的博大情怀，克己安人的自律仪范。这对治疗现代世界生存肌体的"病灶"及部分"瘤疾"和"绝症"，无疑提供了一种可能。中国优秀传统文化中讲仁爱、重民本、守诚信、崇正义、尚和合、求大同的价值追求，有利于促进国家之间、人与人之间的和谐相处，对当代世界发展有着重要意义。历史告诉我们，只有交流互鉴，一种文明才能充满生命力。只要秉持包容精神，就不存在什么"文明冲突"，就可以实现文明和谐。这就是中国人常说的："萝卜青菜，各有所爱。"提高中国文化软实力推动中华文化的复兴，必将为和谐世界的早日到来注入强劲动力。

（四）夯实国家文化软实力根基

提高国家文化软实力，要努力夯实国家文化软实力的根基。文化，以文化之。现在，我们中国人走出去，给世界的印象是什么？留下个人和国家的形象，如果是好的，那么外国人就会认可你，接受你，就会了解你的国家的更多深厚的文化；如果他没有好感，其他就无从谈起。其实，只要我们的道德素养、文化底蕴提升了，我们的文化软实力必然能得到体现，大国气象也必将留存于世界人民心中。这样，文化"走出去"就有稳固的基础。

夯实国家文化软实力根基，必须打牢公民思想道德基础。经济全球化时代，衡量一个国家文化软实力的标准不仅仅是意识形态、精神观念等概念判断，国民的思维方式、行为准则、价值观念，乃至文化积淀、道德方式的尺度作用日益凸显。我们常说，文化强国，重在文化强民。公民道德在国家与文化认同中必然借助于制度、文化和社会历史，通过内与外的双重逻辑，凝聚起国家文化软实力的基本框架。一方面，文化是改善民生的重要组成部分，是幸福指数的重要衡量尺度；另一方面，老百姓的文化性格和文明程度，对一个民族的生存发展至关重要。建设社会主义文化强国，要通过提高公民素质、确立社会基本道德规范、塑造更加生气蓬勃、昂扬向上的国民精神、增强国家民族凝聚力。可以说，完善公民道德建设，建构起与全球意识和而不同的文化体系，成为当下实现国家认同、提升文化软实力的重要根基。

"根基不牢，地动山摇"。夯实国家文化建设根基，一个很重要的工作就是从思想道德抓起，从社会风气抓起，从每一个人抓起，要巩固马克思主义在意识形态领域的指导地位，巩固全党全国人民团结奋斗的共同思想基础。这里强调的是文化建设要夯实思想根基。思想根基就是"共同思想基础"，具体来说是把全国各族人民团结和凝聚在中国特色社会主义伟大旗帜之下。要加强社会主义核心价值体系建设，积极培育和践行社会主义核心价值观，全面提高公民道德素质，培育知荣辱、讲正气、做奉献、促和谐的良好风尚。可以看到，"共同思想基础"的内核仍然在于"思想道德根基"，这也是我们文化软实力的内核。

公民道德作为构建国家与文化认同的核心，是公民身份理性确认的自主选择。国家与文化认同包含着多维理解的理论范式，经济全球化语境下的国家文化认同既体现了公民对于国家历史的内心忠诚，也体现了公民对于国家发展的追求，彰显出公民理性建构的目标选择。我国要适应经济全球化的现实，积极搭建爱国主义与国际主义共生的认同体系，建构在继承并发扬中国文化传统的同时，推进国家治理能力和治理体系现代化，通过公民道德精神的塑造与引导，不断提升我国参与全球交流与竞争的文化软实力。

我们要继承和弘扬我国人民在长期实践中培育和形成的传统美德，坚持马克思主义道德观、巩固社会主义道德观，在去粗取精、去伪存真的基础上，坚持古为今用、推陈出新，努力实现中华传统美德的创造性转化、创新性发展，引导人们向往和追求讲道德、尊道德、守道德的生活，让13亿多人的每一分子都成为传播中华美德、中华文化的主体。从公民道德培育入手，夯实国家文化软实力的根基。提高国家文化软实力，要使公民道德根基"形于中"而"发于外"，切实提高公民素质，从细小上落实国家形象的塑造，从而把我们自身的文化建设搞上去，朝着社会主义文化强国的目标不断前进。

夯实国家文化软实力根基，必须加强"走出去"专门人才培养。党的十八大以来，中央高度重视中华文化"走出去"工作。提高国家文化软实力，推动文化"走出去"，没有一批专门的人才是根本无法实现的。有人说，莫言先生获得诺贝尔文学奖，有一半功劳属于优秀的翻译。从国外的经验来看，美国推动其文化"走出去"的经验之一也是大力培养推广美国文化国际化的专门人才。法国则在任何一个驻外大使馆中，除文化参赞外，都专门配备了一名"影视专员"，负责法国影视作品在全球的传播。当前，我国不仅缺乏这类文化和外语兼通的高层次翻译人才，而且十分缺乏既懂文化又懂经营、熟悉国内外市场及国际服务贸易规则的外向型、复合型文化经营人才。因此，必须抓紧培养一批适应中国文化"走出去"需要的国际化专门人才。

推动中国文化"走出去"，文化企业是主力军。企业家是文化企业的"头脑"，把中国文化传播出去，文化企业家责任重大、成长不易，要培养坚韧创业、有魄力、有技术、有文化内涵和商业运营能力的企业家，解决发展文化产业的顶层领导团队问题。文化部门作为国家文化形象建设的领导机构，要整合各种力量形成文化智库，组建专业化的文化形象建设团队和实施团队。在此基础上，有计划地组织一支政治过硬、覆盖面广、文化素质良好、竞争能力强的兼职文化发展团队，打造一支扎根基层、作用于民间、多种身份叠加的多元化、平民化的文化形象建构团队。

夯实国家文化软实力根基，必须推进文化产业进入国际市场。文化产业是文化强国建设的产业支撑和重要物质基础，是促进社会主义文化大发展大繁荣的重要载体，也是推动中华文化"走出去"进军国际市场的主导力量。推动中华文化走向世界，在加强以政府为主导的对外文化交流的同时，还要推动以企业为主体的对外文化贸易，推动中华文化"走出去"。广泛开展对外文化交流与传播，大力发展对外文化贸易与投资，加大政策扶持力度，综合运用大众传播、群体传播、人际传播方式，着力构建全方位、多层次、宽领域的文化"走出去"格局，不断增强中华文化的国际影响力。

一个国家的文化产业发展道路，应该是在尊重艺术规律、审美规律的同时，重视和遵循市场规律，重视市场配置资源的有效性，逐步形成有自己特色的文化市场体系。国际上许多文化产品是依据市场需求制作，通过市场来销售的，这成为国际通行的文化贸易方式。这种文化贸易方式更能满足对方国家消费者的需求。发达国家的文化产品能够畅销全球，依靠的是其健全的文化市场主体和成熟的国内外统一的文化市场。我国国内文化市场与国际文化市场仍存在差异，尚未形成外溢效应，还有很大发展空间，政府引导下的自由竞争环境也亟待建立。目前随着文化"走出去"步伐加快，中国优秀传统文化越来越被世界认可，然而目前中华文化产品占世界文化市场的份额较低，文化"走出去"和经济"走出去"并不相称。中国未来对外文化贸易应在政府的相关政策支持下，坚持以企业为主体和以市场为导向，坚持融合时代特征、尊重当地习俗与符合国际规则相结合，走有中国特色的对外文化贸易发展道路。积极推进文化产业进入国际市场，还应充分考虑各国的文化传统、风俗习惯、审美标准，找到国外受众消费需求的关注点、兴趣点，因地制宜地开发适销对路的文化产品，不仅推动文化"走出去"，而且推动文化"走进去"。

文化产品要想赢得国际市场，要靠内容和形式的吸引力、感染力，更离不开成功的市场营销。发达国家的经验提示我们，在文化贸易中要将文化资源转变为可交易的文化产品和服务，变"送出去"为"卖出去"，变外国民众的"被动接受"为"主动接受"，通过贸易商品将中国文化的亲切感形象化、具体化，吸引更多的贸易伙伴和国际朋友，让世界更好地全面了解中国。长期以来，我们的文化产品营销意识不强，在海外还没有具备规模和实力的营销公司，一些好的文化产品由于营销渠道不畅，难以扩大海外市场，即使是出去了，许多利润也被境外的营销机构拿走。所以，文化产品要想赢得国际市场，一定要强化市场意识、营销意识，积极探索符合国际惯例和市场运作规律的文化营销方式。

总之，文化"走出去"，怎么走、展示什么、表达什么，需要更长远、更有高度的考量。在当前情况下，我们所要做的是努力"造船出海"，打造出口平台，构建营销渠道；我们还要善于"借船出海"，加大与国外知名文化企业、文化机构的合作，借助其销售网络、传输渠道和贸易平台，推动我国文化产品走向海外的广阔天地。

（五）传播当代中国价值观念

要使中华民族最基本的文化基因与当代文化相适应、与现代社会相协调，以人们喜闻乐见、具有广泛参与性的方式推广开来，把跨越时空、超越国度、富有永恒魅力、具有当代价值的文化精神弘扬起来，把继承传统优秀文化又弘扬时代精神、立足本国又面向世界的当代中国文化创新成果传播出去。文化传播，不仅是向国际社会展示民族文化，而且是在国家形象、对外开放、贸易投资、经济效益、文化安全、寻求共识等方面寻求某种均衡，在世界文明百花园中凸显中华文化所特有的基因与价值理念。

传播当代中国价值观念，就是传播社会主义核心价值观。文化的影响力首先是价值观念的影响力，世界上各种文化之争，本质上是价值观念之争。文化承载着一个国家的价值观念。推动中华文化走出去，让国外民众触摸中华文化脉搏，感知当代中国发展活力，理解我们的制度理念和价值观念，应当是我们的不懈追求。某种文化在多大程度上具有内在的吸引力或感召力，最终取决于内涵在其中的价值观。"江山之固，在德不在险"，强调了"德"的重要作用。"德"是国家治理中一种焕然彰显、直指人心的道义力量。从这个意义来看，强调文化是一种"软实力"，或想在实力竞逐中争夺话语权，从根本上说，就是要使自己的文化在道义上对他人产生出强大的吸引力和感化力量。进入 21 世纪以来，随着中国经济社会的迅猛发展，中国在国际社会中的形象愈加突出，世界社会愈来愈需要一个有大国风范的中国参与其中。塑造一种大国风范，除了我们在政治、经济、军事、社会等方面获得国际社会的认同，中国文化对外传播也起着至关重要的作用。当前，中国最需要把当代中国价值观念传播出去，积极对外宣传好、阐释好中国梦，充分展示优秀传统文化独特魅力，彰显文化大国风范，实现中华儿女对中国文化大国地位的期许，满足世界人民对中国文化了解的渴望。

一个国家的文化软实力，从根本上说，取决于其核心价值观的生命力、凝聚力、感召力，提高国家文化软实力，要努力传播当代中国价值观念。核心价值观是社会思想道德观念最基本也是最重要的参照系，有了这个参照系，社会成员都可以在对照中觉察和体悟自身思想行为的正当性与道义性，从而形成共同的价值共识和心理认同。弘扬核心价值观，是提升社会总体思想道德水平、引领社会思想行为发展方向的主要途径。

社会主义核心价值观，代表了中国先进文化的前进方向，是中国特色社会主义道路的价值表达和重要标识。社会主义核心价值观是构成我国文化软实力的核心部分，只有社会主义的价值观念和价值体系"走出去"了，才能真正增强国家文化"软实力"。这就需要在各种文化交流和文化交易活动中，着力传播我们的社会主义核心价值观，让我们的价值观能够说服人，赢得尊重和认同。社会主义核心价值观既要在广大人民群众心中落地生根，开花结果，还要伴随中华文化"走出去"的进程，把当代中国的主流价值观念传播出去，向全世界展示中国文明大国、东方大国、负责任大国、社会主义大国的形象，让当代中国形象在世界上不断树立和闪亮起来。

当前，需要解决好社会主义核心价值观落地生根、贴近生活的问题。要把社会主义核心价值观内化到丰富多彩的文化内容、新鲜多样的文化形式中，发挥好社会主义核心价值观的引导作用，做到接地气、联实际、美生活、展风采，化无形的意识形态到有形的文化样态中，真正让社会主义先进文化既有神，也有形，构建有血、有肉、有精神的国家文化形象。

传播当代中国价值观念，必须积极对外宣传好、阐释好中国梦。中国梦意味着中国人民和中华民族的价值体认和价值追求，意味着全面建成小康社会、实现中华民族伟大复兴，意味着每一个人都能在为中国梦的奋斗中实现自己的梦想，意味着中华民族团结奋斗的最大公约数，意味着中华民族为人类和平与发展作出更大贡献的真诚意愿。

积极对外宣传阐释中国梦，要向国外民众宣传中国梦是追求和平的梦、追求幸福的梦、奉献世界的梦，讲清楚实现中国梦给世界带来的是机遇不是威胁，是和平不是战争，是和谐不是动荡，是进步不是倒退；讲清楚随着中国不断发展，中国已经并将继续尽己所能，为世界和平发展作出自己的贡献。要注重把中国梦同各国各地区人民实现自己的梦想联系起来，在促进互利共赢中，引导国际社会客观认识中国梦，觉得中国梦有实现基础、有中国特色，觉得实现中国梦是世界各国的机遇。

要聚焦中国梦时代主题，书写时代风貌。从历史视野、现实关怀和未来指向中寻找结合点，不辱使命、不负重托，聚精会神搞好中国梦的宣传和阐释工作，多维度地反映当代中国的时代要求和各族人民的伟大梦想，努力铸造兴国之魂、强国之魄，将全国各族人民的智慧汇集成不可战胜的磅礴力量，为实现共同梦想插上腾飞的翅膀。实现中华民族伟大复兴的中国梦和我们每个人息息相关，紧密相连。正如一首歌曲中唱道：家是最小国，国是千万家。国家、民族、个人在实现中国梦中相互依赖、相互依存。中国梦是国家的、民族的，也是每一个中国人的。国家好、民族好，大家才会好。中国梦的最大特点，就是把国家利益、民族利益和每个人的具体利益紧紧联系在一起，把每个人的前途命运和国家、民族的前途命运紧密联系在了一起。

传播当代中国价值观念，必须充分展示优秀传统文化独特魅力。提高国家文化软实力，要努力展示中华文化独特魅力。充分展示优秀传统文化的独特魅力，让国外民众触摸中华文化脉搏，感知当代中国发展活力，使中国的形象在世界上不断树立和闪亮起来。在5000多年文明发展进程中，中华民族创造了博大精深的灿烂文化，中国优秀传统文化是一座精神富矿，不仅铸就了历史的辉煌，而且在今天依然充满着智慧的力量。很多西方人曾经非常崇拜中华文化，博大恢宏、深邃神秘的东方文化曾使很多西方科学家折服。中国传统文化是世界文化的重要组成部分，对世界文化的蓬勃发展产生了巨大的影响。中华文化既是民族的，也是世界的，只有扎根于中华沃土，从世界各国的优秀文化中汲取营养，才能在世界文化激荡中站稳脚跟，彰显出中华文化的独特魅力和深厚底蕴。

对外传播的文化产品要努力展示中华文化独特魅力。文化的最大魅力在于它传承了一种精神内核，这种精神内核来自历史发展积淀、劳动人民的创造，具有鲜明的地域性、时代性和不可复制性等特征。在国家文化形象建构中，要始终立足于我国自身的文化发展特色、文化积淀等，以特有的文化精神与文化魅力吸引、感召受众，扩大中华文化的国际影响力。在中华文化"走出去"的过程中，要注意弘扬中华文化的精华，如"天人合一""自强不息""刚柔相济""厚德载物""天下为公""以和为贵""和而不同""协和万邦"等，要让中华优秀文化影响世界，获得广泛认同。健康的文化发展生态一定是开放的，向世界敞开胸怀，参与全球的文化交流。坚持"亲、诚、惠、容"理念也是我们文化"走出去"中应该遵循的原则。"亲、诚、惠、容"理念为文化"走出去"提供了更加具体科学的指导方针。

我们要注重塑造我国的国家形象，重点展示中国历史底蕴深厚、各民族多元一体、文化多样和谐的文明大国形象，政治清明、经济发展、文化繁荣、社会稳定、人民团结、山河秀美的东方大国形象，坚持和平发展、促进共同发展、维护国际公平正义、为人类作出贡献的负责任大国形象，对外更加开放、更加具有亲和力、充满希望、充满活力的社会主义大国形象。培育文化中国，彰显大国气象，以文化的方式向世界说明中国。文明大国形象、东方大国形象、负责任大国形象、社会主义大国形象的塑造与展示，是文化中国的奋斗目标。

总之，提高国家文化软实力，要坚守中华文化立场，把民族特色和世界潮流结合起来，与当代文化相适应、与现代社会相协调，以人们喜闻乐见、具有广泛参与性的方式把中华民族最基本的文化基因推广开来、传播出去，使跨越时空、超越国度、富有永恒魅力、具有当代价值的文化精神在世界上弘扬起来。

（六）讲好中国故事

传播力决定影响力，话语权决定主动权。提高国家文化软实力，要努力提高国际话语权。要加强国际传播能力建设，精心构建对外话语体系，发挥好新兴媒体作用，增强对外话语的创造力、感召力、公信力，讲好中国故事，传播好中国声音，阐释好中国特色。讲故事，是国际传播的上佳方式。要讲好中国特色社会主义的故事，讲好中国梦的故事，讲好中国人的故事，讲好中国优秀文化的故事，讲好中国和平发展的故事。对中国人民和中华民族的优秀文化和光荣历史，要加大正面宣传力度，通过学校教育、理论研究、历史研究、影视作品、文学作品等多种方式，加强爱国主义、集体主义、社会主义教育，引导我国人民树立和坚持正确的历史观、民族观、国家观和文化观，增强做中国人的骨气和底气。提高国际话语权要以塑造国家良好形象、维护国家根本利益、传播中华优秀文化、服务党和国家对外战略为基本任务。

讲好中国故事，传播好中国声音，必须不断加强国际传播能力建设。党的十八届三中全会审议通过的《中共中央关于全面深化改革若干重大问题的决定》明确指出："扩大对外文化交流，加强国际传播能力和对外话语体系建设，推动中华文化走向世界。"在日益严峻的意识形态渗透与产业竞争过程中，国家文化形象建构对于我国的文化发展、政治交流和其他领域改革具有重要意义。近些年，文化话语权博弈呈现出白热化态势，话语渠道、话语方式、话语内容等发生着深刻变革。坚持国家站位、全球视野，加强国际传播能力和对外话语体系建设，更好地建构文化中国的强国形象。我们要在文化话语权博弈视域中积极思考国家文化形象建构策略，建构以当代中国先进文化为核心的文化价值体系，自觉抵制西方敌对势力的意识形态渗透和价值观传播，牢牢掌握我国文化话语权；要着力推进国际传播能力建设，创新对外宣传方式，精心构建对外话语体系，发挥好新兴媒体作用，增强对外话语的创造力、感召力、公信力，讲好中国故事，传播好中国声音，阐释好中国特色，把更多具有中国特色的优秀文化产品推向世界。

中华文化走出去的路径多种多样，既可以是文化贸易，也可以是文化交流，应当把这两种方式紧密结合起来。以文化贸易为载体，让文化贸易承载更多文化交流的功能，大力促进民间文化交流的力度。近年来，中华文化走出去的步伐越来越大，越来越快，效果越来越好。2004年以来（截至2017年底），我们在全球146个国家或地区建立了525所孔子学院和1113个孔子课堂。事实充分说明，孔子学院和孔子课堂已经成为世界各国人民学习中华文化的园地和中外文化交流的平台，加深了中华文化与世界各国文化交流融合的程度，受到了世界各国的普遍欢迎。总之，不断加强国际传播能力建设和对外话语体系建设，要全方位、多层次、立体化树立大宣传工作理念，整合力量资源，切实推动内宣外宣一体化发展。

讲好中国故事，传播好中国声音，必须增强对外话语创造力、感召力、公信力。要增强对外话语的创造力、感召力、公信力，讲好中国故事，传播好中国声音，阐释好中国特色。我们的中国故事、中国声音有没有中国特色，归根到底要看有没有主体性、原创性。在全球的场域中开展文化交流，会有交锋，但目的不是让人家觉得你是另类的，而是通过不断地磨合，趋利避害，实现求同存异，以赢取和平发展的良好环境，凝聚更多的正效应、正能量。找到世界通行的方式，就是在世界格局中，努力地找到自己的坐标。只有以我国实际为研究起点，提出具有主体性、原创性的理论观点，构建具有自身特质的学科体系、学术体系、话语体系，我国哲学社会科学才能形成自己的特色和优势。对"中国元素"里文化精神的准确把握就构成这个坐标。用文艺讲好故事，用故事直指人心。用故事"直指人心"，是文化魅力或文化影响力的真正和终极的根据。"直指人心"是传播文化价值的根本，而只有讲好故事才能"直指人心"。"讲好中国故事、弘扬中国精神、传播中国声音"的核心在于"讲好中国故事"，因为好的中国故事必定融注了中国精神，蕴含着中国声音。好的中国故事要把"道"贯通于故事之中，以社会主义核心价值观为魂，以坚守与弘扬社会主义核心价值观作为选择故事内容、讲述样式、价值传播形态、故事发展模式的主要依据。

讲好中国故事要讲述"好的"中国故事。鲁迅先生曾告诫小说家，不要随便抓到一个故事，看出这故事的一点意义就匆忙下笔，而应注意"选材要严，开掘要深"。这里强调的"开掘要深"，发现人类所尚未知道的东西，正是我们所理解的"讲述好的中国故事"的核心内容，要通过提炼精髓来选好故事。改革的时代，中国大地上每时每刻都在发生着无数的故事，或悲壮或励志，或神奇或曲折，或寻常或琐碎，这就需要讲述者们拥有敏锐的眼光，沙里淘金，去粗取精，选出好故事。把那些能为社会凝聚共识，为改革汇聚合力，为中国梦的实现提供动力的人和事，作为能够弘扬中国精神的好故事；把那些看似平凡普通却意味隽永，能够映照出时代光芒的凡人小事，作为能够传播中国声音的好故事。中国的好故事隐藏于正在广袤领域发生着的，使中国人摆脱贫穷落后，正以矫健的步伐迈向富强、民主、文明、和谐、美丽的社会主义现代化强国的生动实践之中。这是人类发展史上最伟大的奇迹，是当今世界最引人注目的故事，也是中国特色社会主义道路制度和价值观念无比优越性和强大生命力的最充分的体现和最生动的实践。我们不仅要善于创造伟大的中国奇迹和中国故事，还要善于抒写好这些伟大的中国奇迹，讲述好这些伟大的中国故事。但是，当今有些文艺创作者的作品对中国故事的讲述，是非不分，良莠不辨，自觉或不自觉地摈弃和动摇主流价值观，解构崇高，颠覆忠诚，戏说历史，调侃现实，把文学艺术降格为简单娱乐或传达消极颓废思想的工具；有些作品在讲中国故事时，不同程度地存在缺乏思想对现实的穿透力，缺乏对历史的深刻反思，缺乏对人性的直面审视，缺乏对灵魂的严肃考问等种种遗憾和不足，这些都是应该思考和批判的。

讲好中国故事要把好的中国故事"讲好"。要生动形象地讲好故事。好故事是现实生活中真实发生的人和事，接地气，带温度，但是要将好故事在媒体上准确地呈现出来、传播出去，就有个再现的技巧问题。也就是说，要把好故事讲好。怎样才能把好故事讲好？一是真实，原原本本，原汁原味，不夸张，不掺假。二是生动，注重细节，还原场景，不说教，少议论。可见，真实是"血"，生动是"肉"，有血有肉，才能成就"精彩故事"。以中央电视台拍摄的纪录片《舌尖上的中国》为例，影片的播出大获成功，是既叫好又叫座的一部佳作。《舌尖上的中国》虽以轻松快捷的叙述节奏和精巧细腻的画面向观众介绍中国各地的美食佳肴和饮食文化，但其中蕴含着与美食融为一体的中国各地的风土人情、风俗习惯、民族特色、生存之道，每一种美食都有和它紧密相连的一方水土，展现了一个个充满乡情和亲情的动人故事。纪录片中的精美画面和经典感人的解说词向人们展示了中国人的生活态度和人生追求，带给人们深深的思索和感悟，是一部难得的"润物细无声"的文化纪录片。

把好的中国故事"讲好"，要善于运用全新的艺术创作手段、全新的媒介手段展示我国的优秀文化传统，展示中华文化的魅力。不会使用现代媒体语言讲述当代中国故事，是阻碍讲好中国故事、传播中华文化的主要问题。新时代，构建国家文化形象必须牢牢占领微信、微博等实时互动的全媒体网络阵地，把握好自媒体、融媒体时代的主流舆论导向，做好技术管控，真正实现文化引领技术、技术助推文化发展。如今是网络社交媒体的时代，那种一个国家一个电台、电视台，一个声音出来一呼百应的时代已经一去不复返了。我们需要综合运用大众传播、群体传播、人际传播等多种方式，依托国家主办、企业投资兴办以及个人自主参与等多种方式，讲述转型中国引人入胜的故事，展示中华文化五彩斑斓的魅力。要把中国故事讲好，还要避免拈轻怕重的叙事惰性，防止粗制滥造，胡编乱侃，叙事上的漏洞、情节上的破绽、人物形象的扁平呆板、语言文字的直白浅陋等。

好的文化产品无不反映着本民族的社会生活，无不传播着本民族的智慧创造。只有仰望全人类文明的璀璨星空，同时紧紧地拥抱中国大地，扎根于人民伟大而壮阔的实践，我们的文艺创作才能描绘出中国色彩、讲述好中国故事，书写无愧于时代、无愧于人民的精品力作；我们的文化建设才能出现光耀五洲的辉煌气象。新时代，面对党和国家改革发展面临的新机遇新挑战、人民群众提出的新要求新期盼，文化强国建设必将不断开创新局面，为实现中华民族伟大复兴的中国梦提供强大的精神动力，彰显出世界文化大国的伟岸形象！

第二节 中国优秀传统文化传承与发展的关系定位

一、传承发展必须坚持科学理论指导

近代以来，国人在传统文化的继承方面进行了艰苦卓绝的努力，取得了重大进展和成就。20 世纪以来我国文化建设的一大景观，就是运用西方近现代的某种思想理论对中国传统文化实施解构、整合或重构。在这一过程中，提出了"思想的根本精神""民族精神之潜力""抽象理论最高之学"等观点，这对于中国传统文化的继承、推动传统文化的现代化和现实社会的文化建设都发挥了重要而积极的作用。但是，必须看到，他们所援引和根据的一般是近现代资产阶级的某一种思想理论。无论哪一种理论，尽管都具有某种程度的真理性和科学性，但整体上都是非科学的理论。因而，在这些思想理论指导下，研究中华民族传统文化继承问题，虽然不乏真知灼见，并在一定程度上促进了传统文化的再生和转化，但是都没有从根本上解决问题。

马克思主义传入中国以后，中国文化发生了革命性的变革，传统文化的传承才走上了适合中国的创新之路。马克思主义与中国具体实践相结合，证明了用科学理论指导实践和在实践中丰富并发展科学理论的重要性及不可分性，揭示了只有运用马克思主义科学理论分析中国传统文化，并从中汲取营养，使马克思主义获得民族形式，才能与社会实践一起在更完整的意义上丰富马克思主义，实现马克思主义的中国化。不仅如此，还揭示了只有坚持不断发展和以马克思主义理论为指导，才能对中国传统文化进行科学的甄别、选择、更新和转化，从而使之真正实现现代化，中国共产党人一直高举马克思主义综合创新的文化大旗，以开放的态度和博大的胸襟，广泛地吸收和借鉴中华民族传统文化和西方现代化先行国家的正反历史经验，并在借鉴之中发展，在继承之中创造，在转换之中升华，使中国传统文化走上了现代复兴之道，生生不息之道，后来居上之道。

二、传承发展必须坚持辩证地批判继承

实现中国传统文化的现代化，必须坚持唯物辩证法。继承传统文化，应

是辩证法的批判继承，而不是形而上学的抽象继承。借鉴、继承中国传统文化不是原封不动地拿过来，吃了狗肉就变成了狗肉，而是要经过咀嚼、消化，经过由此及彼、由表及里、去粗取精、去伪存真的具体分析过程，吸收有益的营养，排泄无用的糟粕，在批判中继承，在继承中发扬，在发扬中创新，在创新中获得新生。

总之，文化的发展史是一个由简到繁，由粗朴到精致，由不够完美到逐渐完美的过程，这是一个前后不断继承发展的过程。在推动中原崛起的今天，要处理好传统文化的继承与发展关系。坚持没有继承就没有发展，没有发展就无所谓继承，二者相辅相成的思想，即在继承优秀文化传统的基础上，根据当下的文化建设的需要，对传统文化进行革新和创造，使传统文化与现实交融汇合，并且在现实土壤上更加五彩斑斓、缤纷多姿、璀璨夺目、异彩纷呈。

第三节　中国优秀传统文化的传承困境与社会学分析

一、我国优秀传统文化传承的实践成果

文化是民族共有的精神家园。在中华民族的精神家园里，需着重对中国优秀传统文化的基本概念、基本内涵予以把握，了解与其相关的基本理论，以使人们真正理解传承我国优秀传统文化的现实价值及意义之所在。

（一）我国优秀传统文化的内涵及其传承价值

谈及传统，人们经常将其与"封建""守旧""保守"等不变、静止等意义上的词汇挂钩，这是应当予以纠偏的。在科学里，特别在哲学里，我们必须感谢过去的传统。但这种传统并不仅仅是一个管家婆，只是把它所接受过来的忠实地保存着，然后毫不改变地传给后代。这种传统并不是一尊不动的石像，而是生命洋溢的，有如一通洪流，离开它的源头愈远，它就膨胀得愈大。黑格尔不仅对"传统"做了生动形象的描述，也给出了中肯的概括。传统不是固定不变的东西，它也有自己有趣的成长史和艰辛的发展史。传统是见证社会前进、历史发展的"活化石"，积淀着不断形成发展中的"人"对社会历史的感知和现实的感受。这就要求我们要用运动和变化、发展的眼光来看待传统。在中国大地上，群居生活在一起的中国人民，每一辈人的社会实践活动成果都可以作为一份宝贵遗产留给下一辈人，不管这份遗产是有形的还是无形的，是当辈人强加的还是后辈人耳濡目染的，都足以帮助他们的家

族获取更丰硕的果实，这就是传统的力量。每一个传统事实上都在努力，我们也不必要排斥哪一个传统。任何传统只要对真实的问题提出最有相干性的解决办法的话，它就最有前途。因此，应运用辩证的观点来看待传统，而不能将传统限定在形而上的框架里。

传统并非在形而上的范畴里，"传统文化"应是"流动"的文化，是人活动于其中并具有一定时空特性的文化。人的一切文化之所以是人的文化，乃是由于思想在里面活动并曾经活动。思想是人的思想，文化是人的文化，是人发挥主观能动性的精神前提，但文化又是可以相对独立于其当时的政治、经济关系之外的意识形态，或超前或滞后，因此传统文化具有相对的稳定性。它在一定历史时期内将人按照自身的理念、意义来改变自然和人自身的一切活动及其成果作为一种思想观念积累、沉淀下来。这样的成果包括传统思想观念、风俗习惯、礼仪制度乃至科技、建筑、文艺等，都属于传统文化的具体表现形式。

1. 我国优秀传统文化的内涵

人们常将中国传统文化做"优秀"与"非优秀"的归类，而从严格意义上来说，"传统文化"是无法单纯用"是与非""对与错""好与坏"来划分的。人们无法阻碍时代变迁的脚步，目前对中国优秀传统文化库也无法穷尽认识，人们容易忽略那些"优秀"和"非优秀"的共存的成分，但其随着时代的发展和实践的需要有可能被挖掘和发现，因此应用马克思的整体思维来界定传统文化。用具有整体含义的"中国传统文化"来论述，并非说明所有的传统文化都可以传承，而是希望现代人以省思的眼光来对待它，理解其在一定时期内得以存在的合理性，尊重他们的独立性和独特的价值观。中山大学李宗桂教授在"中国优秀传统文化当代价值"的理论探讨会上指出，判定传统文化是否"优秀"应限定于"传承"层面上，而这样的优秀传统文化应首先具有发展的连续性，这是保证优秀传统文化不断向前发展以实现一脉相承的前提；其次这样的优秀传统文化要能决裂于那些消极的、不符合时代发展要求的思想观点，并能在与外来文化的相处中吸取其优长而实现文化创新。这样的优秀评判事实上促使文化的世界性、时代性与民族性得到有效的融合，能更全面地表明传统文化的"优秀"之所在。

本书所讲的中国优秀传统文化，主要倾向于传统文化中的那些具有中华民族自身特色的、影响过整个社会的并对未来社会发展起促进作用的、值得时代继承和发扬的、具有生命力与潜在的影响力的积极的思想成分。同时，人们在充分利用头脑和智慧将这些积极向上的思想成分转化为看得见的文化实物或文化成果时，仍然具有启发意义和影响价值。

2. 传承我国优秀传统文化的当代价值

从时代的角度来看，我国优秀传统文化的价值是显而易见的。在当今世界形势的经济全球化、政治多极化、文化多元化的"三化"背景之下，它的某些成分可以成为促进整个"地球村"经济、政治、文化实现良性互动，促成"村民"与"村民"之间和谐美好局面的助力。我国优秀传统文化之所以具有这样伟大的包容性，主要体现在它"具有吸纳、融摄和嫁接包括西方近现代文化在内的世界上一切优秀的异质文化的性质"，这一切都归因于我国优秀传统文化的"和合"内涵。在处理人与自然的关系处理和人际关系方面，我国优秀传统文化始终追求"以和为贵"。"和"不是盲目地追求一致和整齐划一，而是尊重差异，包容多样，这样才能让"地球村"的每个"村落"都因具有自身特色而大放异彩。

就文化理论角度而言，我国优秀传统文化是必不可少的文化资源和思想素材。我国优秀传统文化本身是一个巨大丰厚的文化宝库，内蕴天文地理、人情世俗等各、方面丰富的文化知识和文化资源。其中蕴含的浓厚的思辨传统和辩证的思维方式，也是中国哲学的世界观和方法论的重要参考，例如"实事求是""以人为本"等思想就是我国优秀传统文化与马克思主义的思想结晶；另外，它也是马克思主义能够顺利在中国"生根立足"的思想素材。

从心理角度上看，中国优秀传统文化是促成国民良好心理素质养成的重要引导。"文化的基本精神就是文化发展过程中的精微的内在动力，也即是指导民族文化不断前进的基本思想。"民族文化的前进在一定程度上意味着国民心理素质的提升。从国家层面的"天下兴亡，匹夫有责""先天下之忧而忧，后天下之乐而乐""精忠报国""穷则独善其身，达则兼济天下""修身齐家治国平天下"等，到社会教育层面的"有教无类"，最后在个人层面上的"自强不息""刚健有为""舍生取义"等，这些都是促成国民的良好心理素质养成的重要思想引导。

（二）我国优秀传统文化传承的实践成果

实现我国优秀传统文化的发扬光大，文化传承是一项重要的文化实践活动，它是优秀传统文化魅力得以展现的机制活动。然而，实践成果不应只是摆设或者一个过渡，对其予以高度有效的总结是推动文化传承进一步发展的一项重要举措。

中国优秀传统文化博大精深，富有促进世界、国家、社会及个人生存与发展的当代价值。在实现这种当代价值时，文化传承是一种重要的文化实践活动。我国在传承优秀传统文化时也取得了一定的成就，一系列代表中国元素、中国特色的文化"符号"应运而生。

1. "文化强国"的民族文化理论品牌

十七届六中全会第一次明确提出"建设社会主义文化强国"的奋斗目标并指出要构建优秀传统文化的传承体系，实现文化的自信、自觉、自强的号角不断响起。文化自信、文化自觉、文化自强渐渐深入人心，中华民族的优秀传统文化再次被引起关注，这似乎是一次全民族的文化觉醒。文化强市、文化强省、文化强国等各项工作也如雨后春笋般，在全国得到了开展，也受到民众的热烈拥护与广泛参与。十八大提出"扎实推进社会主义文化强国建设"，其中包括全面提高公民道德素质的基本要求，这一大进步为文化传承的实现路径提供了扎实的道德教育基础。十八大的文化强国战略还引发众多对文化传承与文化创新的探讨，不仅对我国优秀传统文化内涵的传承及其体系的建设提出了新的要求，还在更宽视野和更高眼界上对传统文化的把握和理解指出新的发展方向，例如强调要用世界眼光、当代视野、前沿方法、问题意识、未来关怀的视角去关注文化传承。

文化产品主要包括物质产品和精神产品，此处主要涉及其狭义含义，即经过人类劳动所创造出来的具有愉悦身心、提升人类素质等效用，并在一定程度上带动效益的产生。我国较为知名的文化产品如中医、武术、京剧、气功、杂技、文化节等，在国际上的影响力是巨大的，有助于外国人加深对我国文化的了解进而树立我国的良好形象。因此，文化产品具有一定的民族特性，其凝聚着我国优秀传统文化的精髓与中华民族文化的价值观，是代表我国形象的文化"符号"。

总的说来，党对文化建设的一系列政策是党在马克思主义指导下的文化建设目标的接力、传承，是文化传承在理论层面上取得的成果。理清这些理论政策和成果对文化传承在理论层面的指导意义具有至关重要的作用，对于树立民族文化品牌更是必不可少的一个必经阶段。

2. "接地气"的草根文化

草根文化，通俗言之即符合人民大众口味的形式活泼的文化；而"接地气"的草根文化在含义上则更进一步强调内容积极向上、形式活泼健康，它是中国优秀传统文化传承的"接地气"成果。首先，表现自身个性、展示"中国美"的百姓节目的涌现，是较为普遍的现象。例如妇孺皆知的《星光大道》节目，是地地道道的以老百姓为主角的展现自我的媒介平台。老百姓将一些不为人所熟知的"绝活"搬到了大众平台上，无疑为文化传承开辟了一个草根天地，一些草根文化甚至实现了"大众化"，即回归到实实在在的老百姓的生活里。而这一切都要归功于国家提供的自由的、开放的文化传承环境，使得"百花"真正实现了"齐放"。其次，"微现象"的不断涌现也是"接地气"的草根文化的典型表现。不断迈入"微"时代的 21 世纪的人们，凭借"微博""微信""微视频""微电影"等"微平台"，不断展现"微文化"的无穷魅力。从其积极意义上讲，这些平台不仅较为真实地反映了百姓的生活面貌，而且为我国优秀传统文化的传承提供了与时俱进的"微"途径，实现"微"突破，能更"接地气"地展示我国优秀传统文化的魅力。

3. "走出去"的优秀传统文化

文化走出国门并不是单纯的文化产品的输送，它不仅在向世界展示我国优秀传统文化的魅力使其得到传承；更重要的是在一定意义上体现了价值观念得到外国人的认同。只要文化"走出去"了，文化传承便步入更高发展阶段。优秀传统文化成功"走出国门"的有以下几个较为典型的例子。

"中国节"走出去。"中国节"是向世界友人介绍具有中国特色的喜庆节日，内容极具表现中国优秀传统文化的内涵，形式则讲究符合当国民众口味，"入乡随俗"。例如，"中国年"是阖家团圆的日子，也意味着"人和为美""事和为美"的中国传统文化内涵。这是中国优秀传统文化中"和文化"的国际"亮相"，实现国际传承的重要成果。

"汉语"走出去。语言是文化的基础，特别是在全球化时代，保护和发展民族文化就得保护和发展本国语言。语言的"闭关锁国"是行不通的，必须迈出国门，让外国认识它、接受它、认可它。2004 年国务院开始实施"汉语桥"工程，"孔子学院"在海外的纷纷建立是其工程实施的项目之一。"孔子学院"以教授汉语和传承中国优秀传统文化为目的，是文化传承的一大实践成果，对中国实施和平外交战略和提升国家文化软实力，实现中国的"文化强国"梦具有不可磨灭的重大贡献。美国等其他国家对孔子学院的"走出去"成效也极为赞赏。它不仅是作为文化传承载体的汉语言得到推广的较为成功的试验，更是我国文化形象在国际上的完美展现。

"中国文学"走出去。近些年来，中国文学在文化"走出去"战略中崭露头角，这也表明了中国正在用文学方式同世界交流。中国作家莫言获得诺贝尔文学奖引起的广大反响就是一个例子。为此，具有中国风格和中国气派的文学作品开始受到重视，来自世界各地的读者开始对中国文学感兴趣。中国优秀传统文化在文学上"唯美诗意"的体现，是引起千千万万海外读者主观体验并感受其独特魅力的重要途径，这在文化传承史上是一个重大突破，也是国人期待已久的重大文化成果。

二、转型期我国传统文化传承问题的解析

中国历史的长河在神州大地上已经流淌了五千年，五千年的历史孕育了伟大的中华民族。在五千年的漫漫历程中，祖国母亲以她博大的胸襟、充盈的乳汁，哺育了一代又一代华夏儿女，创造了无数可歌可泣的历史伟业，形成了辉煌灿烂的中华民族传统文化。而民族文化深层结构中的精髓与核心，是传统伦理道德，特别是我们民族的优秀传统道德，即我们通常所说的"中华民族传统美德"。这是我们的民族魂，是我们民族经历无数磨难而始终巍然挺立的精神。然而二战后，随着发展的世界级主旋律的唱响，中国也迅速加入了发展经济的洪流。在相当长的时间内，在发展方面也是仅偏重经济总量的增长，20世纪以来，由片面注重经济发展而带来的许多社会问题陆续显露了出来，表现突出的就是中国传统文化在走向现代化转型过程中，出现了文化传承、文化整合、人文精神、文化构建等方面的矛盾困境。中国传统文化、西方近现代理性文化以及20世纪人类的文化精神三种历史性的文化形态出现了乌托邦与世俗化的矛盾，使得统一的人文精神世界开始分裂，中国人的人文精神陷入了深重的"意义危机"。

（一）传统文化传承的历史境遇分析

1. 文化传承问题的世界性存在

从全球文化推向世界和平，这无疑是人们的一个良好愿望。然而我们也看到，在全球化进程中，世界上一些大的文化体系由于其有着根深蒂固的传统和丰厚的内涵而不易与其他文化融合，呈现出相互碰撞、震荡和冲突的特点。在传统的发展观指导下固然带来了一定的经济总量的增长，但这种发展是用相当大的代价换来的，其中一方面就体现在发展进程中带来的全球性的精神危机。如拜金主义、纵欲主义、极端个人主义、精神空虚、信仰危机等现象迅速发展，一些发达国家经济发展取得了辉煌的长久，但各种社会病丛生，即使连当今世界唯一的超级大国——美国，克林顿也不得不无遗憾地指出，我们美国人的社会结构也不是无可责备的，我们的离婚率太高，我们仍然有太多的儿童遭到枪杀，我们仍然有太多的街道上毒品泛滥。后工业社会价值观对前工业社会的资本主义精神，如勤俭、人文主义、健全的个人主义等价值观的剧烈对抗，文化价值信念出现断裂。美国的文化冲突从根本上讲是在于正统冲动与进步主义冲动对美国文化含义的不同解释以及由此而演绎出来的在一系列问题上的不同理解，文化上保守的正统冲动的人们将他们对世界的认识基于超验的行而上学之上，认为真理、善是永恒不变的：而文化上的进步冲动的人们则拒绝承认这种被普遍认可的真理的永恒性，认为一切

事物都是可变的。这种文化冲突直接关联到美国的体制与理想，它主要在如下的几个断裂带上展开：家庭、公共教育、大众媒介和选举政治。美国致力于在全世界推行美国价值，推行民主、个人主义、多元主义和市场观念，而在美国本土，美国价值本身却在销蚀。美国价值当中的重要组成部分——优胜劣汰和家庭价值受到空前的威胁。在社会中，由于"刚毅的个人主义"的肆虐，个人自由恶性膨胀，蔑视社会纪律，犯罪率持续上升，这对美国的民主价值也构成了威胁。美国在20世纪60年代之后在社会思潮中出现了反文化的倾向，性革命、同性恋、生活方式的自由主义或生活方式的"左"倾主义对在社会问题上保持的思想，甚至对自由派内部主张的社团利益高于个人利益的和衷共济的社团主义和传统的家庭价值观念进行了有力的冲击，这是造成当今美国文化颓败，或者说民主价值颓败的重要原因之一，也是文化传承危机在美国的重要表现。

在全球化的进程中，伴随着西方国家的经济强势，文化渗透、文化侵略也日趋严重，呈蔓延之势。在西方文化结构向外过度扩展的情势下，发展中国家的传统文化正在逐渐边缘化。西方文化正在通过电影、电视、书籍等各种各样的方式蚕食少数民族文化和土著文化，印度和非洲的学者称其为"麦当劳化"。特普费尔在2001年2月8日曾发出警告说，日益加速的全球化进程将对世界文化、语言和生物多样性构成巨大的威胁。另据环境署的一份最新研究报告表明，全世界目前共有五千种至七千种语言，其中四千种至五千种为土著语言，两千五百多种语言受全球化影响正濒临灭绝。预计一百年后，世界上百分之九十的语言将会消亡，这就是说平均一两个星期即有一种语言消失。一种语言的消失便意味着一种文明从地球上消亡，意味着多样的文化表现形式被单一的、商业化的、个人化的资本主义竞争文化所取代。是增强不同文化之间的互相理解和宽容而引向世界和平，还是因为文化的隔绝和霸权而导致战争，将影响21世纪人类的命运。在全球化过程中，人类只有主动地有所作为，才有可能使全球化朝着有利于民族、各地区的人的需要方向而发展。尤其是作为处于经济文化弱势的发展中国家，更要注意弘扬民族文化，振兴民族精神，增强凝聚力，提高文化竞争力，这是在全球化过程中不至于被强势文化所同化的根本保证。

2. 中国传统文化传承问题的呈现

我国民族文化深层结构中的精髓与核心，是传统伦理道德，特别是我们民族的优秀传统道德，即我们通常所说的"中华民族传统美德"。中国传统道德，是指在中国社会历史的发展过程中，在五千年的中华文化发展历程中，逐步形成的社会伦理道德、价值观念及行为规范。其历史悠久、内蕴深厚、聚合力强，儒家的道德文化精髓以及民间道德标准、传统美德孕育了中华灵魂，塑造了我们的民族精神。中国传统文化中的"伦理道德"，是指作为合格的社会成员应当遵循的、符合社会规范的做人准则和处理与家庭、邻里、社会、国家关系的行为准则。良好高尚的伦理道德，是维系社会和谐、健康、稳定的精神支柱。中国传统道德博大精深，归纳起来大致有十个方面的精华：爱国、孝悌、仁爱、谦虚、信义、勤俭、气节、和平、情操、修养。然而随着 1978 年以后中国社会转型从器物层面、制度层面到思想文化层面的过渡，随着我国步入社会转型期，在传统文化实然的传承场域中，在一个广泛的社会范围内引起了人们的价值观念、道德规范、思维方式、生活方式的极大变化。近十多年来，商品大潮的冲击几乎改变了一切，物质与精神的、情感与理性的、金钱与良知的、心灵与肉体等的冲突日趋激烈，传统的价值取向、行为规范急剧溃散，旧的价值体系被破坏，而新的一时尚未建立，初已萌芽的也还不够健全，在一种失衡而混杂的现状面前，人们感到茫然困惑，不知所措，或怀旧其变，或消极观望，或随波逐流，出现了信仰危机、道德滑坡、价值迷失等伴随市场经济而来的负面效应，在物欲膨胀而神经萎缩的世风面前，人们为了拒绝被完全物化、商品化，已经逐渐感到寻觅精神家园和灵魂栖息所的需要。

对传统文化精华的传承中，我们看到的是中国优秀传统文化在各种舶来价值观念的冲击下苦苦挣扎，孝悌、仁爱、气节、礼仪等观念在人们心目中逐渐淡漠，信义、勤俭、情操、修养已经被人们贯彻得面目全非，传统儒家经典文化失传，民间道德、传统美德流失，忠孝仁义信礼智勇观念淡薄。"信礼智勇"虽然还是一个各社会通用的生存哲学和基本要求，但被我们嫁接了西方的价值观念，在儒家的词语外壳下，内涵不再，在全球化的今天，个人奋斗、快乐、自由，通通比道德来得重要；在西方契约社会价值观念的影响下，我们不难感觉到，周围人的诚信意识越来越缺失，言而无信、背信弃义的事不只在陌生人身上发生，在亲戚朋友熟人身上也见怪不怪了，这个时代被称为"诚信缺失的时代"；四书五经摒弃，独特语言淡出，当今的中国年轻人极少能够直接进入传统文化的语言世界，传统语言目前只能以"成语""引语"一类的破碎形式残存于人们的话语中，以"戏说"的方式闪现在历史小说之中；民风民俗渐行渐远，传统节日悄然隐退，我们民族的文化精义还有逐渐失去赖以寄托的载体。其传承道路曲折艰辛，其流失和断裂也引人深思。

实际上，近几年来我国在全球化过程中经济的发展与社会的发展所取得的成绩已经表明，中国传统文化的现代转换与现代化的推进和调整是互动的和互补的，"传统文化其实就是在现代化的过程中获得了一种调节，同时现代化也就在传统文化的发展中获得另外一种调节"。走向富裕的中国文化也将在发挥中国优秀传统文化的生存智慧、形成一种物质文明与精神文明互补共生的全球现代性方面发挥其应有的作用。进言之，儒家文化圈正在形成的这种文化传统与现代化之间的互动关系将极大地丰富和拓展文化层面的全球现代性，所以，一切能促进现代化进程以及能为全球文化现代性做出贡献的本民族优秀文化传统我们都应该有效继承，而不是轻易丢弃。

（二）中国优秀传统文化传承问题的社会转型因素

在传统与现代的"双重价值系统中"，如何正确评估中国传统文化的现代价值，搞清传统文化与现代化的关系，辨出传统文化中哪些是可取的，哪些是应该抛弃的，哪些是与现代化可容的，哪些是与现代化相互冲突的，也就成了我们中国人的现代性构建中如何定位与传承中国传统文化的关键所在。中国的传统文化是一个巨大的矛盾统一体，其中既有精华也有糟粕，其主体是封建性的，但又不能完全等同于封建文化，其中包含大量值得批判吸收的、与我国现代化相契合的方面。其表现如：奉公爱国精神与反对民族分裂、维护国家统一的契合；尚变求和与锐意改革、团结协作的契合；天人合一的整体关照与当代环保意识的统一；崇尚道德修为与思想道德建设的契合；良好的民风民俗与社会主义精神文明建设的契合等。我们在进行现代化的过程中，对中国传统文化要创造性地吸收，赋予其时代新意，而不是在其他文化的冲击下全盘抛弃，与我们优秀的传统渐渐越行越远。

而现实的情况的发展趋势是令人担忧的，目前我国社会正经历着从传统型向现代型的转变，处在从片面的发展观向全面协调的发展观转变当中，在相当长的时期内我国在发展方面也是仅偏重于经济总量的增长，忽视了政治、经济、文化的协调发展，人们的理想信念、价值观领域出现了断层：旧有的社会理想破灭了，新的社会理想还未形成；过去的价值目标抛弃了，新出现的价值目标又不能接受；原有的信仰信念坍塌了，今天的信仰信念还未支撑起来，精神王国变成了没有支柱的虚幻世界，没有做到传统与现代两种价值观念的有机融合。这种状态正如有的学者所指出的："旧有的规范和观念已经失效，甚至是失去了自己的神圣性和权威性，新的规范和观念又尚未确立起来，于是在政治领域、经济领域和文化领域都呈现出相当的无序状态。"文化价值领域出现了传统与现代的激烈冲突，从中国传统文化结构寻找传统文化传承困境的根源，中国传统文化是农业文化、家族文化、礼制文化"三位一体"的"人的依赖性"文化，这与现代文化所表征的工业文化、个性文化、民主法制文化"三位一体"的"人的独立性"文化正相背，正是在这种文化范式的本质区别与对立上，中国传统文化遭遇到现代化强有力的时代挑战。从传统文化传承陷入矛盾困境的社会历史根源看，中国传统文化的现代化转型欠缺充分发展的商品经济这一经济基础、民主法制这一政治基础、科学教育的人文基础以及相对和平稳定的社会历史环境。

结合转型期的全球性问题以及我国的特殊国情，主要从以下几个社会学角度阐述我国社会转型期传统文化传承问题产生的深刻社会根源。

1. 静态的社会转型原因

从人格形成的行为动机、个人才智、情绪控制、互动关系和社会适应等五个人格形成的社会因素来比较传统人格和现代人格对文化的选择，形成了转型期"二元人格结构"对文化选择的冲突，导致了传统文化传承到今天失去了传承的载体。从行为动机来看，传统人格是一种价值型人格，而现代人格是一种工具型人格。所谓价值型人格，是指个人的行动取决于对某种特定的信仰和价值观念的认同，而工具型人格则是指个人的行为取决于某预先设计的自利目标。中国传统的价值型人格是家族本位和崇祖意识的产物，是长期的乡土社会造成的。儒家文化的核心就是"仁"，这是一种舍己为人的利他主义精神，强调家族、集体利益的优先性，于是出现了"忠孝仁义信礼智勇"，于是出现了被今人津津乐道的"孔融让梨的故事"，在这种道德力量的约束下，个人的行为必须以德行为先。在中国的传统文化中，见利忘义的小人一直遭人唾弃，只有在利与义面前守持道义，不为利诱所动，才能保持人格的完整性。正如论语中所讲："君子喻于义，小人喻于利。"君子应深明大义、舍生取义，只有小人才唯利是图。在现代社会中，个人逐渐从对家族的依附关系中摆脱出来，成为利益的主体，因此个人私利也逐渐从被传统人格遗弃的角落中走出来，开始成为现代人格中的主导性动机。现代化程度越高，其对社会价值和人情关系的忽视越大。在合理合法的前提下，人们对自利目标的追求已经成为被社会认可的主要行为动机，并在社会行为中被不断地实践。但是我们还应该看到，改革开放以来，在西方工具理性的价值观念冲击下，人们把老祖宗留下的这笔宝贵精神财富当作历史垃圾一样抛弃了，人与人之间追求私利的行为愈演愈烈，甚至演变为了各种各样的社会问题。

从传统文化存在的社会组织结构与现代比较来看，传统社会是以农耕为基础的自给自足的封闭型社会。在传统社会里，社会产业结构比较单一，劳动分工仅仅以性别和年龄等自然特征为基础，社会分化和专业化程度较低，作为传统社会最主要的组织形式的家庭及家庭组织承担着生产、生育、消费、教育、抚养、赡养等多种功能，家庭承担着传统文化传承的几乎全部的任务。

在中国传统社会，家庭几乎是文化传承的唯一机构，它促进了人类及其文化的延续和发展，子代通过向亲代的学习，复制亲代的认知方式、情感方式、行为方式和评价方式，同时又把这一文化范型内化于自己的本质之中，使文化的发展呈现出连续性和稳定性的传承特征。在传统社会，中国传统文化的精义就渗透在家庭起居、人际交往等日常活动中，体现在父子、夫妇、兄弟之间的责任、义务与情感中，个人完全可能在毫无意识、毫不觉察的情况下习得、实践并传递文化传统。在传统社会比较封闭和相对稳定的社会结构中，文化的这种遗传性症极少受到社会环境的影响，这就使得几千年来中国优秀的传统文化得以代代相传。随着社会从传统走向现代，社会分化和专业化程度越来越高，以专业分工为基础的职业组织取代家庭组织而成为现代社会的主要组织形式，传统社会中家庭所承担的多种功能分别由不同的专业化组织来分担，与传统的家庭组织相比，专业化组织能更有效地实现他们所承担的功能。尤其是教育分工的细化与教育功能的完善，传统文化的传承机构从家庭转到了学校，这使传统文化的封闭式的传承环境受到干扰，尤其是转型期社会环境的复杂变化，对传统文化的传承方式产生了极大的冲击，旧有的文化糟粕被抛弃、改造、创新的同时，我们也看到了优秀传统文化传承中流失的现实。

在中国加入 WTO 迅速与世界接轨的过程中，加快经济发展无疑是中国目前最大的任务。因此我们许多社会设置都过分倾向经济增长这一重大目标，导致过分强调了经济设置功能的同时忽视了政府对文化的保护意识和支持力度，让那些富有浓郁民族特色的民间传统节庆内容、风俗礼仪、民族文化、中华民族始祖的祭典活动渐行渐远。现在的学校里，在对学生的智育、体育方面我们已经做得很到位，中国的学生在世界上的应试能力也堪称一流！但是在德育方面缺乏对学生的传统道德修为教育，我们对小学生进行的是爱国主义、共产主义的抽象教育，但是对大学生进行的却是"五讲四美，文明礼貌"的基础德育课程，这种本末倒置的教育模式使我们的优秀传统道德渐渐失去了其对国民的影响力，从现在很多年轻人身上我们已经找不到老祖宗留下的仁爱、谦虚、情操、修养了。中国优秀传统文化教育和传统经典，传统工艺，传统经典范文、诗词等中国优秀传统文化内容没有走进学校的课堂，丢到了被后人遗忘的角落，世界中国传统文化论坛冷冷清清。在这样忘本的情况下，我们何以在世界文化融合的洪流中、在西方以工具合理性价值体系为核心的经济、文化冲击下保全自己的东西呢？

2. 动态的社会转型原因

社会转型使社会失衡严重化。社会转型是一种整体性的社会变迁，是社会结构的各构成要素分化与重组的过程。在转型过程中，社会系统的各个方面、各个部分、各个要素之间必然会存在不协调，这些不协调会使失衡在我国社会的各个领域都明显地表现出来。同时，由于转型社会在发展过程中，传统因素与现代因素之间的位置与关系远没有理顺、整合，建立在原有政治经济基础上的旧有均衡被逐步打破，和谐状态不复存在，而新的社会整合机制尚未完全建立起来，社会运行机制的调控能力弱化，社会脆性比较大，因而失衡既容易产生又容易加剧。在适应社会主义市场经济体制的新时代价值观体系尚未建立的情况下，传统的价值观体系受到很大的冲击，人们的价值观处于一个盲区，面对转型期出现的新事物，头脑中所遵从的传统价值观念出现动摇或偏差，有的价值观被摒弃，有的价值观被怀疑，而这种社会失衡的加剧会导致错误价值观的形成，在这样观念影响下的行为方式，必然会对社会产生重大影响。同时，在各种价值观念杂然并存的状态下，社会失范行为产生，社会规范的实际控制力包括对社会整体的整合力和对社会个体的约束力相对减弱，导致社会成员思想文化领域失序现象产生，随着中国现代化的纵深发展和发达国家的"示范效应"，社会大众开始逐步接受西方的价值观念和道德标准，很多人深感精神上失去"家园"并且陷入一种茫然状态，很容易抛弃以往的道德约束，置一切自律的戒条于不顾，这样便产生了各种有违传统道德的社会行为来。有学者将目前人们的心态危机概括为"六大病态社会心理"，其中包括：物欲化倾向一重物质、轻精神，这显然与传统道德中所宣扬的"君子重义而轻利"的思想相悖；粗俗化倾向一向原始的、本能的方向复归，这又是对传统美德中的"仁义信礼"的摒弃；冷漠化倾向——灵魂的瘫痪，这使传统道德所倡导的"爱国、孝悌、仁爱"精神在传承中遭遇尴尬：躁动化倾向——情绪化和非理性，老祖宗留给我们的"谦虚、情操、修养"的教诲已被丢得一干二净；无责任化倾向——无兴趣、无所谓、无意义，越来越多的人遭遇信仰危机：虚假化倾向——经济功利性取向，谦虚、信义概念缺失，诚信意识淡薄。

随着我国社会转型的深入发展，无论是农民还是市民，其社会交往也在经历着急剧的转型。无论是教育事业的发展，还是大众传媒的影响，其实质就是不断用新文化、新价值观取代农村传统文化价值观的过程，从而促使农民交往观念的变化，比在传统社会中更有交往的需求，正是交往的压力带来了传统社会的土崩瓦解。当前我国农民的社会交往实现了从封闭式交往向开放式交往、从依赖性交往向自主性交往、从单一化交往向多样化交往的转变。进入转型社会以来，社会变革强有力地冲击着基于血缘关系的族内交往，使根植于农业社会、主要靠家庭为纽带来传承的传统文化受到了前所未有的冲击。

大众传播媒介在当今信息社会中形式多样并发挥着不可替代的作用。大众传媒在对广大农村地区的渗入和对现代文明特别是城市文明的扩散和传播,改变着农民的价值观念。其实质就是不断用新文化、新价值取代农村传统文化价值的过程,特别是在当前社会转型期,外部环境对农村的"示范效应"大多是通过大众传媒来实现的,这种"示范效应"将从根本上改变农民的交往观念、规则和内容,城市文明不断地通过大众传媒被传递到农村,促进农村的现代化。现代文明的冲击使传统的东西开始淡出一些人的头脑,同时随着大众传媒的发展,一些与我们传统道德相背离的东西,打着现代性的幌子一股脑涌进农民的头脑,使几千年来的传统道德准则很快在一些人头脑中土崩瓦解。在当前城市中,习俗作为传统性的东西,其作用日渐淡化,传统的伦理习俗对人们的约束力日渐减弱了,或者是一些传统的文化规范在社会制度中凝聚下来,以新的正式的形式发挥其社会功能,规范着市民的社会行为。在市民社会的交往转型过程中,商品大潮的涌起,以及国门开放后所"引进"的一些腐朽的社会思潮、道德价值和生活方式,冲击着我国的传统优良美德,个人主义、享乐主义和拜金主义开始抬头,封建残余观念死灰复燃,社会道德风尚不容乐观,道德滑坡引人关注,社会颓风严重侵蚀着社会有机体。人们交往目的功利化使人与人之间情感冷漠,交往手段的间接化使心与心产生了距离,交往性质的价值理性化使人际关系变得机械而陌生。这样,在市民的私人交往中,便出现了有违道德的现象,市民心态的粗俗化、物欲化、冷漠化和躁动化表现较为突出,这些都极大地冲击着传统优良美德的传承。

三、社会转型期合理文化传承模式的建构

在发展中国家文化价值领域出现了传统与现代的激烈冲突的今天,人类面临着自身发展史上最深刻的社会转型,即文明的转型。对于正处在现代化进程中的中国,现代化进程必然受到社会转型的深刻影响和强有力的制约,它必然兼顾现代化和社会转型,文化的发展要与社会的发展相适应,在保护好本国传统文化的同时要不断面向世界,不断充实新的养料,保持其活力,以新的文明形态作为自己的价值目标。具体要求文化既要对外开放,又要保持民族特色;既要继承传统精华,又要结合现实予以创新,从而使文化发展的源流一体,历史与现实贯通,民族与世界对接。

(一)中国特色文化传承目标的确立

1.文化的现时代认同

文化认同,意指个体对于所属文化以及文化群体内化并产生归属感,从

而保持与创新自身文化的社会心理过程。文化认同包括社会价值规范认同、风俗习惯认同、语言认同、艺术认同等。文化认同是形成"自我"的过程，蒙田说过："世界上最重要的事情就是认识自我。"自我是个体心理结构深层的构造，也是探询一种文化时所能进入的最核心的部分。我们研究文化的认同，不能狭隘地限于本民族文化的认同，鉴于当今文化的共生共存，有必要从多元文化的视角去研究和认识，这样的视角和取向已是学术界业已达成的共识。对传统文化，我们的认同取向需要从多元文化观出发，反对"普适性原则"而倡导"他者原则"和坚持"互动原则"、反对"文化霸权""种族中心"或"文化中心"而倡导多元文化。虽然我们的传统文化精华是世界文化园林中一块受世人瞩目的瑰宝，但是我们也不要躺在祖宗的功劳簿上以我为中心而自居，坚决反对"文化中心论"，有意无意地社会文化心理倾向，习惯于从传统的思维定式或文化偏见出发，认定自己的文化实践活动优越于其他文化社团或民族的文化实践活动，这都是"文化中心论"的表现，应该为我们所摒弃。对于我们传统文化传承中出现的困境和问题，我们也要坚持正确客观的看法，既不要妄自菲薄也不要麻木不仁，在文化多元发展势不可当的趋势下，实现处于主流的、中心的、西方的文化与处于非主流的、去中心的、非西方的传统文化之间的沟通与理解，需要始终采取"文化流动发展"的观点，坚持跨文化理解和对话的原则而相互宽容、取长补短。在我国的传统文化观中也有对话的深邃思想。"和而不同"就是典型的言说方式之一，"和而不同"的实质就是倡导不同文化间的对话。"和"实际上就是求同存异，而"同"则是为同而灭异。"和而不同"主张的是在尊重差异的前提下追求和谐统一。"和"的主要精神就是要协调不同，达到新的和谐统一，使各个不同事务都能得到新的发展，形成不同的新事物。这种追求新的和谐和发展的精神，为多元文化共处提供了不尽的思想源泉。我们坚持以多元文化观为文化认同的价值取向，其目的正是为了帮助人们理解自己的民族文化和享有应有的文化尊重，并在认同本民族文化的基础上，树立平等地包容、理解、尊重和珍惜其他民族的文化，并从中吸取精华部分，以便获得参与未来多元文化社会所必需的价值观念、情感态度、知识与技能，有和平共处及维护文化平等和社会公平的意识和信念。

2. 文化自觉的现时代要求

文化自觉是人的主体自觉性在文化发展上的表现，我们只有通过各种文化比较、鉴别、选择、融合、创新来发展先进文化。作为后起的现代化国家，如何在现代化过程中实现中华民族的伟大复兴，其中对中国文化发展方向的思索与选择更有着特殊的时代意义。

费孝通先生于 1997 年提出了"文化自觉"的概念，并做了认识论上的概括：所谓文化自觉，就是指生活在既定文化中的人对自己的文化有自知之明。明白它的来历、形成过程、所具有的特色和它的发展趋势，并对文化转型具有自主能力，以取得决定适应新环境、新时代文化选择的自主地位。费孝通先生提出"文化自觉"概念并概述为"文化自觉论"，是基于对"经济全球化过程中中华文化如何定位，如何发展并对人类文化有所贡献；在国际文化交流中，应当具备什么样的文化品质"两个问题提出的重大理论问题。引起了当前学术界、思想界和文化界对经济的文化思考，并对我们目前的文化传承过程中的发展方向和道路选择提供了理性科学的观点。2002 年 12 月 17 日至 20 日，在香港地区的百位专家学者聚会上，共同探讨"文化自觉与社会发展"的问题。费孝通先生在会议致辞中指出，在信息时代到来和经济全球化步伐加快的国际环境下，各个民族、国家和地区的文化将会不断地接触交流，互相碰撞、融合。正因为如此，我们尤其要提倡"文化自觉"，要清楚地认识自己的文化，认识其他的文化，只有这样，才能在多元文化的世界中共同创造人类美好的未来。香港浸会大学吴清辉认为，文化自觉是一种认知与反省的过程，是头脑中的认识与理解，心理上的认同与反思，经济全球化带来的影响远远超过经济领域，必然会体现在政治、文化领域，提倡文化自觉运动，有助于各个国家和民族对自身的文化有充分的认识，从而看到自己文化有哪些元素能为人类社会和平发展做相应的贡献。北京大学的乐黛云教授提出，必须让中国文化参与世界文化的建构，与其他文化互相沟通、互相理解，以遏制文化冲突带来的悲剧，这本身就是"文化自觉"。她还指出，"文化自觉"概念的提出"把我们过去做的、现在做的和将来要做的聚合在一起了，变成了一种力量"。在跨文化交流中，要善于用"他者"的视角来认识世界，既反对拒绝接受外来文化的"文化割据主义"，同时也要反对假借诸如"人权大于主权"等各种名义推行的"文化霸权主义"。文化自觉理论要求每一种文化都要对自己的文化有所自觉，要"自美其美"，同时也要"美人之美"，做到"美美与共""天下大同"。

（二）文化资本理论的本土化创新

1. 文化资本理论的提出及本土化应用

在传统文化传承问题的研究上，应该把法国社会学家布迪厄的文化资本理论作为本节研究的一个理论立场。文化资本理论在文化研究思路上把对文化纯主观意义的研究转向社会情境和社会性制作的研究上来。尤其是布迪厄的文化资本理论，通过对文化资本与政治、经济资本的转化，揭开了文化的

"非功利性"神圣面纱。在我国目前的社会发展中，传统文化只有资本化运作，才是传统文化传承的有效途径，才能使我国历史悠久、丰富多彩的传统文化更加富有生命力，才能使传统文化获得不竭的传承动力。因此，对文化资本理论的系统化剖析与解读是十分必要的。

文化最早被视为资本，始于社会学之父孔德，他曾经在《社会整体体制》一书中指出"当人类的产出高于消费时，一部分代代积累的资本会随时空转换为耐用性资本"。在这里，他用"积累"将政治经济学和社会学联系了起来，虽然我们在此没有看到文化资本概念的明确提出，但它却是文化资本概念的最初萌芽。到 20 世纪，经过法国社会学家布迪厄（Bourdieu）批判理论的复兴，"文化资本"受到人文科学的青睐，布迪厄在探讨教育再生产、文化消费、社会等级等问题中提出"文化资本"的概念，并使之不断地深化和完善。布迪厄在《资本的形式》一文中，通过对文化资本范畴的进一步研究，第一次完整地阐述了文化资本的基本概念，提出了自己的文化资本理论。文化资本在形式上表现为一种具体化的文化资源，本质则是人类劳动成果的一种积累。虽然文化在一定意义上被称为了资本，但布迪厄笔下的资本具有明显的隐喻意义。他认为，文化资本并不完全具有经济资本那样的基本特征，并不是真正意义上的资本，而只是体现了与经济资本的相似性。"文化资本"这一概念的提出，并不是马克思所说的是一种"能带来剩余价值的价值"。布迪厄还指出，经济与非经济空间的简单划分是不准确的，通常情况下，人们倾向于认为在经济场域中，人们的行为是追求金钱物质利益的功利性行为，而在非经济场域中，每个人的行为都是非功利性的，与经济行为形成鲜明的对比，尤其是在文化场域中，认为文化是意识形态中的非功利性神话。布迪厄不赞同这种简单的划分，实际的情形是，行为者在不同的场域追逐着不同的符号资本，在这一方面，所谓非利益的或者超功利的行为是不存在的。只有引进资本的所有形式，而不是只被经济理论所承认的那种形式，文化场域中的许多现象才可以得到解释。文化资本的概念之所以能够出现，文化之所以能被称为资本，是因为在文化与资本之间有着某些共有的属性和特征，从资本是积累的劳动角度看，文化来源于人类的实践，是人类智慧和劳动积累的结晶。它的传承是通过教育和学习把知识用于头脑中的劳动，是一种积累或未被消费掉的劳动。从资本能够自身增值的角度看，文化的运用过程就是精神生产过程，通过这种抽象劳动能实现价值转移，创造出新的价值，使自身增值。布迪厄的文化资本理论产生于法国社会现实，适用于西方社会文化发展趋势。但就目前我国的文化状态来看，正是在中国文化产业的国际市场化背景下，当前中国文化最紧迫的任务就是通过市场化运作来提高中国文化产品的欣赏度，让全世界的受众来评判一种文化产品的价值，在此基础上，艺术地而不是说教地让"中国精神"为中国和世界的观众所理解和认同。

自从文化产业战略被提出来以后，经过十余年的发展运作，中国的文化资源向文化资本转变有了良好的开端，我们用实践证明了在现代商品经济条件下，文化资源能够转变为文化资本，它的开发也需要其向文化资本转变。同时，文化资本的形成又依赖于文化资源的开发，它需要将文化资源向文化资本的转变作为其生成过程中的一种路径。但在我国文化资源向文化资本转变的过程中，在观念、程度、范围等方面都存在着缺陷，这就制约了文化市场资本效益的最大化。以往我国的文化事业和文化产业由于受传统计划经济模式和观念的影响，往往过分强调文化的社会及意识形态特征，忽视了文化的资本属性，优秀传统文化中的非正统文化精华在目前我国的社会语境下还无法转化为巨大的经济利益从而逐渐为人们所摒弃，其历史性地位逐渐被西方文化和大众商品文化所取代。从根本上讲，中国社会并不缺乏文化资本，相反，我们的传统文化资源存量相当丰富并且有其独到的魅力，中国传统文化越来越成为对全球文化市场具有强烈吸引力的战略资源。迪斯尼出产的《花木兰》以中国民间题材打造美国大片；中、韩、日之间关于"端午申遗""中医申遗"以及《西游记》拍摄的各种争论都表明了我国的传统文化资源越来越成为世人瞩目的宝藏，这些都足以让我们每一个中华儿女感到骄傲和自豪，但同时我们更加感受到肩上的重任，加大文化遗产保护的力度，探索传统文化资源资本化的观念，寻求传统文化资源资本化的新路径，建立传统文化资源资本化的新机制。

所有的这些都表明，我国目前的文化资源资本产业化道路已经有了一个良好的开端，国家的高度重视和政府的有效运作，我国的文化资源一定能够以一个全新的姿态"走出去"，传统文化资源在带来财富的同时也实现了自身的活化传承。

2. 优秀传统文化资源产业化运作

随着社会文化的蓬勃发展，文化在社会经济、政治领域的地位日益突出，文化资源的产业化运作已经在全世界范围内大规模展开，而文化资本理论正为文化资源的开发和文化产业的发展提供强有力的指导。文化资源即指人们在文化生产和文化活动中所利用的，能为其带来收益并能促进文化生产力和文化经济发展的各种资源的总和，它包括一切有文化价值的自然资源和社会资源。文化资源活化的实质是向文化资本的转变，即利用文化资本运动和增值的属性，通过市场化运作，促进文化资源的有效开发，实现文化资源潜在经济优势向现实经济优势转化。文化资源有向文化资本转变的主观意性。我们都知道，人类社会的文化活动即社会实践，不同于动物界的盲目生存活动，人类社会的劳动是有目的、有意识的。这种有目的、有意识的实践活动表现在文化资源的占有方面，就是人们为了使其所占有的文化资源增值，获得更大的利润，必然要将这些文化资源置于社会交换场域中，使其在市场运作中转变成文化资本，进而转换成现实的经济资本，实现对资本的有效占有，这种对经济资本有效占有的欲望越强，实现资源向资本转换的频率也就越高，从而也就加快了文化资源—文化资本—经济资本的转化过程，即文化资源的活化过程。

所谓文化产业，是以文化资源作为资本投资，以市场需求为产品向导，以文化产品服务于社会，并赢得经济效益和社会效益的一种新型行业。它是在市场经济条件下，适应经济与文化一体化的趋势而发展起来的，其兴起和发展离不开对文化资本的投资和运用。文化产业的出现使文化资本能够根据市场的需求大规模生产和复制，同时文化产业的发展也为文化资本价值的实现提供了有效保障。文化产业通过文化产品的生产，为具体文化资本的传承提供了中介，一些凝结在文学、艺术、音乐、遗址等客体中的文化资本，能够凭借其物质性方面的可传承性，将客体化形式中所蕴含的象征性文化资本一代代传承下去，文化资本正是通过文化资源的产业化运营，并借助社会的市场机制，实现自身价值和增值的。

在理清了文化资源、文化资本和文化产业三者之间的转化关系之后，我们再回过头来看传统文化产业化运作的思路。我们应该看到，目前我国已经具备了传统文化资源产业化运作的前提条件。

第四节 我国优秀传统文化传承困境下的当代启示

面对优秀传统文化的无动于衷，传承人才的后继乏人，文化教育的缺位，国家意志等保障体系的不完善等这些困境使得优秀传统文化传承受阻，唯有提高传承主体——人的文化自觉才是解决当前传承困境的关键，也是推动优秀传统文化传承的关键。而在当前中国正在进行中国特色社会主义建设，传承优秀传统文化最终指向必将是建设社会主义先进文化。在建设社会主义先进文化的伟大事业中实现中国优秀传统文化的传承与发展，没有前路可循，也决不能因循守旧，唯有创新，才能使优秀传统文化焕发新的生命力与活力，才能与社会主义先进文化建设目标的实现相得益彰。

一、文化自觉是推动优秀传统文化传承的关键

费孝通先生说：“21 世纪是一个文化自觉的世纪”。文化自觉首先是人在文化层面的自我觉醒，是人的主观能动性在文化领域的具体表现，也是人区别于动物的标志性特征，它是文化主体——人给予文化一个全面、辩证、客观的认识，并准确、清晰和客观的认清定位把握文化未来发展趋向；文化自觉也是指宏观层面的国家、民族和政党对文化认识把握调控的自在自发性，其中包括：充分理解文化对推动社会进步的积极作用，主动掌握文化自身运行与发展的客观规律，积极承担推动文化发展的责任和义务；最后，文化自觉还体现为文化对自身的反思与醒悟，文化的自我调适、自我更新，这是文化发展到一定程度后达到的最高境界。

思想是行动的先导，文化自觉是文化进步与发展的思想基础，只有人们从思想上觉醒，深刻认识到文化的重要地位和重要作用，才能积极主动的投身于文化大发展大繁荣的建设中。中华民族是一个有着文化自觉文化担当的民族。无论是在先秦时期文化的孕育发展，还是到了春秋战国时期的诸子百家争鸣，从两汉经学的深度发展到两宋理学的时兴，即使在面对西方外敌入侵时，中国人民在辛亥革命、五四运动中依旧展现出民族特有的深刻文化自觉。到了中华人民共和国成立，以及改革开放后八九十年代的“文化热”，都充分体现了中国人典型的文化自觉和文化担当。

另外，文化自觉能够进一步增强文化主体对传统文化认识与理解的主动性，提升文化主体民族文化归属感和荣誉感。费孝通先生认为，文化自觉的意义“在于生活在一定文化中的人对其文化要有‘自知之明’，明白它的来历、形成的过程，所具有的特色和它的发展趋向。”“文化自觉的激发和提升能够使国人进一步增强对传统文化的认知，提升自己对国家、民族的认同，不断增强优秀传统文化的影响力和凝聚力，有效的分清本国和异域，本民族和外族的文化，在对中国优秀传统文化的深刻理解和感知中把握传统文化前行的规律与方向。

文化自觉的提升还能够有力的抵御西方各种文化的冲击。文化自觉产生于对民族文化的深刻认识，首先他一方面要反思几千年来优秀传统文化发展的模式，总结百年来中国优秀传统文化传承建设的成败得失，另一方面还要妥善解决优秀传统文化与现代文化，民族文化与西方文化冲突时所产生的一系列客观现实性问题。因此通过文化自觉，首先可以让我们提高对文化冲突的认识，提高对文化冲突危机感的认识，让国人及时辨清文化冲突中所产生的各种文化思想观点，打破和消解文化选择时的迷茫和困惑，还原优秀传统

文化，解开西方现代文化中神秘面纱，看清其本质。最后重塑文化自信，提升自觉能动性，积极主动担当传承优秀传统文化的重担。

文化自觉还能积极有效的解决优秀传统文化传承中面临的各种困境和难题。国人文化自觉的提升，主观能动性的增强，将使国人"传承意识"焕发，越来越多的人认识到传统文化传承的重要性，因此将会有越来越多的国人积极主动参与优秀传统文化的传承，届时必将刺激国人对接受优秀传统文化教育的渴望，教育体系也能得到逐步成熟和完善，届时，国民文化想象力和创造力都被极大地激发起来，越来越多的文化传承方式将会被发现与创造，选择也更加丰富多彩。

因此，在优秀传统文化传承中，文化自觉是关键性的因素，只有增强文化学习的自觉，传播的自觉，保护的自觉和传承的自觉，才能不断推进优秀传统文化的传承。

二、建设社会主义先进文化是传承优秀传统文化的根本目标

优秀传统文化传承的最终目标是为了实现人自身全面的自由发展，同时又与中国特色社会主义的伟大实践相衔接，因此优秀传统文化传承应当更好地契合进时代主题和最终目标的有机统一中。文化层面上要实现人的全面自由发展和中国特色社会主义建设的伟大实践二者的有机统一，关键在于建设社会主义先进文化。因为社会主义先进文化符合了中国当前建设中国特色社会主义的具体实践，也代表了人类文化发展的终极目标和价值取向。《中共中央关于深化文化体制改革推动社会主义文化大发展大繁荣若干重大问题的决定》指出："社会主义先进文化是马克思主义政党思想精神上的旗帜，文化建设是中国特色社会主义事业总体布局的重要组成部分。"党的十八大报告进一步提出："我们一定要坚持社会主义先进文化前进方向，树立高度的文化自觉和文化自信，向着建设社会主义文化强国宏伟目标阔步前进。"因此，在当代中国，文化建设的根本目标就是要将实现人的自由全面发展与中国特色社会主义的实践相融合，建设和发展社会主义先进文化。因此，传承优秀传统文化是当代中国进行文化建设的基础，也必然要以建设社会主义先进文化为目标。

首先，社会主义先进文化是符合人的全面自由发展的终极目标的。先进文化意味着文化的科学性、合理性、包容性、开放性、大众性和时代性、民族性和积极性，它来源于优秀文化，但是更高于优秀文化。它是以马克思主义基本原理为核心，融合了马克思主义基本原理、中国优秀传统文化、西方现代人文理性思维等元素。它代表最广大人民的根本利益，是人类社会未来

发展的根本性指向，是社会进步发展不竭的动力，更是全人类文明智慧的集合，它渗透于我们每个人生活中的点点滴滴和方方面面，不断影响人的智慧和精神。因此能否合理整合各种优秀文化元素搭建先进文化体系，能否从根本上把握先进文化发展方向的时代脉搏，实现先进文化的宏伟蓝图，直接决定了国家的强弱。建设社会主义先进文化必然要以马克思主义基本理论为指导，这就与马克思关于实现"人的全面发展"为基本价值取向高度契合，必然要以实现共产主义远大理想为精神支撑，因此从根本上说它代表了当代历史和人类文明的发展方向和趋势，具有其他文化不可比拟的优越性与先进性。社会主义先进文化是中国共产党在领导人民群众进行革命、建设和改革的实践中不断总结凝练形成的，代表国家和民族的发展方向，反映当代中国的精神，符合中国当代文化建设的国情，代表时代进步潮流和历史发展要求，是马克思主义中国化在文化领域中具体表现，服务服从于亿万中国人民创造幸福美好生活的现实需要，是最广大人民群众根本利益的表现，具有其他思想文化无可比拟的时代性、科学性和先进性。

其次，建设社会主义先进文化离不开优秀传统文化的滋养与哺育。优秀传统文化是一个民族的血脉和基因，是民族生命力和凝聚力的集中体现。在中国当前，建设社会主义先进文化离不开优秀传统文化沃土的哺育，这是因为社会主义先进文化是马克思主义普遍原理与中国优秀传统文化有机相结合而产生的新的更加优秀的文化。因此社会主义先进文化必然以优秀传统文化为基础，建设社会主义先进文化必须牢牢的植根于历史文化的沃土。直至今天，中国优秀传统文化依旧是中华民族儿女的重要精神食粮，是中华民族儿女奋勇向前的精神动力。例如，优秀传统文化中"天行健，君子以自强不息"的"刚健自强"精神，形成了"地势坤，君子以厚德载物"的宽容精神，形成了"天命靡常""慎终于始""以民为监"的忧患意识，这些都是中华民族精神的象征，深入人心，为全社会所接受，一直延续至今，并对广大民众产生了强烈的激励作用；"天下为公""执政为民""民为邦本""为政以德"的执政理念为共产党治国理政提供丰富的思想营养；养老尊贤、俊杰在位、和谐有序的伦理关系，处世以诚、待人以敬的处事原则，童蒙养正、培根固本、教子以德的社会伦理思想为解决当代人类面临的难题提供重要启示。因此，传承中国优秀传统文化，培育和弘扬优秀思想，对于增强民族文化特色，树立全民族文化自觉。因此中国优秀传统文化事关社会主义先进文化建设成败的关键，是社会主义先进文化生命力旺盛发展的土壤，我们只有传承好发展好优秀传统文化，才能实现文化的现代转型，才能在建设社会主义先进文化的实践中实现人的全面自由发展与建设中国特色社会主义有机统一。建设社会主义先进文化只有在继承优秀传统文化的基础上才能开创出文化建设一片新的天地。在传承优秀传统文化的基础上，充分吸收中国传统文化精华和其他民族文化优秀合理因素，批判性的选择和吸收人类创造的全部优秀文化成果。如果离开中国优秀传统文化，社会主义先进文化就会成为无源之水、无本之木。

社会主义先进文化揭示了人类社会发展的普遍规律，为中国人民提供了新的思想境界、更加高尚的道德情操、更加充实的人生理想，是当前文化建设的方向。只有坚持以社会主义先进文化为方向，才能使优秀传统文化不断丰富完善更新，破除因循守旧、固步自封的发展模式，赋予优秀传统文化时代气息，才能推陈出新、产生新思想和新精神，实现优秀传统文化在当代中国创造性转化，才能使优秀传统文化不断为广大人民群众所接受，不断提高人民群众的文化自信和文化自觉，不断创造符合当代精神和时代潮流的先进文化。使优秀传统文化以博大的心胸、宏大的气魄，带领人们走向更加幸福光明的未来。

三、创新是传承优秀传统文化的灵魂

"尊新必威，守旧必亡"，创新是人类社会历史发展进步的动力推进器，创新也是一个民族生生不息永不止步的灵魂，也是民族文化不断繁衍发展繁荣的内核。所以传承优秀传统文化离不开创新的方式。从哲学层面理解，如果说优秀传统文化的传承是对民族文化内容中积极因素的肯定，那么创新就是对民族文化内容进行否定之否定；前者是文化发展的量变，后者是文化发展的质变；前者是文化发展在时间横向轴上连续性的体现，后者则是展现了文化发展空间上的阶段性。"文化创新不仅是指文化内容的激活，更是指整个系统模式的革命和转型。他是原有价值体系、心理定式、思维方式的解构，也是新的观念、思想、规则的建构；是传统惯性的消解，也是传统精华的重铸，是社会生活的变革，也是人身心的新生。""这是文化向本质回归的历史必然。

推进文化发展，基础在继承，关键在创新。继承和创新，是一个民族文化生生不息的两个重要轮子。创新是中国优秀传统文化传承过程中时间累积和过程突变的有机统一。中华民族自古以来就是一个富有"日新之谓盛德"的民族，中华五千年文化绵延至今，生生不息，不断壮大，历经几千年洗礼优秀传统文化的博大精深正是在创新中不断向前发展。例如：在春秋战国时期，由于生产力的迅速发展，社会发展动荡不安，在客观上促进了思想文化领域的百家争鸣的盛况。但是面对古今中西文化的冲击，传统文化中旧的文

化形象、旧的文化理念已经无法适应当代社会的发展，只有通过创新，才能建设具有"中国特色、中国风格、中国气派"的社会主义新文化。

创中华人民共和国优秀传统文化的传承首先是基于一定历史条件，基于中国建设和发展的具体实践中进行的。今天，我们已经不可避免地被卷入全球化的浪潮中，这是一个挑战与机遇并存的时代。全球化使得我们每个人的生活发生了翻天覆地的变化，影响我们每个民族、每个人交往相处的方法和原则。当全球化广泛来袭时，世界上已经没有哪个国家拥有现成理论、思想和方法能够有效解决我们当前遇到的各种政治、经济和文化问题，所以如何有效应对全球化的冲击，自发自觉地在全球化的背景中实现优秀传统文化传承，实现建设社会主义先进文化的目标，这就需要我们在优秀传统文化传承的过程中运用突破常规的方式，创新性的发现传承中存在的问题，独创性地解决问题。因为全球化背景下，当今世界各个国家的竞争，最重要、最关键的决定要素就是创新能力。只有拥有创新思想、创新精神和创新能力的人，只有拥有创新体制、创新氛围的民族才能在国际竞争中不断取得胜利。在全球化的语境下，优秀传统文化面对时代发展需求，必须跟上时代发展步伐，融入现代社会中优秀的科学理性思维、民主意识、法治思想、市场竞争意识、公平公正意识等新理念，实现优秀传统文化向现代化的转型，我们只有自觉地把思想认识从那些不合时宜的观念、做法和体制的束缚中解放出来，从对马克思主义的错误和教条式的理解中解放出来，从主观主义和形而上学的桎梏中解放出来，文化创新才有可能。所以，我们在保护和传承优秀传统文化的同时，亟待创新优秀传统文化传承，站在世界的高度，着眼于人的全面发展的角度，采取多元化的视角，使优秀传统文化不断焕发新的生机和活力。

文化自觉是进行一切文化创新的前提，只有自发自觉的文化创新才能促进文化从传承与发展。因此我们必须增强自身的主观能动性，主动作为，积极作为，激发自身创造力，总结历史上各种经验教训，突破封建落后思想的束缚，打破一切封建残余思想阻碍，解决一切教条主义、本本主义的思想桎梏，必须秉持怀疑的精神、批判精神、反思精神和笃行精神，对文化的理论创新、体制创新、内容创新和传承手段创新，最终实现传统文化传承的再发现与创造。

黑格尔说得好："传统并不是一尊不动的石像，而是生命洋溢的，有如一道洪流，离开它的源头愈远，它就膨胀得愈大。""优秀传统文化传承的创新对于正在从传统走向现代化、全球化的中国来说尤显重要。我们要把对优秀传统文化的传承创新提高到中华民族在全球化竞争中的成功与否的角度上来看待。因为，只有创新才能维系我们民族世代传承的精魂，只有创新才能带领整个民族走向更加光明的明天，唯有创新才能使中华民族文化旺盛生命力的永葆生机。"创新是一个民族进步的灵魂，是一个国家兴旺发达的不竭动力。"

总之，在全球化的时代语境下，我们只有充分尊重文化自身的发展规律，不断创新优秀传统文化的价值观、内容、形式和传播载体，有效传承中国优秀传统文化，最后实现社会主义先进文化的目标。

第五节 我国优秀传统文化传承机制研究

中华人民共和国成立以后，尤其是改革开放以来，我国优秀传统文化在教育、弘扬和传播方面取得了不俗的成绩，也积累了很多经验，在探索文化传承机制方面也取得了一定进展。

一、基本形成了由党和政府为主导的领导机制

中国共产党是中国建设一切事业的领导核心，传统文化建设更是离不开我们党和政府的组织领导。在党的正确领导和科学部署下，我国的传统文化事业取得了巨大成就。各级各部门在党中央的统一领导下，协调配合，经过这些年的探索和研究，基本形成了一套完整的文化建设工作机制，有效地指导着我国的文化事业建设，我国也正朝着文化强国的目标不断前进。

二、初步形成优秀传统文化的传播机制

中华人民共和国成立以后我国采取了各种措施和方法来传播传统文化，现在已经形成了许多传承、传播方式，除了相关的书籍等文字记载以外，还有配以图像、声音和艺术等多种形式。学校通过各种形式来宣传传统文化，教育下一代的青少年，但主要以传统的灌输为主。

随着科学技术的不断进步，计算机、电视机、电脑和手机的普及程度不断变宽，文化的传播手段更加丰富。现在许多网站有专门介绍传统文化的知识，手机也可以通过网络获取相关传统文化方面的信息。电视更是眼花缭乱，如中央十套的《百家讲坛》栏目就是一档宣传中国优秀传统文化的节目，受到大家的一致赞誉，激起收视高峰，引起了国学热潮。

三、初步形成了优秀传统文化的教育机制

优秀传统文化的教育主要是针对青少年来说的，他们是国家和民族的希望和未来。优秀传统文化教育要从娃娃抓起。首先体现在学校教育方面，很多学校在小学就开设了思想品德课程，内容大多是古代优秀的思想道德规范，

使孩子们从小就接受到传统文化的熏陶。教育的方式也是灵活多样，除了一般的教授课本上的东西以外，还有其他的类似诗歌朗诵、传统文化知识竞赛与演讲、参观名胜古迹等等方式来传播我国优秀传统文化，教育下一代。

另外，家庭教育也起到了很好的作用。父母长辈从小就会通过一些小寓言、故事来教育子女尊老爱幼，孝敬父母，兄友弟恭等等，使孩子自觉地受到了传统文化的陶冶，有利于养成良好的品德和性格。

正是经过这些年来的艰苦探索和积极工作，才使得我国的优秀传统文化建设复苏并取得了重大进展。

第一，弘扬和普及优秀传统文化使国民的素质、素养得到很大程度的提高。近些年来，随着我国国力的不断增强，海外华人和港澳台同胞对提升我国国民素养的不断倡导，以及国内的各种社会矛盾的发生，迫切需要进行思想上的引导。最近几年在国内掀起了一股国学热，比如媒体方面，央视《百家讲坛》开办有关传统文化内容的历史讲座，唤起了社会和民众了解历史和传统文化的热情。"国学热"因此也可以被认为是"传统文化热"，新加坡的报纸曾经载文认为，在中国经济崛起之际，"格物、致知、诚意、正心、修身、齐家、治国、平天下"这些我国传统文化的精髓有利于缓解拜金主义、诚信缺失等社会病，使中国走向更高的文明关口。"国学热"通过倡导、学习中国优秀传统文化，提升了国民文化素养，对民众尤其是青年和学生起到了积极作用，树立做人标准，培养爱国、爱家、孝道等传统精神素养。"

第二，弘扬和普及优秀传统文化增强了民族凝聚力和爱国主义情操。

中华民族是一个具有强大凝聚力和向心力的民族，这很大程度上源于中华民族对传统文化的高度认同，而基于这种认同而产生的精神动力生生不息。民族凝聚力把广大中华儿女紧紧地联系在一起建设中华民族共有的精神家园，同心同德，随时为民族整体利益献身，升华为爱国主义精神，并深深融入中国传统文化的血液之中。归宗炎黄，凝聚华夏，国家兴亡，匹夫有责，爱国爱乡，落叶归根等等，构成了爱国主义的传统精神。"

通过中国优秀传统文化的教育和熏陶，我国的民族凝聚力和爱国主义情操日益增强。中华人民共和国成立以前，各民族间一片散沙，现在却已是空前的民族大团结。1998年抗洪、2008年汶川地震和奥运会、2010年玉树地震以及钓鱼岛事件，都充分显示了中华儿女众志成城、团结一心、互助互济、共渡难关的崇高爱国主义精神和凝聚力。

第三，弘扬和普及优秀传统文化是我国的文化软实力不断增强。

从亨廷顿的"文明的冲突"，再到约瑟夫·奈的"软实力"，文化已经在国际角力中处于醒目位置，其地位正在继续上升。文化是软实力的重要源泉，而且软实力已经成为衡量一个国家综合国力的重要因素。罗素认为："一个国家，一个民族，如果没有自己的精神支柱，就等于没有灵魂，就会失去生命力和凝聚力。"而文化是一个民族的基因，没有文化作支撑和铺垫，民族就不可能复兴、发达。

举例说明，美国文化目前已成为全世界的文化，充斥全世界的各个角落。据统计美国的文化产业占其 GDP 的近四分之一，美国的电影、流行音乐、快餐、时装等布满全球，不断向其他国家渗透、输出自身的文化和价值观，影响他国的生活生产方式，以便更好地控制、称霸全球。鉴于此，为提高我国的文化软实力，中国政府采取了一系列措施来推广、传播中国优秀传统文化，积极开展对外文化交流，深化对外文化合作，取得了一定成果。首先是通过举办奥运会向世界人民展示了新时期中国的新形象，让世界对中国有了新的认识和评价，一个自信而又谦逊的东方大国已经屹立于世界的东方。其次，通过开展中国文化年活动，让当地的老百姓有机会近距离地了解中国传统文化的魅力和东方古国的神韵，促进了中国文化在世界各地传播。最后，随着"汉语热"的兴起，各国纷纷建立起了"孔子学院"，成了连接中国与世界的友谊的桥梁，成为世界友人了解中国、理解中国的重要途径，使许多外国人慕名中国悠久、灿烂的传统文化，向世界宣传了中国，并对外树立了良好的国际形象，对传播中华古老文明和增强国家间的互相信任与理解起到了积极作用。使中国特色的传统文化走向世界，让更多的国家和人民了解并喜爱中国文化，提升中国文化对世界的影响力，增强了我国的文化软实力。

第四章 世界优秀传统文化传承与发展的借鉴经验

第一节 中国古代学者文化传承的经验

中国古代特别重视通过完备的教育和社会道德体系，推进思想、道德、制度、伦理在社会层面的落实，从而巩固在政治、文化上的统治，实现优秀传统文化的传承。

中国教育的历史非常悠久，早在唐虞以前的五帝时代就有了学校，并且有了大学与小学的分别，还设立了专门的学官来管理教育事业。《礼记·王制》说："殷人养国老于右学，养庶老于左学。"在殷商时期就已成立培养性质不一样的学校。到了西周，进一步明确了"崇四术，立四教，顺先王诗书礼乐以造士"的教育原则，另外还构建了一套完整的学制体系。但是当时政治经济条件决定了社会上只存在官学不可能设置私学，官学又与国家政权机关密切联系，没有独立于政权设置，因此只有贵族才有享受学校教育的特权。这一时期教育的内容以"六艺"为主。中国私学始于春秋时期，伟大教育家孔子在鲁国曲阜设立学舍，以《诗》《书》《礼》《乐》传授弟子。因此到了战国时期，儒墨道法四家私学对社会影响甚大。"周承四代之制，立四学于京师。辟雍居中，东胶在左，瞽宗在右，虞庠在国之西郊，其在侯国之都者曰倾官。自乡遂而下，则庠序并设"因此，两周时期政府组织开展的教育已经相当完备。随着秦汉的统一，思想文化上的大一统使得尊儒、教育和选士三者紧密结合起来，还促成太学、地方官学和私学纷纷发展，形成了一个以儒家思想文化为基本传授内容的学校教育系统。到了魏晋南北朝时期，地方教育制度开始逐渐确立，北魏时期不仅普遍设置了专门教育机构——州郡学，而且制定完善了州郡学校教育制度。在这一时期私学得到了蓬勃发展，质量和规模都超过官学。隋唐时期成为古代教育的鼎盛时期，教育体系管理严密、形式完备、种类繁多，超过以往任何一个朝代。中央官学与地方官学相联系，以儒家经典教育和传授专业知识并举的教育内容，科举制的诞生也使古代王朝选士和育士紧密结合在一起。唐朝时代，更有"十户之村，不废诵读"的文化传统。到了宋朝，书院制开始施行，出现了著名的书院，促进了学术文化的繁荣。明朝以教育为本，程朱理学教育是明朝主要的教育内容，将教育和科举相结合，学校逐渐成为科举的附庸。清朝历代统治者都极力推崇儒家经术，广泛宣扬程朱理学，制定了"兴文教，崇经术，以开太平"的政策。因此，可见历朝历代都极其重视教育对于传承儒家经典文化，传承优秀传统文化中的作用，因此中国的教育事业发达，使得"四海之内，学校如林"。

中华民族在悠久的历史发展历程中创造了丰富璀璨的文化，其中还有一个特别重要的原因就是在几千年的优秀传统文化传承实践中，统治者充分利用风俗节日的引导和乡规民约的制约从客观上推动优秀传统文化的传承。几千年来，中华民族创造并保存了许许多多传统节日，这些节日清晰地记录着中华民族丰富而多彩的社会生活文化内容，并依托这些节日及其开展的民俗庆典活动不断展示中华民族优秀独特的文化，传承优秀文化。例如"元旦"一词最早出现于《晋书》："颛帝以孟夏正月为元，其实正朔元旦之春。"在节日形成之初，仅仅只是作为新年第一天的含义，但在漫长历史发展进程里，则慢慢衍生其他种种文化内涵。例如："谨候岁始，慎终追远、祭拜先祖、驱邪避疫、惩恶扬善、万物更新"等等。古代元旦都会举行庆贺典仪祈祀等活动，挂春联，贴福字、舞龙灯，放鞭炮、守岁、吃团圆饭等娱乐欢庆活动。通过这些民俗活动的举办开展，很好传承了优秀传统文化慎终追远的精神理想和心理寄托，显示了中国人追求天人合一的宇宙观、人生观、伦理观。还有端午节是中国很古老的一个节日，最初是为了避开五，才称为端午，后来屈原殉楚后，人们为了纪念屈原，在江边举行一系列的纪念活动，包括：赛龙舟、吃粽子、挂香囊等等，随着时间的推移，爱国主义的精神也逐渐融入端午节的纪念活动中，人们往往通过纪念屈原，来弘扬爱国主义精神。因此，节日民俗庆典活动对中国优秀传统文化的传承也起到了积极的推动作用。

同时，古代中国社会是一个伦理道德型社会，古人创造了许许多多属于我们民族所独有的传统道德思想与规范，这些传统道德思想与规范大量的保留在浩如烟海的乡规民约、家训族规、学规塾诫等民间文献中。大部分乡规民约都包含了提倡克勤克俭，谦虚谨慎，勤俭持家，敦厚朴实，耕读传家，乐于吃亏，提倡认真读书，端正读书态度，教育子孙族人、乡民学子立身处世，要做好人，做君子等内容，这些乡风民约都通过宗族祭祀、私塾课堂等传承载体不断传承下来，优秀传统文化在民间的传承落实在乡规民约，成为社会道德他律的一种重要形式，社会管理也实现了稳定的目标，也不断推动社会道德能一直延续至今。

第二节 在历史的启示中坚定文化自信，弘扬中华优秀传统

党的十八大以来，习近平总书记多次号召全党全国人民要坚定"四个自信"，特别是要坚定文化自信。他强调，坚定中国特色社会主义道路自信、理论自信、制度自信，说到底是要坚定文化自信，文化自信是更基本、更深沉、更持久的力量。

民族若是一片森林，文化就像阳光、雨露和土壤，是民族形成、发展的必要条件。文化是民族的精神家园，其内涵极其丰富，从语言文字到饮食服饰，从家风民俗到节庆乡愁，从婚丧嫁娶到待人接物，从英雄传说到歌诗乐舞，耳濡目染、以文化人，渗透于国家、民族的全部社会生活，为全体社会成员提供着多层次多方面的精神滋养，是民族凝聚力的重要源泉。文化以价值观为精髓，融入社会生活、浸润思想道德。在我国，文化自信的要义，就是对中华民族优秀传统文化、对革命文化、对社会主义文化的自信，特别是对其中蕴涵的核心价值观的自信。这是中华民族精神独立性的基本标识，是中华民族生生不息、发展壮大的精神支撑。

中华民族有 5000 多年的悠久历史，创造了灿烂的中华文明。在世界四大古老文明中，唯有中华文明延续至今，并保持着强大的生命力和创造力。中国作为一个文明古国，长期在世界上科技领先、经济繁荣、国力强盛，对人类文明进步做出了巨大贡献。我们坚定文化自信的一个重要方面，就是要科学总结历史文化遗产，把那些真正体现中华民族禀赋、特点、精神的优秀传统文化继承下来，并根据新的时代条件在创造性转化、创新性发展中加以发扬光大。

1. 以坚定的文化自信传承和弘扬中国优秀传统文化中天下为公、以民为本的价值取向和精神追求，永远和人民血脉相通，全心全意为人民服务。

我国古代很早就提出"民为邦本，本固邦宁"，把人民作为国家的根本。周武王伐殷，师渡孟津而作《泰誓》，说："天视自我民视，天听自我民听"，"民之所欲，天必从之！"把"民之所欲"作为推翻商纣暴政的革命正义性的根本依据。春秋战国时期，以民为本是诸子百家的共识。管仲鲜明地说："政之所兴，在顺民心；政之所废，在逆民心。"老子说："圣人恒无心，以百姓之心为心。"孔子提出"大道之行也，天下为公"的"大同"社会理想。孟子强调："民为贵，社稷次之，君为轻。"他对齐宣王说："乐以天下，忧以天下，

然而不王者，未之有也。"对梁惠王说："老吾老，以及人之老；幼吾幼，以及人之幼。天下可运于掌。"天下为公、以民为本的思想博大精深，为中国传统文化种下了富有人民性和革命性的基因，在长期的历史发展中反复经受实践检验而不断丰富和发展，形成多层次的核心价值观和坚定的精神追求。举贤任能、讲信修睦，关心民瘼、重视民生，倾听民意、顺乎民心，成为促进国家兴旺发达、克服各种危机和挑战的强大正能量；公忠为国、公而忘私，重义轻利、先义后利，"先天下之忧而忧，后天下之乐而乐""天下兴亡，匹夫有责"，铸就了充沛天地的人间正气；"己所不欲，勿施于人"，推己及人，扶危济困，尊老爱幼，慈爱友善，催进着中华民族的社会和谐与进步。

在马克思列宁主义指导下，中国共产党在领导中国革命、建设、改革的伟大实践中，把人民群众作为国家真正的主人，作为历史的创造者，一切为了人民，一切依靠人民，充分发挥人民群众的历史主动性，帮助人民推动历史前进。这是对中华民族优秀传统文化的继承和升华。在实现中华民族伟大复兴的奋斗中，坚定文化自信，必将使前人"天下为公"的理想和"以民为本"的传统在新的历史高度上得以发扬光大。

2. 以坚定的文化自信传承和弘扬中国优秀传统文化中自强不息、勇于创新、善于学习、与时俱进的开放思维和开阔胸襟，永远保持中华民族精神上的独立性、创造性和生命力。

中华民族自古铭记"满招损，谦受益"，对客观世界采取敬畏尊重、虚心学习的态度，是一个谦逊好学、求真务实的民族。老子提出"道法自然"的原则，承前启后，影响深远。古代哲人讲"日新之谓盛德"，讲"苟日新，日日新，又日新"，讲"天行健，君子以自强不息"，都不但是"道法自然"的生动实践，而且培育了中华民族乐观进取的精神、开放创新的思维和开阔包容的胸襟。同时，中华民族又历来反对叶公好龙、纸上谈兵，讥讽坐井观天、夜郎自大，批评刻舟求剑、圆图吞枣，嘲笑邯郸学步、东施效颦，要求无论学习和创新，都要从自己的实际出发，都要注重实践、接受发展着的实践的检验。这种勇于创新又不忘初衷、谦逊好学又不失根本、乐于包容又拒绝迷信盲从的充满辩证精神的文化立场和态度，使中国优秀传统文化富有原创性、开放性、包容性，使中华民族自古以来就以"朝闻道，夕死可矣"的精神去执着地追求真理、实践真理，为真理而斗争。

这种文化立场和态度，在天下为公和以民为本的价值取向和精神追求的驱动下，使中华民族在强盛时能够亲仁善邻、海纳百川、取长补短、互学互鉴，在困顿与灾难中能够不屈不挠、励精图治、转益多师、探寻新路，形成了中华民族积极进取的巨大创造力和"多难兴邦"的强大修复力。玄奘西行、鉴真东渡这样历经艰辛、九死一生的文化交流传奇，是发生在国势强盛的唐朝的千古美谈。明朝郑和率领船队横跨波涛汹涌的太平洋、印度洋，到处传播友谊、互惠贸易，那是当时世界上最为强大的无敌舰队。而在 1840 年鸦片战争以后，在陷入殖民地半殖民地悲惨境地的深重灾难中，中华民族进行了人类历史上最为伟大的海外学习运动、最大规模的社会变革试验、最为深刻的人民大革命，终于成功改变了民族命运。

自 20 世纪中叶以后，为了探寻救国救民的真理，中国一批又一批志士仁人去西方各国考察、学习，向国内介绍、宣传西方各种思想理论。但是，迷信西方、全盘向西方学习的结果，却总是先生打学生。最后，学习了马克思主义，中国人民才在精神上掌握了主动权，找到了前进的方向。为了探寻适合中国国情的制度，辛亥革命推翻封建王朝以后，中国把君主立宪制、议会制、多党制、总统制都拿来试过了，结果都行不通。最后，中国人民选择了社会主义，才走上了民族复兴的道路。而且，在中国共产党领导下，中国革命也没有简单照搬俄国十月革命首先在城市暴动的具体经验，而是探索出坚持武装斗争，以农村包围城市、最后夺取全国胜利的中国经验，取得了革命的胜利。中国在基本建立社会主义制度以后，在世界社会主义探索遭遇严重挫折的情况下，又确立了改革开放这个根本政策，创造性地探索出在社会主义制度下发展市场经济的中国特色社会主义道路，创造出举世惊羡的中国奇迹。可以相信，继续坚定不移地传承与弘扬这种以人民为中心的价值取向、从善如流又不失自我主体性和独立性的辩证思维，中华民族将能成功应对各种时代挑战，不断进行理论创新、制度创新，沿着中国特色社会主义道路胜利前进。

3. 以坚定的文化自信传承和弘扬中国优秀传统文化中热爱和平、以德服人、向善向上的道德境界，践行亲仁善邻、和而不同、合作共赢的国际关系原则，建设人类命运共同体。

中国自古重视德。《尚书·大禹漠》中说："正德、利用、厚生惟和。"把"正德"列为平治天下的三件大事之首。先秦时期的诸子百家共同塑造着中华文化重德尚义的传统。在老子那里，德就是"善"，他说："上善若水，水利万物而不争。"在孔子那里，德的核心是"仁"，提倡"泛爱众而亲仁"。孟子也说："仁者，爱人。"这种观念渗透于"修身齐家治国平天下"的各个层面。在这些层面上，都要重德、敬德，都要与人为善，都要践行"己所不欲，勿施于人""己欲立而立人，己欲达而达人"的原则。

中国优秀传统文化对于德的重视和认识，其重要特点和可贵之处在于不仅讲"利万物""泛爱众"，而且讲"和而不同""和为贵"。在长期的社会实践中，先哲们对世界的多样性有着深刻的认识和概括。西周史伯说："夫和实生物，同则不继。以他平他谓之和，故能丰长而物归之，若以同裨同，尽乃弃矣。"指出不同的东西彼此和谐才能生成世间万物，如果所有的东西都一样，世界就不再发展了。由此形成了中国优秀传统文化中"和而不同"的思想。《周易》所谓"地势坤，君子以厚德载物"，《礼记》所谓"万物并育而不相害，道并行而不相悖"，都是讲"和而不同"是自然之道，也是君子之德。这就要承认差异，包容差异，尊重差异，以求同存异、互学互鉴去和谐相处，并推动事物的积极发展。人与人相处、国与国相交、民族与民族相友，都要遵循这个原则。这是个人和顺、家庭和睦、社会和谐、民族团结、天下太平的通途。所以，中国自古反对霸道，反对穷兵黩武、对外扩张，主张"远人不服，则修文德以来之"，强调"得道多助，失道寡助"，践行亲仁善邻、协和万邦。这些，正是"和而不同"的观念在处理国家关系、民族关系上的运用。

中华民族是在历史进程中逐渐形成并经过数千年历史风雨考验和洗礼的一个多民族的大家庭。这些民族之间的关系不是征服者与被征服者的关系，而是相互尊重、平等相待、情深谊长的同胞兄弟。中华文化是这些民族共有的精神家园，中国是这些民族共同的祖国，是这些民族的命运共同体，各个民族各自独有的文化特点、风俗习惯和权益得到了充分的保障和尊重。这本身就是"和而不同"的一个成功典范。

中国自身的历史经验使中国从来拒绝扩张野心，也从来没有为扩张领土而发动过侵略战争。中国在很长的历史时期一直是世界强国，却从来没有奉行过西方列强那种"国强必霸"的思维逻辑和行为模式，更没有西方列强为抢夺殖民地而残酷灭绝土著民族、大规模劫掠非洲黑奴的罪恶行径。中华人民共和国成立后，一直奉行独立自主的和平外交政策。经过 60 多年的奋斗，中国正在强大起来。一些西方舆论鼓噪所谓"中国威胁论"，其实正是按照他们自己的思维逻辑和行为模式以己度人。1860 年英法联军抢劫并纵火焚毁圆明园、1937 年日本侵略者南京大屠杀等令人发指的暴行，早已被世界人民钉在历史的耻辱柱上。那种殖民主义、军国主义的文化传统和精神追求，必然被抛进历史的垃圾堆。中国将坚定文化自信，传承和弘扬中国优秀传统文化，亲仁善邻、以德服人，和而不同、合作共赢，努力建设人类命运共同体，造福于中国人民，造福于全世界。英国历史学家汤因比曾明确地比较了中华文明与西方文明的特征和历史贡献。他认为，西方在经济和技术上影响和征服了全球，但是却留下了政治上的民族国家林立世界的超级难题，这个政治真空将由中华文明来补足。他最终的结论是，中华文明，这个历史上一直以和平主义和世界主义为取向的天下文明，将在 21 世纪成为全人类的共同精神财富。

历史和现实都正在强有力地证明，一个强大、自信的社会主义中国在世界东方蒸蒸日上，不会重复西方资本主义发展的老路，将打破"国强必霸"的西方逻辑，不是世界的"威胁"，而是世界的机遇。它将为应对各种全球性挑战和加强全球治理提供重要的中国方案，为世界各国人民谋和平求发展奉献有益的中国智慧，在推动世界建设人类命运共同体方面做出独特的中国贡献。

第三节 当代中国优秀传统文化传承的成就

进入到社会转型期，危机四伏，但是依然有一批文化精英致力于推动优秀传统文化的传承，他们通过文化自觉，不断提出中国优秀传统文化建设的新路径和新方向，并激发民众提高文化自信，主动自觉地承担起优秀传统文化传承的重任。到了改革开放以后，文化建设与发展已经进入了历史的春天。事实也证明，过去十余年的文化建设取得了令人瞩目的成就。近年来，党和国家在文化建设中，不断总结传统文化传承的经验，结合国内外形势的变化，不断提高全党全民族对优秀传统文化传承重要性的认识，加大对传统文化传承人财物的投入，丰富优秀传统文化传承方式，加强与世界各民族文化的交流与合作，在敢于担当的文化自觉精神层面，在高度文化自信的基础上，不断拓展中国优秀传统文化的传承与弘扬空间，展示全新的中国形象。

知识精英是文化思想的创造者、护卫者、记述者与传播者。知识精英们在中国社会转型关键时期，他们面对传统文化的僵化，面对现代文化和西方文化的冲击，怀着对民族、国家，乃至人类社会的命运一种整体性价值关怀，不断通过文化反思精神，怀着文化忧患意识，通过文化批判的武器引导人们走出转型期的困惑与迷茫，启蒙大众，坚定信仰。如北大校长蔡元培，面对社会转型期，中国社会的黑暗与衰败，深感彻底改变中国的根本在于变革人们的思想观念。他指出，"吾国以病夫闻于世也久矣，振而起之，其必由日新又新之思想，普及于人人，而非持一手一足之烈。"陈独秀、胡适、周作人、钱玄同等为了文化普及，民众思想的启蒙，推广的白话文运动；李大钊面对辛亥革命，早已清醒地认识到其必将失败。他写下了《隐忧篇》《大哀篇》等文章，表示对中国社会的忧虑和悲哀，他高屋建瓴的引进了马克思主义，为中国的革命和建设提供了思想源泉。陈独秀旗帜鲜明地提出了民主与科学的思想理念，他坚信文化的力量，因此，知识精英对文化的反思、批判直接促进了民众的文化自觉自信，促进文化主体意识的觉醒。

改革开放后，随着党和国家的高度重视，特别是中国共产党一直将优秀传统文化作为中国综合实力的重要组成部分，把优秀传统文化传承置于中华民族生死存亡的高度来认识。党的十六大明确提出"坚持弘扬和培育民族精神"；近年来，党和国家高度重视对民族优秀传统文化的传承和保护，曾多次阐述对继承保护中国优秀传统文化重要性的认识，强调中国优秀传统文化的历史地位和影响以及当代的现实意义，并赋予其新的时代特点和时代内涵。在党的十七届六中全会明确提出建设优秀传统文化传承体系，要全面认识祖国传统文化，取其精华、去其糟粕，古为今用、推陈出新，坚持保护利用、普及弘扬并重。同时，在党的十八大工作报告上，也进一步提出要建设优秀传统文化传承体系，弘扬中国优秀传统文化。中国优秀传统文化传承体系的提出，表明党和政府已经将传统文化的传承与保护放在社会主义先进文化建设工作之中，需要社会各界尤其是文化界知识精英等相关人士共同协作推进，积极建设优秀传统文化传承体系，为社会主义文化的大发展大繁荣一己之力。党和国家领导人把传统文化提到了民族根基和民族灵魂的高度上，这是对传统文化前所未有的重视，中国优秀传统文化需要不断地恢复和强化，在社会政治经济等各个领域实行扎实稳健的推广发展，才能让我们的民族根基、民族灵魂重新焕发时代光彩，走向世界、走向未来。

近年来，在党中央、国务院的高度重视下，各级党委、政府对文化建设的人财物投入力度逐年加大，党和政府已经把中国优秀传统文化的传承上升到国家发展战略的高度，这是前所未有的。

国家在重视提高优秀传统文化传承地位的同时，结合时代的条件，不断创新传承方式，使得传承方式得到极大的丰富。首先重视传统的传承方式，优秀传统文化一直以来都依托书籍、文字和报纸等传统的传承方式进行传承。所以国家继续重视和支持传统传承方式的建设，并没有因为新技术的出现，而放弃或减弱对传统传承方式的坚持。例如：国家在孔子生日当天9月28日作为全国的全民阅读日，鼓励全民阅读，阅读古代传统经典书籍。在全国开展中国汉字听写大会，在青少年中普及和巩固汉字书写知识等等。其次，国家还积极发挥文化场馆在文化传承中的作用，不断加大资金投入力度，在全国各主要城市增设了文化场馆、博物馆。加强国内各地图书场馆建设，实现图书馆数量的逐年增长，开展中华经典巡回展示等，还恢复创办中国古代书院，加强国学经典课程的传授。例如：清华大学、人民大学等知名高校均设立了国学院，加强中国优秀传统文化的传承。最后随着科学技术的不断进步，还积极利用新技术新形式创新优秀传统文化传承方式。充分利用计算机、电视机、电脑和手机全世界普及的趋势，发挥网络信息技术在文化传承中快捷方便的优势，传承优秀传统文化。例如：部分社会机构建设了中国优秀传统文化传承网站，以及建设了一批专门介绍传统文化知识的网站。还有依托电视节目推广传统文化。另外，国家还在积极探索利用经济的形式推进优秀传统文化传承，通过将优秀传统文化市场化、产业化，促进优秀传统文化传承。例如：将经典名著推上银屏，如近几年上映的国产动漫赢得了票房和口碑，在用动漫讲好中国故事上取得新突破等等。

近年来，国家大力推进全方位对外文化交流与合作，特别是不断增强中国优秀传统文化与世界文化的深度交融和共同发展。特别是在最近几年以来，国家积极推行走出去和引进来并举的战略，拓宽我国与世界各民族文化交流的渠道，创新与世界各民族文化交流的方式，目前世界上许多国家与民族都与中国政府或者民间展开文化对话、交流与合作，中国还在世界许多国家和地区设置了近400所的孔子学院，开展中国优秀传统文化的推广传承。另外，中国的主流媒体积极作为，在文化传播的过程中充分发挥主要媒介的作用，影响力和作用力不断提升。在文化的对外传播和交流上，首先，国家政府和民间社会相继成立了中国传统文化交流委员会、中华文化交流与合作促进会等传统文化交流合作机构，依托传统文化资源优势，组织专门力量，更好地促进祖国与世界的文化交流与合作，在国际间进行文化艺术交流活动，继承和弘扬中华优秀文化。其次，充分利用优秀传统文化域外传播在全世界的影响力和接受度大幅度提升的契机，积极请进来，邀请世界各国各民族优秀文化来华进行交流。例如我们在国内开展亚洲文化艺术节、海上丝绸之路艺术节等等，展示世界各民族优秀文化。另外，通过开展"青年汉学家研修计划"和"汉学与当代中国"座谈会，积极开展传统文化学术交流。此外我们充分利用开展其他国际性活动来推广传统文化。最后，我们还积极走出去与各民族开展传统文化的交流。许多民间艺术团体和民间艺术家积极与世界各民族文化开展民间文化交流，例如京剧、南音、木偶戏、布袋戏等已经走向世界的舞台；国家也积极推进相关文化机构文化团体赴海外交流演出，例如中国的许多知名歌唱家和各地的杂技团纷纷在世界巡回演出等，中俄文化大集、第二届中俄文化论坛、中国—东盟文化交流年、东亚文化之都等活动。中国文化部的海外中国文化中心建设也正在有条不紊推进。通过引进来和走出去并行的举措，不断弘扬传承中国优秀文化，树立当代中国价值理念，讲好中国故事，阐释中国特色，彰显中国精神，让当代中国形象在世界上不断闪亮起来。例如中国提出的"和合统一"与"和谐世界"思想和理念，在全世界许多国家引发了热烈的讨论，许多国家社会还给予了充分肯定的评价，例如：英法德等国家的主流媒体都积极评价中国文化的独特魅力，认为当代中国积极发掘自身传统文化独特的魅力和价值，向世界展现了辉煌璀璨的中华文明。

第四节 西方国家传承优秀文化的宝贵经验

国外一些发达国家的对传统文化的保护和传承经过多年的探索和发展，形成了一整套完善成熟的模式。考察和分析这些国家对本民族传统文化进行保护和传承的实施过程，对传承中国优秀传统文化有非常重要的借鉴意义。下面以法国为例具体分析。

众所周知，位于欧洲文化中心的法国也是全世界知名的文化大国，在其发展历史上创造了极为辉煌的文明和璀璨的文化遗产，法国拥有巴黎圣母院、凯旋门、凡尔赛宫、罗浮宫等世界著名的文化遗产，出现了一批如莫里哀、巴尔扎克、雨果等世界级的文化人物，使法国成为一个多姿多彩的文化大国，令世界瞩目。法国一贯重视和支持传统文化的保护，他们将文化保护作为国家基本国策，政府在资金和政策上大力支持文化传承与保护，积极向全世界推广法国文化等，都使得法国传统文化得到了有力的保护和积极的传承。

法国政府极其重视对传统文化的保护和发挥传统文化在国家中作用，将传统文化作为国家基本国策加以保护。首先，法国政府一贯重视对文化进行保护，并形成了良好的习惯。例如：在法国弗兰索瓦一世期间就已经通过立法对法语在国家主体性地位进行了明确；到了十七世纪的路易十三时期，进一步提出了要对法语的纯洁性与合法性进行保护。在路易十三和路易十四时期，加大了对文化资助的力度，还成立了全国性的文化机构（例如：音乐学院、挂毯制作坊、建筑学院和美术学院），进行文化人才培养和文化保护。这些都使得法国的民族传统文化不断蓬勃发展、繁荣旺盛，一跃成为欧洲国家的文化中心和文化重镇。同时，法国政府在传统文化的保护上，在文化事业的建设上投入了充足的经费。例如：在希拉克担任总统期间，增加了文化建设经费，文化建设和保护经费占了国家预算 1% 以上。萨科齐担任总统期间，也调整了文化建设保护经费的预算，比原来提高了 3.2%，达到每年 110 亿欧元。另外，政府除了增加年度预算和经费资助和贷款外，还设立了文化工业信贷制度，积极鼓励银行和财团进行文化产业投资。法国还专门设立历史纪念物基金会，在民间募集资金，积极支持文化遗产保护。

法国政府极其重视从法律和政策上支持传统文化的保护和传承，同时历届政府在文化建设上尽力保持政策的一致性和连贯性。从 1959 年，法国文化事务部正式成立，代表国家统一管理文化事务，这也意味着法国将文化政策上升到国家意志，拥有了"完整的文化政策"，并在文化政策的制定和完善方面，保持了可持续发展和统一性。法国从国家宏观战略制定上加大了对传统文化进行规划和保护的力度，积极制定国家文化发展长短期战略。从法国第四个五年计划（1961—1965）开始，政府就开始将文化放在国家发展战略的重要地位。例如五年计划里，加强对文化从全局上进行规划，特别是将传统文化的保护放在了重要地位，加大了对传统文化传承和保护的力度。同时法国还注重加强对传统文化进行立法保护，并形成了惯例。早在1792年，在法国《共和国二年法令》中，就明确规定法国的一切文化和任何艺术都受到政府的保护。法国还是世界上最早制定文物保护宪法的国家，其《梅里美历史性建筑法案》，就已经开始对国家历史文化遗产进行法律保护。在1887年法国还成立了古建筑专门管理委员会，并特别颁布《纪念物保护法》，对国家文化遗产进行专人专法的保护。近年来法国还相继出台了《保护及修复历史遗迹法》《古迹保护法》等法律法规对国家文化遗产进行法律上的保护。在1840年之后的短短一百多年内，法国政府就颁布了一百多个关于文化遗产保护的法令，实现了对文化遗产的各个领域的法律保护。

政府在通过行政立法手段加大保护文化遗产的同时，还注重与市民互动，让更多不同阶层的法国人民不断提高对文化遗产保护重要性的认识，提升他们主动传承法国传统文化的自觉性。法国在全世界范围内最早设立了国家"文化遗产日"，从1984年开始，每年都定期举办"文化遗产日"活动，在每年九月的最后一个周末，向社会免费开放法国境内所有的名胜古迹和博物馆等，举办各种文化主体活动。活动的开展充分展示了法国文化的特殊魅力，极大提高法国人民主动保护和传承文化遗产的自觉性。"文化遗产日"丰富多彩活动的开展，为法国人民更好地了解本国的优秀传统文化提供了有效形式与途径。在这十几年来，法国政府还在源源不断的增加向本国民众免费开放文化遗产景点的数量，不断改善提高文化遗产的硬件条件，寓教于乐，使民众对遗产景点的参观变得更加舒适与贴心。自1991年起，"文化遗产日"活动开始蔓延至整个欧洲，这一活动的开展极其快速地推动了欧洲乃至世界各国的文化遗产保护工作。今天在法国整个社会，形成了非常浓厚的文化保护意识，公众积极参与，在全社会形成了一种合力。目前，法国的1.8万多个涉及国家和地方民间文物保护的包含文物爱好者及专家学者的民间机构，在政府的引导下，在文化遗产保护方面发挥着重要作用。

最后，法国政府还非常重视在与世界各国各民族的交往中传播法兰西民族文化，展示法国文化的独特魅力，增强法国文化在世界范围的影响力，从而推进法国传统文化的有效传承。法国政府从1959年起就制定了法语和法国文化推广的五年计划，积极组织推广法国文化。在法国的极力推动和促成下，世界上还成立了专门的法语国家组织—法语国家文化技术合作组织，目前拥有 21 个成员国，到了 1986 年该组织更名为国际法语国家组织。国际法语国家组织成为通过法语语言媒介加强政治合作的文化联盟，该组织成为不断提升法国国际影响力和国际地位的重要文化机构。另外法国还积极在海外设立文化传播机构，推广介绍法国文化。目前，法国在世界大部分驻外国家使领馆都设立了文化处和文化组。法国还积极在海外国家建立文化中心和学院，截至 2013 年，法国已在 109 个国家建立了法国学院，法国学院成了法国文化在世界其他国家推广传播的桥头堡。另外，法国外交部与教育部还一起合作设立了法国教育国际协作署，在全世界 50 余个国家设立了 90 余个办事处与法国留学中心，负责咨询、推广法国文化教育交流合作项目。另外，法国还持续在海外许多国家与当地政府联合开展文化日、文化周、文化月和文化年活动，曾先后与以色列、南非、波兰、意大利、中国等国家举办文化交流活动。

第五章 文化自信视域下中国优秀传统文化的传承路径

第一节 完善我国历史传统文化传承机制

一、我国历史传统文化传承机制现状分析

（一）目前传统文化传承存在的问题及原因

近些年来我国在弘扬优秀传统文化，探索优秀传统文化传承路径上取得了很大的进展，涌现出了一大批优秀文化、文艺作品，成就辉煌。但是，我们也应该看到，中国优秀传统文化在传承过程中面临着不少问题和缺陷，严重影响着我国传统文化的健康发展和传播。

建设优秀传统文化传承体系是一项系统工程，需要从不同方面进行努力。我们要全面认识传统文化，取其精华、去其糟粕；应该强化对优秀传统文化书籍的整理和出版，使传统文化典籍数字化、规范化、标准化，同时加大对少数民族特色文化进一步发掘的力度，做好非物质文化遗产的保护工作等等。在建设优秀传统文化传承体系和传承机制方面，我们还有许多问题有待解决。

第一，尚未完善相关传统文化保护的法律、法规建设和政策保护措施。

随着时代的发展和进步，尤其是在经济全球化和世界一体化的日益加深，社会主义市场经济体系的不断健全和完善下，使得人们的生活方式发生了翻天覆地的变化，科学技术飞速发展，新型的产业和文化形式层出不穷，持续不断地冲击着传统文化，致使我国的优秀传统文化发展面临着巨大压力，甚至面临失传和消失的境地。加上缺少相关法律和政策的支持和保护，一些传统的民间技艺和文化艺术形式等非物质文化遗产正在不断在人们的视野中，以及一些传统节日和传统文俗文化日益淡出人们的视线，人们对其保护的重要性认识不足，保护意识有待进一步提高。

　　同时，对文化的知识产权保护不够重视，致使一些我国传统文化精华被他国"窃取"。2005 年，我国最重要传统节日之一的"端午节"被韩国申报为联合国非物质文化遗产，深深刺痛了国人的民族自尊心，还有很多在中国已经不被重视的传统文化形式和内容，在韩国却得到了很好的保护和传播。这些都说明我国在保护传统文化方面，措施还不到位，相关法律法规不够完善。主要表现在以下几点：首先，就是我们关于文化立法的观念性、理念性有待提高。我国目前现有的关于文化和文化业的相关法律和规章制度还没有完全摆脱计划经济的束缚，过于强调处罚和义务，而忽略了文化经营者和相关主体应该享有的权利，缺乏为他们服务的观念，保障意识也急需提高。其次，我国关于文化的立法跟不上文化和时代发展的脚步，涉及的领域也不够宽泛，还有许多空白点。随着改革开放和市场经济的不断发展，文化产业在我国不断发展壮大，与科学技术结合进行创新和更新换代的频率不断加快，呈现跳跃式的发展，出现了很多新兴文化产业和文化产品，新的问题也就迎面而来，这就需要相应地建立新的法律法规和文化制度来进行管理和约束，或者已有的法律和相关规定已经不适应现阶段的需要了，关于文化业的立法明显滞后，甚至面临法律盲点和空白，极大地阻碍了我国文化建设的健康发展。再次，就是我国关于文化的立法质量、水平和层次比较低。现行的有关文化的法律、法规大部分都是行政和部门的规章制度，高层次的文化立法还比较稀少，比如说像全国人大这种级别的立法更是少之又少。即使现在已经有人提出相关文化立法并将有的法律提上议程，但是进度缓慢，迟迟没有落实和兑现，这就对我国文化产业的发展带来不利影响。另外，我国的文化立法具体的操作难度比较大，并且实际质量还不高。各种法律和规定互相交织，难以明确和解释，还没有形成完整的体系，实际操作起来效果可想而知了。最后需要指出的是，我国关于文化立法还需要借鉴国外的先进理念，经济全球化和我国对外开放的程度日益加深，我国在根据国内的实际情况和需要之外，还要着眼世界，引领潮流，与 WTO 接轨，建立和完善与国际社会相符合的文化立法程序，促进我国文化产业不断发展，走向世界。

　　第二，没有完善的传统文化传承工作机制和管理机制。

　　没有完善的工作机制和管理机制，文化传承就没有办法系统、有效地开展。在市场经济的今天，文化也变得越来越离不开市场。由于缺乏系统的工作机制和有效管理，文化市场秩序混乱，参差不齐。一些文化企业和文化集团为了追求片面的眼前利益，使其过于商业化，完全不顾社会效益，一些传统文化形式和产品，被商家拿来炒作，变成了他们盈利的工具，导致文化品质的急剧下降，使传统文化变了味，低俗化。

正所谓"文化搭台，经济唱戏"，一切为了金钱，致使传统文化庸俗化。上述这些现象都需要相关部门进行干预，甚至控制，加强管理力度，完善目前的工作机制。

第三，宣传和传播机制不健全，文化的传播品味不断下降。

在市场经济的今天，文化的商业化不断加深，加上没有相关文化传播机制的制约和管理，致使一些文化产品的宣传变成了相关人员和部门企业的赚钱工具，严重偏离了注重社会效益的原则和传播优秀传统文化的责任，过度迎合市场，传播过程中文化品位不断下降。一些主流电视媒体，忘记了自己的文化身份，缺乏文化自觉，不能推动文化内容形式、体制机制、传播手段的创新。比如，电视节目单纯追求收视率、报刊书籍盲目追求发行量、名著改编沦为"戏说"等等，致使文化品质急剧下降，甚至沦为精神毒药。一些网络和媒体在传播过程中，不惜传播低劣内容，曝光名人隐私，传播封建迷信，热衷于恶意炒作。

所以说，优秀传统文化的传播必须配以健全的传播工作机制来制约和管理文化传播主体，引导正确的传播形式、内容以及手段。加强和改进新闻舆论工作，把握正确的政治导向、价值导向和稳定导向，创新宣传工作，加强宣传工作的宏观管理和服务，加强和改进舆论监督。另外，真正以弘扬、传播中国优秀传统文化为己任的文化、传媒、娱乐公司，都不能忘记自身所承担的社会责任，追求高雅文化，提高传播品味，自觉抵制低俗、庸俗、媚俗的文化。

（二）经不住外来文化对传统文化的冲击

在经济全球化不断加深的今天，西方资本主义文化的不断入侵，已经严重地威胁到我国优秀传统文化的生存和发展。首先，人们的思想观念备受冲击，造成文化认同困境，生活方式西化。文化是在一个特定群体或社会的生活中形成、并为其成员所共有的生存方式的总和。按照这一定义，一个民族的文化集中体现于该民族的生活方式，其中不仅包括价值观、行为准则、生活态度这类非物质形式，也包括了各种体现这些非物质文化意义的物质表现形式。改革开放以来，中西方交流日益频繁，国人在强烈感受到西方先进科技文明的魅力的同时，也出现了泥沙俱下的情况。西方国家凭借着其经济和科技优势，大力进行文化输出，竭力传播西方价值观和生活方式，搞文化霸权，使其在我国不断蔓延、渗透，一些人尤其是青少年在西方文化的侵蚀下，自觉地接受并张扬西方文化，从而造成了对我国传统文化的冷落和遗弃，造成传统文化生存危机，中华文化在西方文化的狂轰滥炸下遭受扭曲，抹杀了我国优秀传统文化本身的特征和文化身份。

其次，在西方文化的不断冲击下，我国的传统节日越来越不受重视，人们变得热衷于西方的圣诞节、情人节等等，中国的春节、清明节、中秋节等传统节日已变得不再那么重要，然而，我们的优秀传统文化和传统节日在韩国却十分的受重视，传统文化礼仪等等在韩国依然重要，甚至端午节也被韩国人拿到联合国申请了非物质文化遗产，让我们感到痛心的同时，也警示国人，我们的优秀传统文化保护和传承工作势在必行。

（三）传统文化传承存在问题的原因

造成上述问题的主要原因有两方面，首先就是我国对弘扬优秀传统文化的重视力度不够，优秀传统文化的宣传没有做到位，过分地强调经济建设，而忽略了文化领域的发展，对传统文化的保护不够，造成传统文化传承的危机和断层。其次是改革开放以后，西方文化大规模进入我国，对我国原有的文化体系和形式造成了巨大的冲击，新时期的年轻人受到西方文化的侵蚀，对待我国传统文化的态度也已日渐冷漠，使得我国传统文化的地位和发展变得异常尴尬和举步维艰。

二、完善我国历史传统文化传承机制的途径研究

（一）建立政府主导下的利益导向机制

1.完善传统文化管理制度，加强政府倡导

优秀传统文化的传承，离不开政府部门的大力支持和管理。政府要建立权威的传统文化管理制度，就要不断强化管理，进行有效的组织和有力领导，把相关工作落到实处，切实履行职责，突出传统文化建设的重要作用。各级各部门应该把这项工作纳入日常工作日程，做好协调和统筹工作，加大宣传力度，制定相关有利于传统文化发展的法律和规章制度，完善政策利益导向机制。同时，要做好责任分工，明确责任，一定要确保各项传统文化建设工作落到实处。另外，做好监督、检查和预警机制，强化奖惩措施和力度，要始终明确传统文化建设各项工作的进展情况，层层分解，层层把关，完善具体的奖惩方法、业绩考核机制，把传统文化建设和发展纳入领导班子年终考核体系之中，并作为一项衡量领导班子成员相关业绩的主要内容来抓。使各级各部门的积极性能够最大限度地调动起来，共同投身到传统文化建设的大潮中。努力实现党的十八大关于传统文化建设和弘扬传统文化的各项要求、各项任务，实现传统文化建设的奋斗目标和具体任务，大力宣传文化战线涌现出的先进典型，形成全党全社会共同推进传统文化大发展、大繁荣的浓厚

氛围。

同时，要不断强调建立健全党政统一管理、组织协调、分工负责的工作机制的重要性，争取形成全党全社会齐抓共管、积极参与的良好工作局面，完善传统文化建设的相关目标责任管理制度，出台具体的工作细则和日常考评办法，加大对传统文化建设进程的监督和考核力度，讲究实效，确保完成党的传统文化建设的各项工作目标。把握传统文化发展的新脉搏，研究传统文化宣传工作的新特点和新规律，并制定新的行之有效的工作办法，切实解决传统文化建设和发展过程中所面临的新问题、新困难。把加强传统文化建设、弘扬优秀传统文化与经济、政治、社会各领域工作一同研究部署、一同组织实施、一同督促检查。

2. 健全传统文化建设工作机制，加强部门协作

建立和完善传统文化工作机制，是实现文化兴国，推进文化大发展、大繁荣，传承优秀传统文化的重要保障。要从继承和创新相结合的角度，加强党和政府的统一部署和领导，各级各部门齐抓共管，互相协调分工，各尽其职、各负其责，从思想上重视传统文化建设，将全社会、全国的力量拧成一股绳，合成一股劲，形成全民参与的工作局面，激发阶层参与传统文化建设的热情。要根据传统文化发展的具体内在要求来稳步推进传统文化建设工作机制的发展和完善，同心同德，齐心协力共同把我国的传统文化建设推向新高潮。

（二）切实完善相关的政策保障机制

建立健全优秀传统文化的传承机制，相关的政策法律保障要先行，我们的传统文化传承不仅需要我们个人的重视，还需要国家配以完善的法律和政策来保障实施，为传统文化的不断传播保驾护航。这就需要我们充分发挥主观能动性，制定文化管理政策，科学地管理和开发文化资源，勇于创新，建设一套完整的、科学的传统文化建设保障体系。

1. 加大投入力度和政策扶持力度

优秀传统文化建设是个系统的工程，需要不断注入相关资金投入来支撑，没有资金投入，传统文化建设将寸步难行。我们应该为长远考虑，为子孙后代和国家、民族的兴衰考虑，加大投入力度，合理规划资金的使用支出，完善相关财政和政策保障机制。引导各项资金向传统文化事业和传统文化领域流动，积极拓宽资金来源渠道，提高文化事业的财政支出比重。加大对传统文化产业在土地、财税、价格和投资等方面的扶持、奖励力度，设立专项资金，合理安排年度预算计划，切实保障好传统文化建设的顺利进行。同时，

加大对个体企业和其他社会组织投身传统文化建设的鼓励和支持力度，千方百计地筹措资金用以支持传统文化建设领域，加强传统文化政策的开发与创新建设，积极拓展传承体系建设。充分发挥政府职能，从宏观上引导，从微观上调节，利用一切手段和方法为传统文化建设铺路，搭建平台，加强国际合作，主动参与国际竞争，保护好弱势企业，防止受到过分的冲击，为其建设良好的政策环境和氛围，从根本上创造有利于传统文化发展的宽松环境。

2. 加强基层文化人才队伍建设

传统文化人才的培养与开发与传统文化产业发展相互影响、相互促进。把加强人才队伍建设作为重中之重，发展、壮大传统文化事业，需要大批的专业人才，紧紧围绕文化体制改革加大人才培养力度，完善人才培养体系，做好人才后期培训，把文化人才的培养纳入传统文化建设的体系之中，作为一项经常性工作来抓，牢固树立"人才资源是第一资源"的观念，加快人才引进和保障措施建设，合理规划，科学编制，积极引导具有高水平文化知识的人才走出城市，进入城乡，扎根基层、服务基层，树立服务基层、面向基层的价值观、世界观和人生观。党和政府应该把文化人才的开发作为重点来抓，着力培养一批有实力的文化企业家。完善人才培养的工作、政策机制建设，为文化人才创造良好的培养和工作环境，使人才队伍不断壮大，传统文化创新和创造力得到最大限度的发挥。

加快传统文化产业发展创新，要紧紧依靠专业的文化人才，特别是具有全面的综合素质的高端人才。但是我国这方面的人才还比较匮乏，人才需求与传统文化建设失衡，传统文化人才市场质量普遍不高。国家必须要加强人才队伍建设，完善政策利益导向措施，面向社会、面向市场，树立传统文化创新离不开优秀文化建设人才的理念，狠抓落实，建成科学的选才用才体系。

3. 鼓励各地开展地方特色文化事业

文化是地理环境、社会形态和生产方式等相互作用的产物，它的生成和发展无不带上地方特有的传统引证。文化积累越浓厚，地方特色越久、越鲜明、越独特。我国优秀的传统文化就是由各个民族、地方各具特色的文化组合而成，鼓励不同地方和民族开展特色文化是传承传统文化的重要内容和方式之一。

充分认识少数民族优秀文化对于整个中国优秀传统文化的重要作用和意义，是繁荣少数民族文化的思想前提。在建设少数民族传统文化的过程中，要时刻保持头脑清醒，要有强大的历史使命感和责任感，切实增强为少数民族地区服务的本领，贯彻和落实科学发展观，满足少数民族群众基本的文化权益和需要。把繁荣少数民族文化这个任务放到战略性高度，加强对各少数民族传统文化的进一步挖掘和保护，做好文物以及非物质文化遗产保护工作，做好文化典籍的整理和出版工作。同时要求我们实事求是，一切从实际出发，根据不同地区的不同情况，包括经济社会发展水平、民族风俗习惯等，因地制宜。完善少数民族地区传统文化保护的各项规章制度，实行特殊的优惠政策对少数民族地区进行照顾。进一步发掘不同地区的特色传统文化深刻内涵和宝贵价值，实现少数民族地区传统文化的不断繁荣和发展。为少数民族地区文化的发展添砖加瓦，最终实现党的民族政策和文化建设目标。近些年来，国家吸纳后出台了一系列优惠政策，颁布了一系列的法律法规，切实加强了对少数民族地区传统文化的保护工作。2011年之后，国家还先后批准成立了至少5个少数民族文化生态保护区，如我们熟知的热贡文化、云南大理文化都在其中。这充分表明了我国对少数民族传统文化的保护在不断加强，少数民族的传统文化越来越受到重视。

（三）以产业化之路推进文化传承机制创新建设

文化产业化一词最早是由法兰克福学派的阿多诺（Theodor Adono）和霍克海默（Max Horkheimer）提出的，1947年出版的《启蒙的辩证法》一书中，他们首次提出了"文化工业"的概念。他们认为，工厂运用现代化的科学技术，生产出来大量被集约化、规模化和市场化的文化产品。这些文化产品通过大众媒体，如电影、电视、广播、报纸、杂志等传播给民众，也就是文化产品的消费者。所以说，文化产业化就是指将文化业进行集约化、规模化和市场化发展，以便创造出符合社会和大众需要的文化产品。

在当今这个社会，科学技术突飞猛进，经济社会不断转型、变革，人民的生活日益丰富多彩，对文化产品的要求也就愈来愈高。要推进传统文化建设不断前进，满足人民的文化需求，就要走文化产业化的道路，要推动文化产业跨越式发展，也就必须构建现代文化产业体系，需要我们不断创新，创新传统文化产业的生产方式。传统文化发展的根本动力在于改革创新，改革是促进传统文化建设不断前进的必由之路，创新则是文化发展的制胜之道。我们要抓住机遇，进一步探索文化改革的新思路，以改革盘活存量资源，以创新增强发展活力。要继续深化文化体制改革，推进国有文化单位改革，加快经营性文化单位向企业制的改革，正确引导社会资本、非公有制文化企业以多种方式参与国有经营性文化单位的改制，促进文化生产要素和社会资源、力量向文化产业的聚集，促使传统文化产业不断壮大、做强，形成规模。

（四）完善依托现代传媒技术的传播机制

文化的发展就是一个传播的过程，一个民族的文化影响力，取决于其包含的思想内容和其所具备的传播能力。文化传播能力越强大，其文化覆盖的范围就越宽广，他们的思想文化和价值观念就能在全世界范围内得到广泛的传播，也就必然更有力地影响这个世界。党的十八大报告提出，要构建和发展现代传媒体系，提高传播能力。这是弘扬中华民族优秀传统文化的重要手段和必由之路，关系到优秀传统文化传承的成败。建立健全现代化的传统文化传播体系，形成覆盖范围广、传播技术发达的现代化的传播机制，这是提高我国优秀传统文化在世界上的影响力的重要举措和必然出路，所以就要求我们加强对相关报纸杂志、出版社以及广播电台和电视台的管理，深化传统文化传播媒体的机制改革和创新，加强国际传播能力建设，打造国际一流媒体。近年来，我国文化宣传部门大力加强了传播能力建设，统筹报刊、通讯社、广播电视，以及互联网和出版社等多种媒体，统筹有线、无线、卫星等技术手段，加快建设现代化文化传播体系的步伐，积极拓宽文化信息传播渠道，丰富传播手段，成立专业的传播队伍，汇聚专业文化传播人才，凝聚力量为传统文化的传播贡献力量。但是，由于我国目前正处于经济社会飞速发展时期，人民群众的文化、精神需求在不断增长，与此相比我们的传播体系还略显单薄，传播技术和传播能力与世界先进国家还有一定差距。在今后的工作中，我们要努力发展具有高科技含量的传播技术，使其与我国经济社会的发展相适应，与人民群众的需要相适应。这项工作任重道远，需要付出相当的智慧和汗水。

第二节 优秀传统文化传承与发展的对策

在继承和发展传统文化的实践中，坚持正确的传承原则只是做好传承工作必不可少的前提，要使传承工作落到实处且卓有成效，还必须通过政府主导和社会参与的模式，采取合理有效的保护方法和措施。传统文化保护工作不仅是单个群体和个人权益的实现，更是政府行使公共文化服务职能的重要体现，是社会公益文化事业的重要组成部分。中国大地悠久的历史和深厚的文化底蕴形成的传统文化遗产，是延续中华文化的命脉。因此，应按照科学发展观的要求，采取多样化的方法和手段，构建起有效的传统文化传承体系。

一、长效机制的建立

所谓长效机制，即能长期保证制度正常运行并发挥预期功能的制度体系。为了传统文化的继承和发展，各级政府必须制定相关的政策与法规，为传统文化的继承和发展提供制度上的保障。通过传承传统文化的长效机制保证传统文化在当下西方强势文化和现代多元价值观的冲击中，在急功近利的经济效益诉求下，冲破自身本体农耕性的束缚，摆脱商业附庸性，从而保持传统文化的纯度。该长效机制突出各级政府在传统文化传承主体中的主导作用。政府是建立这一长效机制不可或缺的领导者、策划者、组织者和协调者。为确保传统文化传承工程的顺利进行，各级政府需做好以下几个方面的工作。

（一）进一步制定保护传统文化资源的具体措施

保护传统文化资源是当代传承传统文化的前提。要使保护工作落到实处且卓有成效，还必须采取合理有效的保护方法和措施，具体措施如下：

其一，实行系统性立法保护。目前，我省根据国家相关的文化保护法规，对传统文化资源采取了相应的立法保护措施。

其二，实行传承性保护。传承性保护主要是针对非物质文化遗产项目传承人的保护。在非物质文化遗产的保护中，对项目传承人的保护应该是保护工作的重点。被命名为民族民间传统文化传承人的应当是"本地区、本民族群众公认为通晓民族民间传统文化活动内涵、形式、组织规程的代表人物"，或者是"熟练掌握民族民间传统文化技艺的艺人"，或者是"大量掌握和保存民族民间传统文化原始文献和其他实物、资料的公民"。其命名应当经过本人申请或他人推荐，并经初审、审核、批准的程序。传承人可以按师承形式选择、培养新的传人。民族民间传统文化传承人依法开展的传艺、讲学及艺术创作、学术研究，受到政府条例的保护。对于被命名的民族民间传统文化的传承人，命名部门应当为他们建立档案，支持其传承活动。生活确有困难的，由当地政府适当给予生活补助。只有对传承人实施有效保护，才能保护遗产类文化资源的原真性、多样性和完整性。

最后，实行知识产权保护。近年来，优秀传统文化被抢注事件屡屡发生，杭州就发生过老字号被抢注，最后不得不高价购回商标的事件，为传统文化保护敲响了警钟。传统文化遗产是人们在长期的生产生活过程中在前人经验的基础上进行了自己的创造，形成了自己的特色。因此，很多项目涉及知识产权的问题。保护传统文化，明确传承人也好，确定项目也好，这本身也是对于这些传承人所创造的技艺和文化传统的认可。对于设立保护人、保护项目本身也是保护知识产权的重要措施，有些还要和保护知识产权的法律法规结合起来，使保护逐步走向科学化、规范化、法制化的道路，使创造成果能够得到法律的保护。

（二）因地制宜开发本土传统文化资源

全省范围内开展"家乡传统文化再兴行动"，鼓励各地结合自身特色，采取灵活多样的形式，开发利用本土传统文化资源。

其一，依托现代艺术设计开发地方本土文化资源。对地方文化资源的开发是一项长期艰巨的任务，是一项规模宏大的系统工程，对文化资源开发的宣传传播，必须营造其舆论氛围并形成开发的共同信念和文化联系，以吸引全国各行各业都参与进来，并吸引国外资本、技术、人才投入开发中，加快开发的进程，提高开发的效果，实行最广泛的信息交流与沟通。现代艺术设计可凭借本身具有的文化特质和丰富的内涵，担当起实现最有效地沟通的角色。

其二，以旅游为突破口，开发地方本土传统文化资源。旅游在促进文化发展方面能发挥重要作用。首先，文化发展应该是一个内容和形式协调共进的过程。文化的内容通过各种形式表现出来，这些形式主要包括语言文字、艺术表现、生活习俗、家居建筑等等。通过旅游这个媒介，文化表现形式得到了发展和创新，其蕴含的内容也通过旅游者的鉴赏得到传播和发展，文化发展的内容和形式有机地匹配在一起，实现了二者的协调共进。其次，文化发展应该是一个继承和摒弃共同存在的过程。通过旅游这个平台，提供了让广大社会公众自发地、共同地了解传统文化内容的机会，使人们对传统文化的重新审视和整体把握建立在符合社会公众的整体需求之上，从而为传统文化的继承与扬弃提供了时代标准。此外，旅游对文化发展最直接的作用表现为，它将文化资源转化为社会大众可以消费的商品，随之又为文化的发展提供了资金。在发挥旅游对文化促进作用的同时，必须注意到，旅游自身的发展并不会带来对文化资源的自觉保护。因此在发展旅游的过程中，应提高对保护文化资源的认识，做到合理开发利用，实现旅游与文化双赢。合理地开发利用文化资源是旅游的可持续发展之道。合理开发利用文化资源的关键是要保持文化资源持有者的主体地位。这个主体地位既表现在经济利益的获取上，也表现在文化的保护创造发展上。文化的保护创造发展都要以当地群众为主体，使保护创造发展的文化仍然是本来的文化，而不是仅仅为吸引游客生造出来的"伪文化"。

二、学术研究与大众普及的兼顾

传统文化的传承必须做到学术研究和大众普及的兼顾。一方面，调动各地，各级学术界参与传统文化传承的积极性，使之深入研究，为传统文化的继承提供学术保障。另一方面，调动民众的积极性，让传统文化的继承和发展成为自觉的民间行为。

（一）加大学术研究的力度

传统文化的传承首先离不开深入的学术研究。只有通过学术界的深入研究，才能剔除糟粕，吸取精华，正确认识和把握传统文化，才能更好地弘扬传统文化。

（二）加快大众普及的进程

传统文化博大精深，然而，传统文化在大众中的普及度还不够。大众虽然生活在具有深厚传统文化的大地上，被传统文化包围着，但是对传统文化的精髓知道的还是很少的，这是不利于传统文化继承和发展的。传统文化的传承离不开传统文化在大众中的普及。即要求各个阶层、各类群体社会成员的积极参与，每一个社会成员，不论其身份、地位和职业如何，都能认同传统文化，并且都应以适当的方式致力于传统文化的继承和发展。广泛普及优秀传统文化，让传统文化的继承与发展成为自觉的民间行为，使传统文化变成民众的精神食粮，加快传统文化大众普及的进程。

三、传承内容的符号化

符号是什么？维基百科中将符号定义为"在一种认知体系中，符号是指代一定意义的意象，可以是图形图像、文字组合，也不妨是声音信号、建筑造型，甚至可以是一种思想文化、一个时事人物。"总之，它是从自然基础上构筑的第二性的、派生的模式化的内容。这个性质一方面意味着在抽象、创造文化符号的过程中，人的想象力和创造力有无尽的发挥空间，另一方面符号是一种抽象的东西，它可以通过最现代的手段传播及派生。文化符号化是什么？所谓文化符号化是文化的物化，即把较为抽象的文化内容用具体的物象来表示。通过文化物化构成的文化体系要让文化传播形成一种气势。

在传统文化继承和发展的过程中，由于中国文化的博大精深，因此传承过程中有一定的难度。为了让传统文化更好地、更快捷地深入人心，让传统文化的内容有相应的物质载体，如城市的公共场所、小区建设、街道名称甚至道路、桥梁的建设都要容纳、渗透传统文化内涵，使之成为优秀传统文化的符号显得尤为重要。也只有通过传统文化的符号化，才能加速其发展，扩大其普及范围，进而提高文化竞争优势。由于城市和乡村有着迥异的文化传承方式、特征和主体，因此下文就城市和乡村的传统文化符号化分别加以研究。

（一）城市传承传统文化的符号化

就目前城市的市政建设来看，大多具有现代或西方气息，传统文化内涵的凸现还不够。就我国大部分城市的街道命名来看，几乎都是千篇一律：和平路，文明路，建设路，劳动路等等缺少传统文化内涵名字。当然，这样的命名无可厚非。但是，如果从传统文化的继承角度或者从一个城市的文化品位、文化底蕴来说，这样的命名还是需要商榷的，毕竟一个城市有一个城市的内涵、历史和文化积淀。经营城市不仅要重视高楼大厦的建设，还要重视城市传承的文化积淀，要将城市文化经营好，用城市已有的传统文化资源来促进经济的发展。

通过将传统文化符号化，使一个城市的传统文化向人们的生活深处渗透，进而向人们的心灵深处沉浸，使文化与城市的现在与永久的未来相生相容，永久地影响着一个城市。

（二）农村传承传统文化的符号化

农村是传统文化存续的主要空间，而传统文化则是新农村文化的根基。近年来，一些地方在村庄建设中，不少老村庄因为拆迁等诸多原因已渐趋消失，古民居、古祠堂、古石刻、古桥、古井等文化遗址也不复存在，一些具有乡村自然生态文化特色的村庄也逐渐被一个个千篇一律、面孔雷同的村庄所取代。为了优秀传统文化在农村得到更好的继承与发展，将传统文化的内容符号化是比较可行的一个措施。

通过农村传统文化的符号化，解读出它的历史年轮、演变规律，尤其是内在的精神意蕴，确保有效传承。

四、传承模式的日常化

传统文化因其大众化的特点而与民众生活紧密联系、不可分割。所谓传承模式的日常化就是要凸显传统文化在民众日常生活中的普遍性和广泛性。传统文化不仅仅是在课堂里、书本中学习和研究的文化符号，而应当变成一种能够不断地向民众日常生活的各个领域推延、扩展的内在力量。传承传统文化需要建构一种能够对传统文化资源进行转化、传播的有效机制，让传统文化具有恒久价值的经典内容进行复制与"拷贝"，使其家喻户晓。充分挖掘传统文化中的优秀因子，将它们转化成不同类型、不同样式的艺术作品，通过电影、电视、漫画、网络游戏等现代媒体技术形式进行广泛传播。用传统文化将不同社会群体的思想聚合在一起，以这种方式来提高不同社会群体的文化共识，使那些在艺术的审美与文化的消费领域相对自由的个性取向在对文化身份的认同中得到整合，进而建构公众对于传统文化的普遍共识。传统文化只有实现传承模式的日常化，与广大民众的日常生活紧密联系，才能突破因经典厚重而易被"束之高阁"的命运，以鲜活的生命和永久的魅力在民众的日常生活中得以世代传承。

第三节 探索建立新时代我国优秀传统文化的传承方式

传承方式是指优秀传统文化传承过程中使用的具体方法、模式、渠道、工具和手段等等。在向现代社会转型的过程中，优秀传统文化的传承方式既包含了过去传统的一些传承方式，同时也囊括着蕴含时代特征的现代传承方式。传统的传承方式有：教育、文献记载、群体活动和口传身授等方式，现代传承方式则已经增加了电子媒体、场馆等传承方式。在上文提到过，古代对优秀传统文化的传承，教育发挥了很重要的作用，特别是各种学校教育，在古代文化传承过程中发挥了关键性作用。尽管到了今天科技已经高速发展，教育也呈现多种多样的形式，但是对于孩童至青少年的群体而言，学校教育依旧是文化传承的主要形式；传统文化中许多精粹在历史的发展中逐渐沉淀在了风俗礼俗、岁时节令以及大型民俗活动上，因此通过这些群体性活动进行文化传承也是极其直接有效的一种方式；在科技高速发展的今天，各类资讯充斥于我们身边，各种媒体蓬勃发展，所以在现代社会中传承优秀传统文化还要充分利用媒体传承，既包括古代传统的典籍的纸质媒体，也包括现代网络、手机等现代媒介；优秀传统文化的传承离不开一定的场所，因此重视加强图书馆、展览馆、博物馆等传承场所的建设也非常有必要。

一、发挥教育基础性作用，建立优秀传统文化的接受机制

一直以来，各类教育在优秀传统文化传承的过程中都发挥着基础性和先导性作用。"从中国教育历史发展来看，学校教育这个场域以及教育内容这种载体形式传承与发展中国传统文化，是任何其他场域和形式都无法替代的。"人是文化的创造者，而且不仅是优秀传统文化的传承主体，也是最终是优秀传统文化传承的客体。如果优秀传统文化无法深入取得最广大人民群众的文化认同，无法成为大家内心最稳定的心理结构和精神动力，优秀传统文化的传承就毫无意义。因此只有将优秀传统文化能够成为每个中华儿女的内心深处的文化认同，成为每个人自觉自在的行为准则，才是优秀传统文化传承的真正意义。把优秀传统文化真正使人们产生文化认同，并内化为个人行为准则规范的根本途径就是通过教育的方式。教育具有综合性、阶段性、长期性、渐进性、全面性的特点。教育不是简单的知识记忆而是通过知识启蒙，实现人的从自然到理性状态的提升，具备一定的创造力和创新力，这是现代人的

本质特征。只有受过教育后的人才能从内心深处认同中华文化，才能真正担当起传承优秀传统文化的重任，才能创新创造优秀传统文化，推进中华民族的伟大复兴。但是目前中国在开展优秀传统文化教育上还有一些显著问题，例如：尚未在全社会范围内形成加强开展中国优秀传统文化教育的氛围和共识，对中国优秀传统文化内容和体系本身的认知和理解还比较繁乱，传统文化教育内容的安排和设计系统性和整体性不足，教育过程中过多侧重进行知识性普及，而对文化精神实质阐述和文化结构解析相对较弱，传统文化课程设置的系统性和教材编写的体系化有待完善，从事传统文化教育教学的师资队伍整体水平有待提高，全社会共同参与的教育合力有待加强等。我们必须坚持国家领导人系列讲话精神为指导，围绕立德树人的根本任务，以人的全面自由发展为最终目标，以优秀传统文化仁爱精神为主线，在教育过程中注重自然科学知识和传统人文知识两者有机和谐统一，不断培养学生科学理性思维和人文关怀；要积极探索青少年成长成才的规律，充分掌握青少年群体心理趋势和需求，寻找传统文化教育契合点；注重加强基础教育和高等教育的有机衔接和联系，加强优秀传统文化教育的针对性，既做到因材施教又能实现不同层次教育的一体化；不断繁荣哲学社会科学，以哲学社会科学为基础，为优秀传统文化教育教学奠定良好学科背景和基础；加强优秀传统文化与公民理性思维培养和公民社会建设相结合，推进社会伦理道德的层层落实，为建设美风良俗的公民社会打下基础；不断深化传统文化教育教学改革，加强传统文化课程体系的系统性设计安排，建立优秀传统文化课程标准，有针对性、系统性的编写优秀传统文化专业教材，并组织编写优秀传统文化具有大众性趣味性普及读物，加强优秀传统文化教学方法的改革与创新，鼓励教师在传统文化授课方式上充分运用现代数字媒体技术，提高优秀传统文化的教育能力；加强对传统文化教师队伍的进修与培训，建设一支素质高、专业强的传统文化师资队伍；充分利用青年学生年龄特点，依托学生社团组织开展形式多样的传统文化活动，在学校校园内营造传承优秀传统文化浓厚氛围；加大对国家民族语言文字的保护，在全世界范围内推广汉语，在国内普及繁体字。通过各种形式，最终实现优秀传统文化的代代传承。

二、开发和完善媒介传承方式

长期以来，在中国文化的传承方式都是以口头传承和行为传承为主，它们是一种面对面的直接交流和传承的方式；随着文字和知识的普及，书籍、报纸、杂志、传单、小册子等纸质媒介传承，越来越成为文化传承的主要媒介，但是口头传承和行为传承并未消失。周星曾经撰文指出，"传承大都在日常生活中被人们反复实践着，或口耳相传，或'以心传心'或借助文字、教育及其他各种包括非语言的方式（行为）而代代相传"。随着科学技术的发展，当代世界发展日新月异，视频、图像、影像等电子媒介已经逐渐取代报纸、书籍等纸质媒介。现代传媒的出现，使得文化传承打破时空界限，时间与空间的隔阂逐渐消除，使得文化传承具备了广泛性与自由性，同时在传承的过程中不断增加知识性与娱乐性，产生出独特而强大的创造力、冲击力、传播力和感染力。例如：央视拍摄的《舌尖上的中国》，通过对中国传统美食的介绍唤起人们对以往生活的怀念和追寻，通过电视媒介将传统文化中的美食文化在青少年群体中传承下来；许多电视台通过对中国各地民俗文化风情的介绍，在吸引大量的游客的同时，也传承了文化。所以，当代人们的生产生活方式被各种电子视听全面覆盖，并深受影响，电子媒介传承将成为文化传承的主导。因为"每一个社会成员不再是旧格局下被动的信息接收者，而是网络传播格局中不可忽视的信息选择主体、内容创造主体、传播发布主体。"利用电子媒介进行文化传承成为当代文化传承的主要方式和手段，挤占了过去传统的传承渠道。越来越多的人知道和了解传统文化不是通过日常生活的言行传承，也不是纸质媒体，而是电子媒体。电子媒体在大众生活中的无孔不入，使得人们随时随地都有可能接触到媒体所传播的信息。在电子媒介传承的语境下，广告文字、电影、电视、网络等传承方式，让我们处处感受到一种传统文化的魅力。

三、发挥文化场馆的传承作用

文化场馆是传统文化传承的集散地，提供一种可触摸的、具象化的、体验式的现实载体，是人与传统文化交互碰撞影响的传承空间，是展品、参观者和社会文化交互碰撞的学习空间，可以在相对有限的实体空间内，囊括传统文化精髓，以丰富多彩的形式展示传统文化精髓，切实增加参与者的了解度和亲近感。文化场馆具有范围广、内容短小精炼、简单直观、氛围浓厚、场域独特、周期长、影响大等特点，在传承优秀传统文化方面发挥不可替代的作用。文化场馆或传统文化体验馆的建立，为传承艺人们技能的发挥、文化的传承提供了更广阔的平台，保护了优秀传统文化传承的积极性。文化场馆还能为热爱传统文化的青少年提供一定的实习、就业机会，让更多的年轻人亲身参与优秀传统文化的传播与发扬中。所以我们要高度重视文化场馆在优秀传统文化传承中的作用，积极研究和制定充分利用文化场馆进行文化传承的方案和制度。

第四节　提升我国优秀传统文化的世界竞争力和影响力

许多人认为，文化之所以能够生生不息的发展进步，根本原因就在于文化交流产生。文化交流使得许多不同文化性质文化形态的彼此相互交流、相互学习、相互包容、相互借鉴，在碰撞中产生出一种全新的更高层次性质的文化形态。"文化一旦产生，首先开始在民族内部传播，继而传播到民族地区以外去，这就形成了文化交流。文化交流是推动社会前进的动力之一。"当今世界最显著的特征莫过于全球化，不管人们欢喜还是厌恶，全球化的浪潮已经席卷到世界的每一个角落，推动世界绝大多数的国家和民族发生剧烈的动荡和变化。全球化推动了世界各民族的文化交往，使文化对话和交往在现代高科技基础上迅速发展，使文化开放潮流不可抗拒。因此，中国进一步加大传统文化走出去力度，走向世界，加强与世界各民族文化的交流与交往，中国优秀传统文化才有更强的辐射力、影响力和生命力。没有世界竞争能力和扩张能力的文化，终究会归于被影响和被融合。同时在走出去的过程中，还要牢固树立文化安全意识，抵御文化霸权，保持中华民族传统文化的独特性与单一性。

一、积极实施"走出去"战略，推广中国优秀传统文化

文化起源于交往实践。马克思指出："语言也和意识一样，只是由于需要，由于和他人交往的迫切需要才产生的"。改革开放以后，中国打开国门，实行自由开放的市场经济政策，从此中国经济、社会、政治、文化等方面取得了巨大成就，中华民族逐渐屹立于世界东方，全世界都开始将眼光聚焦在中国。所以在当代，中国优秀传统文化传承面临近现代以来前所未有的大好时机。所以我们要加大实施中国优秀传统文化走出去和引进来的力度，积极向世界推广和传播中国优秀传统文化。

二、树立文化安全意识，抵御文化霸权

国家文化安全，是一个涉及国家民族文化主权、文化形象、民族精神创造力、综合国力以及国家长治久安的战略性问题。在全球文化日益多元化发展的今天，文化安全更加成为影响和制约民族国家生存和发展的重要战略安

全中非常重要的一部分。虽然和平与发展成为当今世界的主题，但是在经济全球化的冲击下，当前我国文化发展依旧面临非常复杂的形势："既要参与经济全球化的历史进程，又要抵御西方国家推行的文化霸权和文化殖民即全球化进程中强势文化形成的超时空、跨地域的浪潮，正在有力的冲击着以民族国家为基础的世界文化存在的全部合法性与合理性"。既要大力传承中国优秀传统文化，又要应对处理好我国社会向现代转型过程中的西方落后腐朽价值理念和文化商品化倾向在中国思想心理、文化领域的渗透和冲击。因此，文化安全是国家安全综合体系中一个非常重要组成部分，对于确保和维护国家政治、经济、军事等各项安全具有非常重要的意义。

参考文献

[1] 宋雯 . 浅谈习近平新时代中国特色社会主义思想提出"文化自信"的背景 [J]. 荆楚学术，2018（4）：21-23.

[2] 江运东 . 中国特色社会主义文化自信研究 [D]. 四川：电子科技大学，2017.

[3] 王海亮，马文佳 . 准确把握中国特色社会主义文化自信的价值意义——学习习近平总书记文化自信思想的重要论述 [J]. 佳木斯大学社会科学学报，2019（1）：94-96.

[4] 陆通 . 中国优秀传统文化与文化自信 [M]. 长春：吉林出版集团股份有限公司，2018.

[5] 金开诚 . 传统文化六讲 [M]. 北京：北京出版社，2019.

[6] 冯国瑞 . 中国文化中思维的特点 [J]. 北京行政学院学报，2013（1）：104-107.

[7] 孟建安，苏文兰 . 中国文化概论 [M]. 广州：暨南大学出版社，2016.

[8] 李乾夫，李鸿昌，杨更兴，杨增发 . 中国传统文化概论 [M]. 昆明：云南大学出版社，2015.

[9] 陈凤林 . 试论中华文化的结构特征 [J]. 广东省社会主义学院学报，2016（04）：91-95.

[10] 雒树刚 . 论文化的功能 [M]. 毛泽东研究，2018（4）：4-12.

[11] 李海晶 . 习近平的传统文化观研究 [D]. 江西：南昌大学，2016.

[12] 李惠民 . 中国传统文化新编 [M]. 北京：中央广播电视大学出版社，2011.

[13] 陈晓希，申文明 . 新编中国传统文化 [M]. 上海：上海交通大学出版社，2016.

[14] 陈江风 . 中国传统文化导论 [M]. 北京：北京航空航天大学出版社，2010.

[15] 潘万木 . 简明中国传统文化 [M]. 武汉：华中科技大学出版社，2014.

[16] 李宽松，罗香萍 . 中国传统文化概论 [M]. 广州：中山大学出版社，2018.

[17] 张赫 . 习近平中国传统文化观研究 [D]. 云南：大理大学，2017.

[18] 张瑜 . 习近平对中国优秀传统文化传承与创新研究 [D]. 山东：青岛科技

大学，2015.

[19] 李建德，杨永利.中国道路的文化自信 [M].北京：研究出版社，2018.

[20] 杨敏.历史传统文化传承与发展 [M].长春：吉林大学出版社，2018.

[21] 秦海燕.优秀传统文化的传承与创新 [M].长春：吉林出版集团股份有限公司，2018.

[22] 董成雄.中国优秀传统文化的系统解读和传承建构 [D].福建：华侨大学，2016.

[23] 李超.我国优秀传统文化传承机制研究 [D].河北：河北师范大学，2013.

[24] 米华全，申小蓉.习近平传统文化观的三维解读 [J].毛泽东思想研究，2017（01）：54-57.

[25] 潘新喆，刘爱娣.文化自信的理论基础与实践要求 [J].马克思主义研究，2016（11）：64-73.

[26] 陆卫明，孙喜红.论习近平对中国优秀传统文化的新阐析 [J].社会主义研究，2017（01）：8-13.

[27] 郭万超，孟晓雪.中国传统文化传承和弘扬存在的主要问题 [J].人民论坛·学术前沿，2017（02）：86-89.

[28] 李先明，成积春.中国优秀传统文化传承体系的构建：理论、实践与路径 [J].南京社会科学，2016（11）：138-145.

[29] 杜芳.中国优秀传统文化与文化自信 [J].探索，2017（02）：163-168.

[30] 刘奇葆.坚定文化自信传承中华文脉 [J].党建，2017（05）：6-10.

[31] 孔宪峰.中国优秀传统文化的当代价值 [J].教学与研究，2015（01）：76-83.

[32] 骆郁廷，王瑞.论中国优秀传统文化价值观的现代转换 [J].江汉论坛，2015（06）：28-33.

[33] 刘爱武.弘扬中国优秀传统文化与提升当代中国文化软实力 [J].思想理论教育，2015（08）：38-42.

[34] 于春海，杨昊.中国优秀传统文化教育的主要内容与体系构建 [J].重庆社会科学，2014（10）：67-75.

[35] 马金祥.中国优秀传统文化与社会主义核心价值观内在逻辑管窥 [J].思想教育研究，2016（07）：69-73.

[36] 马祥涛，张收棉."互联网＋"背景下图书馆继承和弘扬中国优秀传统文化的思考 [J].河北科技图苑，2018（01）：4-9.

[37] 张永奇.中国优秀传统文化传承发展机制的构建：价值、内容与策略 [J].马克思主义研究，2017（12）：80-87.